U0139791

化成整体生命智慧

毓老师说

春秋繁露

（下）

爱新觉罗·毓鋆 / 讲述

陈絅 / 整理

花山文艺出版社

张三世例、通三统例、异内外例。

三不朽，立德、立功、立言，也是三，中国喜用三。《论语·宪问》曰："有德者，必有言。"绝对可靠，有实际的体验，身体力行的体验之后立说，即立言。"有言者，不必有德"。读书是要生智慧，必要懂得用脑，才是自己的本钱。

读书，要求其所以然。你们怎么天天读书？如同念《金刚经》。那种读法、写法做什么？不能善用与生俱来的智慧，就不能创发。说"很像《杜诗》"，那就该自杀了。干一辈子才像"老杜"，那岂不"泻肚"了！《史记》立说有价值，在此。

教你们的读书法如同念《金刚经》，浪费！论文不要浪费时间看，都是抄的，就看那么厚给分，皆大欢喜，得学位也可以教书。

千万要天天练习怎么用脑，都会背没用，懂得用脑才能应世。智慧是无形的，放诸四海而皆准才有用。山东出一个孔子，以后的山东人就笨，但笨归笨，绝不丢脸，所以山东人无要饭的。这是我说的笑话，但这也是民族精神、民族气节。

说"六经皆史"，将活活泼泼的智慧都变成了历史，能有用？祖宗很会善用智慧。北京天坛，"祈年殿"是一座有鎏金宝顶的三重檐圆形大殿，依靠二十八根楠木巨柱和各种互相衔着的斗、枋、桷支撑着：当中四根高十九点二米的龙井柱，象一年四季；中间十二根柱子象一年十二个月；外层十二根柱子象一天十二个时辰。整个二十八根柱子象天上二十八星宿。祭天的"圜丘坛"三层，每层地上石块皆九的乘数；"皇穹宇"圆形围墙的"回音壁"，声音沿着光滑的"回音石"内弧传递，三个回音，何等科学！何不研究这些？善用此，早晚必出几个思想家。

楚庄王杀陈夏征舒，《春秋》贬其文，不予 (许) **专讨也** (宣公十一年"冬，十月，楚人杀陈夏征舒"，《传》曰："此楚子也，其称人何？贬。曷为贬？不与外讨也……诸侯之义，不得专讨也")。**灵王杀齐庆封，而直称楚子** (昭公四年"秋，七月，楚子……伐吴，执齐庆封，杀之"，《传》曰："不与诸侯专封也")，**何也？曰：庄王之行贤，而征舒之罪重。以贤君讨重罪，其于人心善。若不贬，孰知其非正经？**

《春秋》常于其嫌得者，见其不得也。

《春秋》别嫌明疑，防微杜渐，故责备贤者也重。

是故齐桓不予专地而封，晋文不予致王而朝，楚庄弗予专杀而讨。

《春秋公羊传·僖公元年》"齐师、宋师、曹师，次于聂北，救邢"，《传》曰："其称师何？不与诸侯专封也……诸侯之义，不得专封也。"《僖公二十八年》"天王狩于河阳",《传》曰:"不与再致天子也。"

三者不得,则诸侯之得,殆(近)此矣。此楚灵之所以称子而讨也。《春秋》之辞多所况,是文约而法明也。

《史记·孔子世家》:"因史记作《春秋》,上至隐公,下讫哀公十四年,十二公。据鲁,亲(新)周,故殷(宋),运之三代。约其文辞而指博。故吴楚之君自称王,而《春秋》贬之曰'子';践土之会实召周天子,而《春秋》讳之曰'天王狩于河阳':推此类以绳当世。贬损之义,后有王者举而开之。《春秋》之义行,则天下乱臣贼子惧焉。孔子在位听讼,文辞有可与人共者,弗独有也。至于为《春秋》,笔则笔,削则削,子夏之徒不能赞一辞。弟子受《春秋》,孔子曰:'后世知丘者以《春秋》,而罪丘者亦以《春秋》。'"

《春秋》虽有所讳,但只字片语,亦含经义,必深味之。

经文部分,讲《公羊传》时再讲。

问者曰:不予诸侯之专封,复见于陈蔡之灭(昭公十三年"蔡侯庐归于蔡,陈侯吴归于陈",《传》曰"不与诸侯专封")。**不予诸侯之专讨,独不复见于庆封之杀,何也?曰:《春秋》之用辞,已明者去之,未明者著之。**

庄存与(1719—1788,清公羊学复兴之开山祖,著有《春秋正辞》)曰:"《春秋》之辞,文有不再袭,事有不再见,明之至也。

事若可类，以类索其别；文若可贯，以贯异其条。圣法已毕，则人事虽博，所不存也。"

今诸侯之不得专讨，固已明矣。而庆封之罪未有所见也，故称楚子，以伯讨之，著其罪之宜死（昭公四年，《传》曰"庆封之罪何？胁齐君而乱齐国也"），以为天下大禁。曰：人臣之行，贬主之位，乱国之臣，虽不篡杀，其罪皆宜死，比于此其云尔也。

《论衡·程材》曰："董仲舒表《春秋》之义，稽合于律，无乖异者。然则《春秋》，汉之经，孔子制作，垂遗于汉。"

《春秋》曰："晋伐鲜虞。"奚恶乎晋而同夷狄也？曰：《春秋》尊礼而重信。信重于地，礼尊于身。

《论语·颜渊》曰："自古皆有死，民无信不立。"

何以知其然也？宋伯姬恐（疑）不礼而死于火。齐桓公疑信而亏（去）其地，《春秋》贤而举之，以为天下法，曰礼而信。礼无不答，施无不报，天之数也。

《春秋》之法。

今我君臣同姓适（之）女（汝），女无良心，礼以（已，既）不答，有（又）恐畏我，何其不夷狄也？

"鲜虞"，姬姓。晋先伐同姓，从"亲亲"起，欲以立威行霸，故狄之，"恶乎晋而同夷狄"。中国亦新夷狄，故夷狄之。

公子庆父之乱，鲁危殆亡（几于亡），而齐侯安之（闵公二年"冬，齐高子来盟"，何注："美大齐桓，继绝于鲁"）。于彼无亲，尚来忧我，如何与（以）同姓而残贼遇我？《诗》云："宛彼鸣鸠，翰（高）飞戾（至）天。我心忧伤，念彼（昔）先人。明发（夜至旦）不寐（寐），有怀二人。"人皆有此心也。今晋不以同姓忧我，而强大厌（压）我，我心望（恨）焉。故言之不好，谓之晋而已（语终词），是婉辞也。

"婉辞"，温辞，微辞，诡辞。"辞也者，各指其所之"（《易经·系辞上传》）。

问者曰：晋恶而不可亲，公往而不敢至（昭公二年"冬，公如晋，至河乃复"，《传》曰："不敢进也"），乃人情耳。君子何耻而称公有疾也（昭公二十三年"冬，公如晋，至河，公有疾，乃复"，《传》曰："何言乎公有疾乃复？杀耻也"）？曰：恶无故自来，君子不耻。内省不疚，何忧何惧？是已矣。

《论语·颜渊》：司马牛问君子。子曰："君子不忧不惧。"曰："不忧不惧，斯谓之君子已乎？"子曰："内省不疚，夫何忧何惧？"

今《春秋》耻之者，昭公有以取之也。臣陵其君，始于文而甚于昭。

《玉杯第二》："文公不能服丧，不时奉祭，不以三年，又以丧取，取于大夫，以卑宗廊，乱其群祖以逆先公。小善无一，而大恶四五，故诸侯弗予盟，是恶恶之征、不臣之效也。出侮于外，人夺于内，无位之君也。孔子曰：'政逮于大夫四世矣。'盖自文公以来之谓也。"

公受乱陵夷（言其颓替，若丘陵之渐平也），而无惧惕之心，嚚嚚（气出头上）然轻诈妄讨（轻讨季氏），犯大礼而取同姓（内娶吴孟子），接不义而重自轻也。

《春秋公羊传·昭公十年》何注："去冬者，盖昭公取吴孟子之年，故贬之。"《哀公十二年》"夏，五月，甲辰，孟子卒"，《传》曰："孟子者何？昭公之夫人也。其称孟子何？讳娶同姓，盖吴女也。"

《论语·述而》陈司败问："昭公知礼乎？"孔子曰："知礼。"孔子退，揖巫马期而进之，曰："吾闻君子不党，君子亦党乎？君取于吴，为同姓，谓之吴孟子。君而知礼，孰不知礼？"巫马期以告。子曰："丘也幸，苟有过，人必知之。"

人之言曰："国家治，则四邻贺（以礼物相庆）；国家乱，则四邻散。"是故季孙专其位，而大国莫之正（齐晋不能救正）。出走八年（昭公流亡齐国），死乃得归。身亡子危，困（困穷）之至也。君子不耻其困，而耻其所以穷。昭公虽逢此时，苟不取同姓，讵（jù，岂）至于是？虽取同姓，能用孔子自辅，亦不至如是。时难而治简（简于仁义），行枉而无救（匡救），是其所以穷也。

"不耻其困，而耻其所以穷"，耻其所以穷，必知其所以然。困知勉行，以之作为精神食粮。"困而不学，民斯为下矣"（《论语·季氏》）。

"时难而治简，行枉而无救"，治简，简于仁义，上无礼；左右无贤，下无学。不能自救，如何救人？

下面张三世例、通三统例、异内外例。

《春秋》分十二世以为三等：有见、有闻、有传闻。有见三世，有闻四世，有传闻五世。

《春秋》分成三阶段：三世、三统。张三世，得存三统。中国喜用三。

历史是什么？今天何以要读历史？就一个"时"字。《春秋》十二公，十二时。

《春秋》说什么？十二世，一公为一世，十二公分三等："有见、有闻、有传闻。""有见三世，有闻四世，有传闻五世"。给人许多启示。

张三世："三世"，据乱世、升平世、太平世；"张三世"，张明"据乱世、升平世、太平世"之道。

通三统：周、商、夏三统之道要相通，则有所因革、损益。有所因则有所损益，"殷因于夏礼，所损益，可知也；周因于殷礼，所损益，可知也；其或继周者，虽百世可知也"（《论语·为政》）。有用者存之，无用者去之。此一规矩直至清。

清朝毁明朝的嫡支，留下旁支封侯，每天承祭祀。皆象征性，只有蒙古是真的。清后妃多半蒙古族人，故清时蒙古未造反。

《春秋》二百四十二年，天下事变之繁皆包于此。愈见到的，是非愈难以论定。"《春秋》之义，君子窃取之"，孔子作《春秋》，赋历史以新义。在乎个人智慧、见解之不同。如论定一事情难，赋历史以新义更难，论定其结果对不对，决于人之智，尘埃落定，分出高低。

认识一个人更难，非昔日之规矩、理论、见解所能论定，故"如有所用，必有所试；若有所试，必有所悟"，用实事求是的精神。"不经一事，不长一智"，经验极为重要，失败就当作是交学费。

故哀、定、昭，君子之所见也；襄、成、文、宣（应是"宣、文"）**，君子之所闻也；僖、闵、庄、桓、隐，君子之所传闻也。所见六十一年，所闻八十五年，所传闻九十六年。**

《春秋》讲智慧，非讲历史。孔子志在《春秋》，"善教者，使人继其志；善歌者，使人继其声"。四大名旦：梅兰芳、程砚秋、尚小云、荀慧生，各有千秋，必要细听。

尸子称仲尼尚公，证实孔子曾倡导公天下。孔子为"圣之时者"。真认识时不易！时，到什么时得有什么作为，才有成功。所见、所闻、所传闻，各有其成果，由做来的。做，必有则（计划），要慎始才能诚终。中间必有所为，但有守才能有为。要有为，必要有慎始之则（计划），善始，慎始。慎始诚终，有一定的步骤，皆治事之方。要时时问自己：此何时也？

"所见"，都看到，但说起来可有八十种。何况所闻、所传闻，能不加上说者的主见？"所见六十一年"，还比不上康熙。"所传闻"，非仅五世，伏羲亦所传闻，是无尽世。

于所见，微其辞；于所闻，痛其祸；于传闻，杀（shài，降低）

其恩：与情俱也。

凌注："亲疏之杀，杀，渐降也。"

此《春秋》之笔。

"于所见，微其辞"，所见，批评、褒贬要轻、低，因为人皆有情。所见，关系近，微其辞。"为亲者讳，为尊者讳"，微其辞，《春秋》之笔。处分了一个人，就要微其辞。我说重话，是在警醒，人类的社会就必有所守。

"于所闻，痛其祸"，此乃人性，但不讳其恶，是理智的。于所闻，痛其祸，不一定与我们有关系。

"所传闻，杀其恩"，"杀"，杀价，渐降价；降其恩，说真的，水清石见，历史自有定论。

中国人说话文雅。大陆，一个姓，几个乡。五服内都有服，至第六代，减其恩，不穿孝了。

"所见异辞，所闻异辞，所传闻又异辞"，诚三辞，"与情俱也"，都在情上说，完全根据人情分。惩罚必当其恶，为法制。"非我族类，其心必异"，则成一集团，彼此互比。

《中庸》："喜怒哀乐之未发，谓之中；发而皆中节，谓之和。"喜怒哀乐发了，是情；发能中节，和也。用人"私"情，就不是和，是偏。"致中和，天地位焉，万物育焉"，"与天地合其德"。读完的书必得默而识之，不深下玩味的功夫没用！

《左氏春秋》是"不修《春秋》"，与孔子"修《春秋》"两者不同。"不修"，没有修的东西，等于一堆材料。"修"，树枝多，修理，去掉不重要的。修身课，自己有毛病，如修树枝，慢慢修掉；

修完，留下纯精的东西。

孔子忙一辈子，却说"述而不作"。述，将东西集在一起。孔子伟大，集大成，孔庙有"大成殿"，称"大成至圣"，成就不得了！要懂智慧如何产生。我不是讲故事，是在教你们如何用脑。知如何用脑，即是书的主人。

公、母怎么来的？两仪，来处即一，太极，乾元。两性，连植物都有公、母。"太极生两仪"，没看到的才是智慧。看到的是古迹，不值钱。道家"一生二，二生三，三生万物"，一为太极，生两仪。两个不一样，就不规矩，"阴阳合德，而刚柔有体，生生不息"，生老三；老三一来，就惹麻烦，而有万物了。太极生完两个，就睡觉去了，是一刹那的工作。与西方"忙六天，第七天休息"，累得过度不同。"三"，不代表三个，是第三辈，第三阶段。说四，废话！

提醒你们用智，不要抄书。净抄书，有人看？中国就是书多，看历代史书的"艺文志"有多少人物？净抄前人东西，不过是殡仪馆的化妆师，不值得给别人看，虐待人，无法与祖宗比。祖宗的智慧、成就高。懂得"我"了，就会创作自己的东西。审查，没资格，乱哄哄一阵而已。

一个民族均有其吉祥数，中国喜四，"四色礼"够格。日本忌四，台湾地区有此遗风。西方不喜十三。每个民族各有其观念。

我不迷信，知皆人之为道。信什么，愚，仍是往好说；说成贪，就坏。人世未完，就想上天国，贪，不值钱。道不远人，人人皆有性，顺性，"率性之谓道"。宗教的发明人，人之为道而远人。死后上哪儿？但没看过有人死后回来。

我母亲信佛虔诚，每天诵经礼佛。儿子无不气父母的，问："您老还求什么？儿子这么孝顺。应求来生做皇后，还有盼望。"说："要上极乐世界。"没有这回事。

我讨厌和尚讲经的调调，听经时故意打瞌睡。我母亲骂："你的业孽怎么这么重？"答："托个梦，一定信。"然至今犹未托梦。

自小批命，北京最有名的，都狗扯羊皮话，至今无一应验的。千万别迷信。如不愚，还上当，即贪，犯罪。应善用智慧。

"太极生两仪"，既简又易。宇宙事是相偶的，一点也不复杂。想识本，就识简与易，再往下演变。一致而百虑，殊途而同归，始于一又归于一。路多，不必怕，又归于一。始于元，归于元，奉元。此为中国人所用的智，如大元、大本不一，结果也不一。

讲完，应看七八遍，再讲就懂了。

三世，集合在一起，系统化了，即历史。三个时，一生二，二生三，三生万物，是智慧。

"所见"，孔子赶上的、与他父亲的时代。"所闻"，孔子没赶上的。"所传闻"，再远的。"所见、所闻、所传闻"，三个层次，境界不同。"所见"，多亲切！所以说话保留些，"微其辞"，存在的人多少有点关系。"所闻"，差些。"所传闻"，更差。说法不同，此即生存的智慧。然后举三个例子。

分三世的意义是什么？见治起于衰乱之中。治起于衰乱之中，治太平是自衰乱之中来的。

不是读书，是读传统思想。真教学相长，把老师逼得聪明得不得了！

三夏：夏、诸夏、华夏。中夏，中国古称中夏，简称夏。

异内外，"内其国而外诸夏"，"详内而后治外"，自己没有充实好，不必管人闲事；行有余力，再治国家以外的事。先详内，此时应责己也重，责人也轻，略外。先为自己治病，看自己缺什么。光有空想，凭什么站到别人前头去？没有超乎别人的长技，又如何成就？"终日而思，不如须臾之所学也"（《荀子·劝学》）。

看正经事，少有大弟子。台湾要什么有什么，真不知你们外语程度如何。如不能真正流利，又怎么去应付未来？人要发愤，好好努力，三年外语绝对不错；否则除非不出门，绝对没法应世。

《春秋公羊传·隐公元年》何休曰："先详内而后治外，录大略小。"在什么时候应怎么做事，必懂当务之为急。自己的小恶也应当书写，别人的恶于你何干？别人不对，岂他人皆浑，只有你明白？刺激别人，人家一发愤，就撂下你了。别人坏，不必批评；剩下你自己，就是圣人了。关心别人，别人都第一，你岂不成为第二？

中国人到了最需用智慧的时候，如同赛跑，将到第一名，大家都清楚。

每个人皆有其看法与智慧，街上的形形色色，因人人皆有所需，不能说哪个绝对对，但最后得有结论，事实就是事实，非自己先估量哪个好。先重视自己。《春秋》之所治，人与我也"，《仁义法》必要深入。

没有接受夏化的，就还是夷狄。中国由"夏"至"诸夏"，"夷狄"是以文化分，非以民族分。入中国则中国之，远近大小若一，大一统了，由"诸夏"至"华夏"。诸夏，非最高境界，华夏才是大一统的境界，连夷狄都不分了。三夏：夏、诸夏、华夏，时与位不同。太平世"讥二名。二名，非礼也"。

"张三世"，据乱世、升平世、太平世。据乱世，治起于衰乱之中，内其国而外诸夏；升平世，诸夏已经化得成功了，内诸夏外夷狄；太平世，夷狄进至于爵，连夷狄都有爵位了，远近大小若一，大一统，不是统一。

"元年，春，王正月"，"远近大小若一"，始于一终于一，"有始有卒者，其唯圣人乎"？

学术对时代绝对有影响。清末民初今文学盛行时，孙中山亦受影响，故有"军政、训政、宪政"三阶段说。"以建民国，以进大同"，等于"因其国以容天下"。思想属于智慧，不分新旧。读书，要将书当智慧、思想读。

《春秋》不在乎讲多少，而在乎悟多少。但我这些年得些教训：不易发挥作用。你们最大的长处，欺软怕硬；最大的短处，没胆。这时候倡"伪民主"，闹至适当时，就来真的，你们就鼠窜了！到时，你们有胆站着，我就不信！你们要用智，既没勇就不能力取，得智取。

大家观念错误，都想到美国去。环境的运用，全视人的智慧。知己之短，就不用短，应用己之所长谋事。我看完报，都有批，用红笔批。"一言以为智，一言以为不智"，一个人的成功是说大话来的？

"三重（chóng）"，三世中，每一世又有三世：据乱世，又分据乱世、升平世、太平世；升平世，又分据乱世、升平世、太平世。太平世的据乱世，政治斗争。治国如九重，智慧是有层次的。

一个思想，每个人接受的方式不同，用的方法也不同。我时常提醒同学。

是故逐季氏，而言"又雩"，微其辞也。

《春秋公羊传·昭公二十五年》《传》曰："又雩者，非雩也，聚众以逐季氏也。"何注："言又雩者，起非雩也。昭公托上雩，生事聚众，以逐季氏。不书逐季氏者，讳不能逐。""定公十年"《传》曰："定哀多微辞，主人习其读而问其传，则未知己之有罪焉尔。"何注："上以讳尊隆恩，下以避害容身。"

为亲者讳，"子为父隐，父为子隐"（《论语·子路》）。伦常内犹有分，五服之内是亲，之外是情。

子赤杀，弗（不）忍书（写）日，痛其祸也。

《春秋公羊传·文公十八年》"冬，十月，子卒"，《传》曰："子卒者孰谓？谓子赤也。何以不日？隐之也。何隐尔？弑也。弑则何以不日？不忍言也。"何注："所闻之世，臣子痛王父深厚，故不忍言其日，与子般异。"

"痛其祸"，但不讳其恶。

子赤，文公嗣子，为公子遂所弑，刘逢禄曰："遂主谋，故于其卒也去公子。子赤，齐出，叔孙得臣如齐，为宣公如齐许赂，故于卒也去日。子赤弑，而季孙行父如齐，谋定宣公也；未与闻，故从日卒正文。"

子般杀，而书乙未，杀其恩也。

《春秋公羊传·庄公三十二年》："冬，十月乙未，子般卒。"《隐公元年》何注："异辞者，见恩有深厚，义有深浅，时恩衰义缺，将以理人伦，序人类，因制治乱之法。"

"微其辞""痛其祸""杀其恩"，三个层次。"微其辞"，说隐微些，别说那么多。

屈伸之志，详略之文，皆应之（应环境，报应）。

《春秋运斗枢》曰："《春秋》设七等之文，以贬绝录行，应斗屈伸是也。"

《繁露·精华》："《春秋》伤痛而敦重，是以夺晋子继位之辞，与齐子成君之号，详见之也。"此详略之例也。

"屈伸之志"，人之志，有时伸，有时屈。"详略之文"，笔之于书者皆曰文，人文、天文，经纬天地。"略"，略而不用。对一东西的取舍，用之舍之。"皆应之"，应环境。

时与位不同，其用不外乎"屈伸、详略"四字。

《易经·系辞下传·第五章》："往者屈也，来者信也，屈信相感而利生焉。尺蠖之屈，以求信也；龙蛇之蛰，以存身也。"人生就屈伸，人生之不易！人多去一分欲，多一分建树。人的价值，不在财富上；人格的价值，也不在金钱。

"屈伸之志"，屈伸，取舍，"用之则行，舍之则藏"（《论语·述而》）。做事，不要一开始就想成功，应先想：万一失败了，有无担当的能力？有了，再做。不能一开始就做梦，打算成功了怎么样。而是要如同做买卖，赔本了还要能生存、再做。也就是说要做最坏的打算，先想受挫折要怎么处理，则绝对有担当失败的勇气。

你们在此上课所为何来？要懂得每天的一举一动所为何来，就有价值。不知所以，没有用！人贵乎尚志，还得求志、通志，以达到这个志。"士尚志"，初步，崇尚己志，肯定己志；求志，心有所主；通志，通天下之志。知民之好恶，才能做天下的领袖，目的在除天下之患，即除民之所恶。

志，心之所主。主旨在哪儿？"志于道"（《论语·述而》）。唯有志于道后，才能谈心之所主。

道是什么？"率性之谓道"，违背人性即不合于道。因"志于道"，心之所主才不离道。合乎道都是对的，"志于道"，做什么就不错。有钱有何好处？"能以美利利天下"，就不是坏处。有权更不坏，有权本身不是罪孽。权，公平的标准，本义：可以权轻重。"政者，正也；权者，均也"，政权，正权，何等公平！权正，谁也不吃亏，真是天下为公了！

问明，何谓明？"浸润之谮，肤受之愬，不行焉，可谓明也已矣"（《论语·颜渊》）。我每次绕弯提出很多东西，就是要你们懂是非善恶。如一个是非都能影响你，还能做事？"八风吹不动，一屁打过江"，此一笑话真能启发人。有成就者无一不是心脏强者，"筑室道谋，三年不成"。

一个人做事，先肯定自己，尚志→求志→通志。通天下之志，就知天下之好恶。

自己应练得很"刚"，才能做事。无欲乃刚，但中国可是"尚中"，"走中间路线"可不容易！俞大维说："失了中，就不行。"

刚而失中，也不行，《易经》称"刚中""黄中通理"。中国的东西，都是智慧的产物。读书最重要的功夫——默而识之。有许多东西，不是用言语所能表达出的。悟，用吾心，了悟在心，心会神通。

合乎今天的智慧，就应该学。要学会怎么用智慧。何以雷声大、雨点小？专求经过的情形叫人知道，不能保密又怎么办事？做事不求眼前的成功，真正成功应由历史评、后人说。

我几次的过来人，知道受苦的是老百姓。做事，得看环境是否允许。英国是"日不落国"，都落了！时与运也。到时就转，那有净硬克硬？

李用人不够客观，因为不知人。不知人，如何善任？蒋某士简直如同慈禧太后旁的安德海，此人有专学——学农，但绝对无品。李身边如真有几个好人，应不太坏。

清朝的边疆政策对边疆特别好。台湾少数民族的先民最先开发了台湾岛，拼着老命开发的。"二二八"过去了，就别再谈，只要未来没"三三九"就好了！

顾炎武（1613—1682）有其志，但并未行事，不若王夫之（1619—1692）。王夫之行事，失败了。颜元（1635—1704），四存学派。曾文正绝没有为满人而战，其平太平天国，非为延续清朝，但清朝借了光，延续了六十年的政权。曾可谓书生造反，其下领兵的皆秀才，真正培养自己的智与气。曾培养自己最厉害的，是于战事中下棋，培养镇定的功夫。培勇、养胆，于乱中练能冷静、镇定的功夫。应于平时视同如战时，培养自己"不易乎世"。

争先成名，独家报道，把人坑了很多。负此一责任，究竟要怎么做？自根本认识，识本，本立而道生。要做事，必要法律范围都了解清楚。自己怎么训练自己，就成就什么。

昔日被贬谪者，往往放浪形骸之外，天天喝酒。王阳明（1472—1529）不同，被贬至贵州龙场驿，他在那儿实验，教育、开导当地人，习得经验，成阳明学。林则徐（1785—1850）被贬至新疆，并不颓废，仍做事，在南疆勘荒。此即"素贫贱行乎贫贱，素夷狄行乎夷狄"，看环境需要什么就做什么。

台湾不懂"子曰"，我讲五十年的"子曰"，学生不下万人，讲明白，就用上了。什么环境，都有你发展的地方，只要有心，人活一天，就得干一天，要干人之所需。有些人一遇环境改变，就只悲秋。要善用智慧，须了解自己要怎么做。

我到哪儿，都住教师招待所，既便宜又宁静。不尚表白（自夸、吹牛）的龙，潜龙也。有几段，就够生活的力量，"有一言可终身行之者乎"（《论语·卫灵公》）？可见一言即足，何况一段？

我刚来台时办山地学校，国民党来了，说我"精神不正常，不可以到山里去"。解严（1987）后再去。到什么地方，要明白自己要怎么做，有阿Q的精神，"君子居之，何陋之有"？台东有铁花路，我改的名称，因为是胡铁花（胡传，1841-1895，胡适的父亲）修的。我刚来台犹为要人，国民党来就受气了！到什么环境，做自己要做的事，没有做不成的。自己不了解自己的责任，就是环境好也没有用。今天还有今日之所需，社会就是需要而有用。应时，每个时都有时之所需。今天缺少人干的事，太多了；大家抢着干的事，就不重要了。等待别人解决的问题，都需要人干。看你们今天需要干什么？

有是就有非，有黑就有白，知此，好自为之。顾虑这，顾虑那，则什么事都不能做了。你不出屋，人家都骂你。"筑室道谋，三年不成"，需要什么，怎么去做。

台湾要解决的问题太多了，时局每天都在改变。没有时代的智慧，就没事干。懂得应世智慧，就一天忙不完。做公务员长了，不能天天添油，就没有光，精神不好。

商汤《盘铭》："苟日新，日日新，又日新。""又"，无限期的。懂此三句，绝不落伍。此为传统思想。商朝的第一代就有此一思想了。真想负民族的责任，必认识民族文化，则绝不会走小的路子。中国人自生下来，就是要为人类负责。远近大小若一，大同世。真了解中国文化，不爱国都不行。

读书，最怕读成三家村，冬烘。人生活中即所见、所闻、所传闻，不必看得太严肃，把书看得距离人生很远。书上事即生活事，任何书均是智慧的累积。

现在人一提"神话"，即嗤之以鼻，幼稚！每一个民族都有神话，神话不一，因为智慧不同。原住民族以"湖"为其发源地，说其祖宗与某蛇结婚，值得重视。神话的高低，代表一个民族的智慧。伏羲、女娲人面蛇身，中国的始祖神话。

吾以（因）其近近而远（yuàn）远、亲亲而疏疏也，

"近近而远远"，近事不通，能通远？"亲亲而疏疏"，不亲己亲，能怀远人？有正知正见，才懂得"近近远远，亲亲疏疏"，否则，就是"爱之欲其生，恶之欲其死"。好恶、是非，不必太动心，要恰如其分，如从心所欲，而不知"近近远远，亲亲疏疏"，就坏！失去了平衡，就是奇人、怪人。

夫妇之间应相敬如宾，不能吵、骂、打，吵架不能解决问题。以前的家庭环境、房子格局容易做到，今天家庭、房子格局就像吵架的环境，难以维持人与人之间彼此的尊严。

以什么标准量世（事）？小人物，开门七件事：柴、米、油、盐、酱、醋、茶。以"近近远远，亲亲疏疏"，此标准量世。不是文章，是智慧，用以衡量天下事，万年前事皆如此。近事如不通，焉能通远？书呆子读多少书，不能应事。应活用之。

讲《春秋》之义，不是讲历史。"疏通知远"，没有通今，就无法知远。不懂得今天的货币制，怎能懂历代史书的"食货志"？人必得有所专，才能有所立，成就不大，就用不上。要活用！同学成就低，因为量太浅。嫉妒，妾妇行，焉能成大事？

读书人逢乱世，才显出己之才智。

"通变之谓事"（《易经·系辞上传》），"知道了"与"通了"，境界不同。"知道"，尽性也，"率性之谓道"；通变，瞬息万变，得通这个变，脑子反应得如何？要深觉，每个变，不只知，还要通。周瑜遇事不通，而被气死。通事之难！心都丢掉，能应事？士尚志，人尚志，为志而忍。"时乘六龙以御天"，六条龙，皆具龙德，但时位不同，有屈有伸，成就有别。

亦知其贵贵而贱贱、重重而轻轻也。有（又）知其厚厚而薄薄、善善而恶（wù）恶（è）也，有知其阳阳而阴阴、白白而黑黑也。

《释名·释言语》："贵，归也，物所归仰也。贱，践也，卑下践履也。"

《史记·太史公自序》："《春秋》采善贬恶，推三代之德，褒周室，非独刺讥而已也。"

《淮南子·修务训》曰："圣人见是非，若白黑之于目辨，清浊之于耳听。"

贵贱、重轻、厚薄、善恶、阴阳、黑白。智慧自经验来，对事情有分别。恢复我们的智慧，要读子书。必以智当事，应"宁叫一家哭，不叫一路哭"。

"知（智）者不惑"（《论语·子罕》），智者不惑于欲；惑于欲，乃有所偏，"爱之欲其生，恶之欲其死"，完全以一己喜怒、好恶定事。智者看似薄情，但因冷静而能定情，定住才不惑，理智应事。

智慧自经验来，对事有分别。"仁，二人也"，仁道，你我的关系清楚，不互占便宜。"仁者，爱人"，开始；最终，"仁者，无不爱也"。

百物（事）皆有合偶，偶之合之，仇（qiú）之匹之，善矣。

《尔雅·释诂》："仇，匹也，合也。"相求之匹。

《繁露·基义》："凡物必有合。合，必有上，必有下，必有左，必有右，必有前，必有后，必有表，必有里。有美必有恶，有顺必有逆，有喜必有怒，有寒必有暑，有昼必有夜，此皆其合也。"

"太极生两仪"，"太极"，至高无上。"两仪"，阴阳，形而上；男女，形而下，有好有坏。社会事，就在此一逻辑下活动。"百物皆有合偶",有伦有序也,违此,即违背天理、人性。说"这人好俊"！就因为有丑者相比,才知其俊。说老婆"黄脸婆",因为看到"白面婆"了!

都是二,不行,三才热闹,三生万物。百物皆有偶合,百物即三的成绩。看"二"在中国的功用,可是不得了! 人,一个人没有作用;仁,二人相偶也。一合偶,千千万万都来了,这些数字,就从"偶之合之"来的。仁,生,桃仁、杏仁。种子如无"仁",就不生。

传统上"尊生",即尚爱,"尊生者,尚爱也"。爱人,第一步;无不爱,最后。人要懂得尊生、卫生、荣生了,每天"三生有幸",就活得有劲。就是扫马路的,也有至善之境,行行出状元,都能荣生,就看自己有无把自己看得有价值。

"偶"怎么来的? 百物皆有偶合,就生万物。基本不超出二,大本。讲二的作用。传统非只树立"两仪"的观念而已,最重要的在其作用。

昔人续弦,比第一次结婚还难,就怕没有人味了。没有人味,敢在丈夫面前摆架子? 人是自私的、独占的,没有圣洁就得受气。时代虽变,但人的私心、占有心绝没变。

我对学生满心热爱,但是脸很严肃,因有原则:守伦。天下人多得是,何以要乱伦? 师生关系,犹父犹子。有守,方足以有为。

返约,就仁,指体之用。体,是元,即一。劳烦,十几亿人。一致百虑,殊途同归,不必那么麻烦,始于一终于一,返约。

有人领军千万,就如同领一人。有人小两口过日子,打得天翻地覆。"时乘六龙以御天",懂得御妻、御夫之术,小两口就不吵了！齐家、治国、平天下，均自根上来，其他不必谈。

"偶合"如何来的？仇之、匹之。偶之、合之，其中必有步骤，也就是仇之、匹之，即礼义。蜜蜂做花卉两下的传达，如同求婚，求之然后匹之，匹配。成功了，万物生焉。

中国人"体万物而不可遗也"，承认有个神，是主宰。看小蝴蝶身上花纹之美，真是无法形容！花与花不能接触，借蜜蜂做红娘，为何如此？不可解。自此承认有主宰。

《诗》云："威仪抑抑（美好）**，德音秩秩**（有条不紊）**。无怨无恶，率由仇匹。"**（《诗经·大雅·假乐》）**此之谓也。**

"威仪抑抑"，人必有威仪，不轻佻。"德音秩秩"，言语有序。"仇匹"，合偶。

威仪，昔人走路都得受训练，什么皆有个样子。人没有人样，也不值钱，骂人的话！洋狗玩腻了，现在土狗就值钱了。但土狗难求，因为像样的难求。

大家都承认像，就是德，否则为缺德。既是"德音"，就得"秩秩"，有伦有序，《尚书·舜典》曰："八音克谐，无相夺伦，神人以和。"讲书是德音，佛教称法施。

上边讲了半天，讲什么？就是远近、善恶、是非、黑白、好恶，两端也。舜办事，"执其两端，用中于民"，中是什么？始终，是一个东西，不能生。两端，不是一个东西，一公一母，能生生不息，两性才能生生不息。极，中也。做事，将各方研究清楚，不可以有主观，才不偏离，用中处理。一般人有好恶，就不能中，偏袒无私。用中，没有好恶、是非，用中道处理事情。对事全盘了悟之后，没有偏私，才能用中道解决。无大舜"执其两端"的智慧，哪能碰一端即执之而达之？"率性之谓道"，顺着性做事，"天命之谓性"，不知人性，怎么解决问题？"食色，性也"，不是空的。解决性，"内无怨女，外无旷夫"（《孟子·梁惠王下》），就没有社会问题。中国人对食的智慧，可谓绝了！食之美，即由五味成之。自己琢磨，不可以当书读，要当智慧读。

"执两用中"的结果，即"威仪抑抑，德音秩秩"。人人都有"执两用中"的智慧，但有人是学而知之，有人是困而知之，还有人是"困而不学，斯为下矣"（《论语·季氏》），都不一样。最重要在"博学之，审问之，慎思之，明辨之，笃行之"，则"虽愚必明，虽柔必强"（《中庸》）；阮芝生当年说"这是簧舍的校训"。但我们同学又有几个"虽愚必明"的？

"率由仇匹"，率人之性，不可以用机术。率性，得顺乎自然，不能用骗术。

"一言以为智，一言以为不智"，这些人在家，两口子吵得一发不可收拾，还想御天下？真学问，应活用。

然则《春秋》，义之大（重要）者也，得一端而（能）博达之。

《史记·太史公自序》："孔子之时，上无明君，下不得任用，故作《春秋》，垂空文以断礼义，当一王之法。"

苏注："得于义理之安，文质之中，宽猛之宜，是非之公，乃制事之权衡。"

"和顺于道德而理于义"。宋承前朝尚空谈之弊，乃欲矫虚，讲义理之学。义理之要，文质之中，是非之公，制事之权衡，揆之于道之模范。"文质彬彬，然后君子。"

《春秋》，礼义之大宗。读完《春秋》，还得好好悟，才能明白。孔子志在《春秋》，看《春秋》多亲切！不是当作书读，必要当智慧用。应学智，智无穷亦无形，放诸四海而皆准。如学无形之智，则到哪儿皆行得通，放在什么形中皆可，即皆可应世。学《孙子》《吴子》（《吴起兵法》或《吴子兵法》简称），有形；遇不合兵法者，用不上。无形的，放在哪一有形的东西中，都可以合，都准。

"惟精惟一"，精一最为重要，没有精一的功夫，就无法"得一端而博达之"。一法通，百法通。先通一经，以之作为基础，再读其他经书则易通。没有真通就难读，"吾道一以贯之"。

做事不会用脑，可不行。靠讲也不行，必得自己进修，"进德修业"（《易经·乾卦·文言传》），师父领进门，修行在个人。会背一段，也比不上录音带，智慧特别重要。我今天能这么讲，就是从失败得来的。笨，吃过亏，才知如何不吃亏。

香港、澳门，弹丸之地；台湾，秋毫之末，这问题在国家而言，癣疥之疾也。世事就是一盘棋，得一子而博达之。第一着一动，明白人就笑了。

都要斗，我失败，是过来人，回头想；叫你们振奋不易，等你们将来受苦，不明白也明白了。我年轻时，老师言之谆谆，我们听之藐藐；老师面前毕恭毕敬，回家说："老师真老了！"待失败，才觉得自己"太年轻"了！那时，陈太傅最反对。今天，你们也觉得"老师旧了"，待回首，感到"年轻"，也同老师一样了。你们偶一不慎，我即你们的前车之鉴。待明白，已时过境迁了！

我不笨，否则师母不会嫁我。

罗振玉、郑孝胥，一时代的佼佼者，仍头脑不清。谁是谁非？历史可以印证。就陈太傅反对，他最小的儿子是加州大学的系主任，板桥林家林崇墉（生于 1907 年，卒年不详，林则徐的玄孙，陈宝琛的女婿）为其姻亲。我来台，有关系的人可以住林家花园，但我没去住。1949 年那一晚，就垮了！兵多，修厕所。再修复的林家花园，和原样差很多。

我也是从年轻过来的，才不厌其详地说。台湾亦面临许多待决的问题，要学应世，最为实际。我自十三岁到今天，没有休息过一天。真想找个小庙，尝尝修行的滋味，不听收音机，也不看电视，等死一年，如不死，再出来。主角愈休息，配角愈忙。我也洗过温泉，但已忘了是什么滋味。主角不想，想了也没有用，用不上。受挫折后，才体会什么是真理。

神：一、体万物而不可遗也；二、妙万物而为言者也，何等美！妙万物即造万物，但用字不同，何等聪明的用词，比"造物主"高明。体万物之妙，就得承认有神。

我所讲虽泛，但都是主旨。主旨会用了，就能放诸四海而皆准。想做 21 世纪的领导者，那思想、学术都得领导。我天天在屋里"造谣"，不成形就烧掉。

"得一端而博达之，观其是非，可以得其正法"，多有智慧！此为做人的标准——正法，以此法审判天下之是非。"乾道变化，各正性命"（易经·乾卦），所有的东西都正性命。正道、正辞、正法、正伦、正理。"得一端而博达之"，发明家、哲学家皆必抓住一个头绪，就"博达之"，演绎出一有思想的系统和学说，立说了。

《春秋》者，礼义之大宗也。那礼义从哪儿来？礼义，生乎中，用乎情，故曰"《春秋》者，礼义之大宗也"。体，即太极。极，中也。太极生两仪，即用。中，喜怒哀乐之未发，性；发而中节，和，也就是情。礼，天理之节文。天理最重要的节文，即"太极生两仪"，亦即老子所说的"一生二，二生三，三生万物"。所以三的观念，在传统思想中很重要。人事上说"三代宗亲"；治世上说"三世义"；在人的接触上，则说"所见、所闻、所传闻"。此主要在讲中国华夏思想之所以。

"所见"，关系近，说话客气些，隐藏些，故"微其辞"；"所闻"，痛其情；"所传闻""杀其恩"，可说得详细些。皆"与情俱也"，亦即皆性之所发，并非理论。中为体，和、情为用，"礼之用，和为贵"（《论语·学而》）。

《大易》与《春秋》相表里。《大易》智慧之海，《春秋》智慧之表现。智慧用出来，即为礼义，所谓"载之空言，不如见之于行事之深切著明也"。历史事实，也是空言。书讲明白，要干出来。

"大哉乾元，万物资始，乃统天""太极生两仪"，两个不同，有作用，生老三，就热闹了。每一民族必树立思想。三，中国人的思想。三，就不简单，生万物了。第三代，三系无量义，可以生万物。屯，"动乎险中，大亨贞"（《易经·屯卦》），生生不息。复，一元复始，"复其见天地之心乎"！孔子绝对读过道家的东西，才"变一为元"，所以说"窃比于我老彭""述而不作"。

看传统思想的基础。人既有思想，就有观念，产生"何以她与我不同"的疑问。最初立名，没有一定的，之所以写"人"，不写"狗"，就因为方便，只二画。一开始，不会想那么多。你们应练习会用观念。

"大学政治系毕业"，此微其辞。什么道理都不出乎人心，用时都不出乎人情。离开人心与人情都讲不通的。从你们"关爱的眼神"，就知有明白的！

都是公、母，何以看起来会有不同？屈伸之志、详略之文，皆应人之情，即性之用。不中节的情，即私情、偏情。百姓皆有偶合，都两个凑在一起，始于一归于一。能"执两用中"如舜，最了不起。但既然"人人皆可以为尧舜"，所以应是人人皆可以有执两用中的智慧，这是圣人最高的盼望。但有的达不至此一境界，又怎么办？《中庸》所谓"其次致曲"，也就是"得一端而博达之"，一样也可以成功。一端，是始终。一个东西，境界不高。二端不然，是两个东西。始终，也就是本末，"物有本末"，从本到末。可是"事有终始"，终而又始，永不结束，无穷。《易经》终于未济，豫解无穷。

"得一端而博达之"，即如想做一件事，抓住之，而博达之。如开豆浆店，如何泡豆、磨豆，光是一个豆子，学问可就大了。

骂人的，都有学问。有人骂我，说台湾有两个好人，一个是证严，一个是安仁居士，"安仁者，天下一人"。那人骂我对台湾不分青红皂白，不懂是非、美丑、好坏。第一次问我："你的凤凰呢？"因我说过："没有梧桐树，哪有凤凰来？"

之所以反复讲，在教你们用脑。我是愈来愈慈悲，才好好讲；也许是孔老夫子发现，要我好好讲。台湾这么小的地方，神都挤满了，鬼往哪儿待？看荒唐到什么程度了！

自根本得一端。《中庸》曰"天命之谓性，率性之谓道"，那何谓性？《孟子》说"食色，性也"。色，形形色色；男女之色，不过为其一。喜看愿摸的，即色。一切种种，就叫作色。

看一个民族的智慧与文化水准，就看吃。中国吃，五料：动、植、海、矿、岩；五味：酸、甜、苦、辣、咸；做法有五术：煎、炒、炸、烹、涮。没有水火，亦不可行。但有水火，也未必能做好。水，得选，浙江喝龙井茶，必用虎跑泉的水，"西湖龙井虎跑水"。台湾根本是将就，还说讲究？火，讲究火候。什么都学到了，但火候不到，也不成功。

什么是烹？把火候加到恰到好处，然后用冷开水慢慢弹（用冷水不卫生），使之冒气。就利用这个气，将食物弄熟了。用烹，可以使小鱼完整无缺，而且味道鲜美。恰到好处，即中，不过火。这需要多大的耐力，更要含多少德。识机，即火候；毅力、爱心，即水。看看今天，根本是耍猴子。又有几人懂得用此道治国？得永远恰到好处，然后才成功了！

老子很懂得政术，说"治大国，若烹小鲜"，真是老奸巨猾！至少在汉以前，古人就已经懂烹术了，因此可以立下那么致密的学说。明白烹小鱼之术，以此术就能治大国。这套东西，没有功夫绝对不行。懂得烹之术，才知此话意思，其智在"烹"上。烹，才几秒间。台湾什么都能做，但绝不敢烹。台湾吃不到烹的东西，大师傅都无此功夫。真会用了，《老子》就有用。《老子》应好好看一看，但能领悟不易！对药方没真懂了，能够用上？

看破世情惊破胆。摸一次受伤，吃过亏了，绝不敢再碰，胆小。何以胆大？就因为没有吃过亏。

你们如真会用脑，相信将来会真有用。你们不识货，到处交费学气功，怎不跟老师学？我天天忙，点滴就是半个馒头。

有人没"博达之"，就来个"分析之"，也就是造谣。会研究、处理问题者，"得一端而博达之"，也就是顺性而博达之，可以研究出许多不同。但没根据性，自显聪明分析之，结果愈分析愈乱，碎尸万段，但大问题仍没有解决。如大家都顺着性做事，就不会有这么多的冲突。现完全用"人之为道"处理性的事，所以还没骂完，即成时髦。没有标准，皆人之为道。

"率性之谓道"，虽不会做，但都知好吃。"人之为道"，时髦一阵子，过三年就落伍，造成社会最大的纷争。如顺人性去做，恐人类的历史就不会这么乱了。

希望你们成为21世纪思想的领导人，千万不可囿于传统的"人之为道"。来台，看过从最时髦到最不时髦。你们应本着良知，看现在该怎么做。所谓良知，是做完，心里舒服，才是真良知。

我以前被说成"扛太阳旗，反太阳旗"，现在则是"渗透国民党"。回台北，不说话；看完，心里不舒服；不喜欢，没说他也不知，因为不想再坐牢。所谓"人之为道"，即非用中，完全用私情。今之所谓"可"，焉知来日谓之"不可"？

必须给我们的民族创一个"率性之谓道"的环境，只要有人性，放诸四海皆准。自古无不教忠、教孝，最后忠臣、孝子仍太少，所以历史才写上。又有几个按着做的？特别少。那可以得结论：自人类懂得用私情后，历史都是"残伤"的历史：强凌弱、众暴寡，成王败寇。皆"人之为道"，所以有部分人接受，部分人不接受。以宗教言，亦如是。

我们的智慧，对一切不可统筹，则可以"得一端而博达之"。人最重要的是人性，"天命之谓性，率性之谓道，修道之谓教"。人性到底是什么？"食色，性也"。第一个"得一端"的即性，其次为食色。

　　自吃看出一个民族的文化，从五料可以看出中国人多会用料。玛瑙豆腐，抓一个头，就可以想出那么多。中国一个吃，就吃出那么多东西。十艺：蒸、煮、烤、烙、熏、煎、炒、炸、烹、涮。中国吃法太多。烙，不同于煎。食，把不同的东西弄在一起，叫它有绝美之味。色，不只五样，形形色色，哪个都够水准。艺高，好玩的东西都属于色。丝绣、发绣，皆色。自这些构思，可以见中国文化。

　　大同思想，中国调和的思想。大同，天下平也，终极目的。政治思想，大处得同。《易》谦卦六爻皆吉，"谦，亨"（《易经·谦卦》），"谦以制礼"（《易经·系辞下传》）。谦，礼。要得大同，第一步是什么？先同于人，因中国以仁治天下。同人者，同于人也，那就忙不过来了！同于人什么，然后才能达到大同？习惯、风俗可以不同，但人性都同，做事都合乎人性，大家都可以接受，故曰：大处同，不求小处同。"得一端而博达之"，就看会不会用智慧。

　　最重要的是构想。在食上将不同的合在一起，即成美妙佳味；政治上亦如是，如将政治玩至绝境，如食色般，岂不早就世界大同了？看中国人占世界几分之几？唬住一点，有智慧者就成无量之业。看立说者哪一个不是"得一端而博达之"？每个人把持的出发点不同，然后就各成其说了！而能"执其两端，用其中于民"的是大智者如舜。遇事，如像食色那么认真，都成了！

做任何一件事，一旦有了开头，就永不停止。端，不是终始。端者，绪也。人最重要的责任何在？一部《孝经》，"续莫大焉"（《孝经·圣治》）！中国人的责任。骂人"绝后"，最没德的。自有始以来，到你手上断了。老太婆如不生儿子，我来台就不知找几个。可是她一生就是儿子，我就没有借口了。

"述而不作"，是接着来的。无论做什么事，"得一端"了，要接着想。老祖宗开始也是茹毛饮血，就是环境逼出的智慧，乾隆帝的御厨能将甘蔗渣做成一道最好的菜。"生于忧患，死于安乐"，想走在前头，得脑子快，不是跑得快。

我既不考据也不训诂，只要是中国人想出的东西都要，故称夏学，不分今古文。《古文尚书》是伪书，但也是中国人作的，是中国人的想法。无比中国人再聪明的，中国民族之所以伟大在此。中国人到临危之际，绝对可以想出另一套办法来。破大户，到现在裤子也没丢，还愈来愈像样。中国人懂得渡过难关，历尽艰辛，到没饭吃，还能活下去。

观其是非，可以得其正法。

苏注："法曰正法，辞曰正辞。凡以审视是非于天下。"

"正法"，合乎道德；"正辞"，无所偏私。定于道，定于性，才有正辞，于大本上定得住了。"得其正法"，以此正法可以审判天下的是非。

古书是中国智慧的结晶。所谓"集大成"，是搜得够多，把精华都集在一起。"行远自迩，登高自卑"，下"卑、迩"功夫，不必想得太高。"辞，达而已矣"，不必净作文章。当智慧读，仔细读。判明是非，就可得"正法"。

视其温（蕴）辞，可以知其塞（辞穷）怨。

苏注："辞愈婉而怨愈重深。塞怨，犹幽怨。"

"叫你二时来，怎么来慢了？""视其温辞"，就可知"其塞怨"，"还骗我"？碰上，就明白。

我一生后悔特别多，那时不懂恋爱，就决定了。我有过日本女秘书，但没与她握过手。老太婆说："我看算了，就纳了！"真有一套，我真中她的计。等悟了，慢了！这是计策，体悟之言。昔日媳妇得跟父母，跟着走的是姨太太。我家几代都胆小，连姨太太都没有。

是故，于外道而不显，于内讳而不隐。

苏注："微其辞而已，不隐其事。"

此为做人的标准。

"于外道而不显"，不明显地道人之恶。对人家的事，说了不必详而言之，"直在其中矣"。

"于内讳而不隐"，不提名道姓，但不隐瞒事实。对内隐其私，伤品败德，就无法正。讳疾忌医，无人能纠正你。对知病之人，不能隐你之病。

把内、外的距离弄清。处理事情"于外道而不显"，不显明的道人之恶，否则缺德。在某人面前得避讳，矮子最怕别人说短，当着矮子别说短话，会引申认为在说我。"于内讳而不隐"，不提名道姓，但不隐瞒事实。《中庸》"合外内之道也，故时措之宜也"。

于尊（有地位，有权势）**亦然，于贤**（有德行）**亦然。**

"为尊者讳，为贤者讳"，讳而不隐。尊者，有地位，有权势；贤者，有德行。均为外人。

对亲则不然，"为亲者讳"最要，对亲没有条件，"父为子隐，子为父隐，直在其中矣"（《论语·子路》）。

名讳，昔人名外有字。父母称名，"犹有慈亲唤小名"，岳父亦不称女婿名。对外，以字行。

此其别内外，差（除）**贤不肖，而等尊卑也。**

"别内外"，把内外距离弄清。别内外，内外，是以自己所处的位做标准。过年时，得往某方向走为吉，是以己位为准。

自己所说的内，难道不是别人的外？自此，可看出迷信的事，不必迷。无论做什么事，都是以自己的点做标准。这边说是，那边说非。今天做的事，七年前就枪毙。今天的"是"，可能就是明天的"非"，哪有是非？约束自己，就不能施展。以前的非，今天是最时髦的。许多人误解是与非，一辈子也不明白什么是"是非"。人得守公是、公非，社会必有个标准。

"差贤不肖"，去贤、不肖之别。《荀子·臣道》曰"上下易位，然后贞"，天下才太平，才叫均天下。中国从很古就有了不起的思想，就因为专制太久了。《孟子·万章下》云："诸侯恶其害已也，而皆去其籍。"一些有真理的话，历代都从书中挑出、去掉了，但是仍会留下一点痕迹，可以据此往上追，认识中国思想到底是什么？

"等尊卑"，把尊卑等了。人的本能，没有什么区别，在任事上有别，而有尊卑。有了尊卑，要等尊卑。练习领袖风，要具有组织能力。真达一个境界，比登天还难！

"素隐行怪，后世有述焉，吾弗为之矣"（《中庸》），历代立说者不少，有些传下，有些没传下。中国的学派太多了，程朱、陆王，可见仍有人接受。四存学派、河北学派，没了！不要将公是、公非扯一辈子。真理只有一个，不可离此标准。

义不讪（讥诮）**上，智不危身。**

"义不讪上"，懂"义"字，绝不讪上，不批评长辈。真懂得义，绝不讪上。今天已经没有"上下"的观念，谈不到有义人。

孔子挨饿依然挺，不同在此。学生饿得爬去见老师，"君子亦有穷乎"？"讪上"，吃长辈的豆腐，小家伙饿肚子就不义了。"君子固穷，小人穷斯滥矣！"（《论语·卫灵公》）再爬回去，等着挨饿。孔、孟之不同，在此。将我讲的笑话，当故事读。经书看长了，就如看《红楼梦》，有时还更为有趣。

"智不危身"，自己不受害。以卵击石，自危其身。自身都不保，还是个智者？"留得青山在，不怕没柴烧"，如连身都不保，还谈其他？看不对了，就止，聪明人。明哲保身，明智的人得先懂得保身。

《易经·涣卦》第一爻"用拯马壮，吉"，想拯救危亡，必马壮才吉。"初六之吉，顺也"，顺势而为。大家都做烈士，谁做元

老？遇什么时，知如何去处世，要的是不危身，并不是滑头。"有杀生以成仁，无求生以害仁。"（《论语·卫灵公》）

"大意失荆州"，智者还会大意？关公死得多不值！有几个有名的子家能够保身？智者不危身。商鞅何以能强秦，而不能自保？

故远者以（因）**义讳**（避讳），**近者以智畏**（彼此敬畏）。**畏与义兼，则世逾**（愈）**近，而言逾谨矣。此定、哀之所以微其辞**（隐而不显）。

《春秋》教你怎么对付时。《春秋》在欲趋时也。

我担心你们的后半生，我照顾的都是最苦的人。在书院读这么多年，何以还如此浑？五百罗汉捧弥勒，与释迦有什么关系？完全近视眼。

天下再没比人与人的关系再险了！你们有一个真朋友？时代变了，今天有"人"？有"人"的格？像"人"，多大的标准！社会上没有几个好人，你也不一定碰上好人。天天教你们有智慧，但你们一见势与利就昏了。社会就是一个"利"字，现在佛教是释迦当道。认贼作父，分裂国土，可耻。民国内乱不断，仅三十八年。现在要做什么？棋子一摆，就知胜负。社会就是一盘棋，完全是活文章。有志，要好好造就自己。就因为有志，才吃一辈子苦；大言不惭，因为无愧于心。

一个人最重要是有志，许多大学者写书，到底写些什么？看大陆人与台湾人所写完全不同。不会读书，怎么借镜？有些人写书的目的在卖钱，完全装潢，没有内容。孔子做梦，也没有想到死后吃了两千多年的冷猪肉。孔子的思想与人类同寿。立说，没有德也不行。《春秋》为"智、仁、勇"三达德之书，与《大易》相表里。

以故（用这个方法），用（用世）则天下平，不用（不用世）则安其身，《春秋》之道也。

《春秋》是智慧的产物，知此，即知应世之道。

存己之道，避祸，躲避以存己，不是助恶。以卵击石，使自己受危，自危其身。

《学》《庸》谈天下平，此为中国人的责任。《繁露》论政之道，特别详细。很多好的东西找出，将之串在一起，必要选一选。

《春秋》之道，奉天（元）而法古。

以"天"作为标准。"古"，指尧舜之道，公天下，揖让，逊于贤，不让于子。仲尼祖述尧舜，《尚书》是最古的一部政书，首尧舜。尧则天，"唯天为大，唯尧则之"，"天无私覆，地无私载"，"与天地合其德，与日月合其明"。

孔子所说的"法古"，指尧、舜公天下。尧、舜，古也，不同于"古玩"的古。《尚书》"曰若稽古"，亦指尧、舜，"唯天为大，唯尧则之"，"曰重华协于帝"，舜继尧而有光华。

《论语·泰伯》："巍巍乎！唯天为大，唯尧则之。荡荡乎！民无能名焉。巍巍乎！其有成功也。焕乎！其有文章。""巍巍乎！舜禹之有天下也，而不与焉。"《论语》乃许多重要观点的注解。

《尚书》首二典——《尧典》《舜典》，主旨在谈揖让。《春秋》讲隐为桓立，在政治上与《尚书》首二典相为表里。把中国思想的本来面目恢复，就靠《大易》与《春秋》。今天所讲，皆必修课。

"法古"，法奉天的人。法天，尧是第一个则天的。奉天法古，即奉天法尧。《老子·第二十五章》："人法地，地法天，天法道，道法自然。"看陈鼓应的小文，还不错，下功夫。陈主张中国的思想从老子开始，没错。传统思想绝对"源于道"。老子说"道生一，一生二，二生三，三生万物"，孔子"改一为元"。

"奉天"，即"奉元"。天，是元之用，"大哉乾元，万物资始，乃统天"。之所以称"奉元书院"，"君子当继天奉元，以长养万物"，君子体仁足以长人。

是故，虽有巧手，弗修（循）规矩，不能正方圆；

《广韵》："规，圆也。"《字统》："大丈夫识用必合规矩，故规从夫也。"

《淮南子·时则训》："规者，所以贯万物也；矩者，所以方万物也。"

《管子·法法》："巧者不能废规矩而正方员，圣人不能废法而治国。"

规，圆；矩，方。规者，所以圆万物；矩者，所以方万物也。

虽有察耳，不吹六律，不能定五音；

《淮南子·时则训》："规者，所以贯万物也；矩者，所以方万物也。"

"六律"：太簇、姑洗、蕤宾、夷则、无射、黄钟。
"五音"：宫、商、角、徵、羽。

《孟子·离娄上》:"不以六律,不能正五音。"

虽有知(智)**心,不览先王不能平天下。然则先王之遗道**(凌注:"遗留之道"),**亦天下之规矩、六律已。**

无论怎么巧手、聪耳,离本,亦不能正一切。

想正天下,必得先把自己变成是规是矩,才能正天下的方圆。"子帅以正,孰敢不正?"

故圣者(尧)**法天,贤者**(舜)**法圣,此其大**(最重要)**数**(法则)**也。得大数而治**(太平),**失大数而乱,此治乱之分也。**

《韩诗外传》:"圣人以己度人者也。以心度心,以情度情,以类度类,古今一也。类不悖,虽久同理。故性缘理而不迷也。"

"治乱",完全在乎人为。尧舜之制,王制;《孟子·万章上》有"至禹而德衰"之说,以禹为乱制之首,《礼记·礼运》中"小康六君子"之道。

《孟子》中有许多古人思想,其中三分之一师说。

所闻(知)**天下无二道,故圣人异治同理也。古今通达,故先贤传其法于后世也。**

"天下无二道","知所先后,则近道矣"(《大学》),"道二,仁与不仁而已矣"(《孟子·离娄上》),"率性之谓道","率"的意境比"循"深。道,传太难!

"异治同理",方法不同,但道理同。

"古今通达"，古今没有区别。"通"与"达"，不同。"通"，"通变之谓事"（《易经·系辞上传》），读书必达一境界，才能做"通人"，"通神明之德，类万物之情"。"达"，智、仁、勇，三"达"德；"达"孝，执一端而博"达"之。

"先贤传其法于后世"，"制《春秋》之义，以俟后圣"（《春秋公羊传·哀公十四年》）。

"世卿非礼也"（《春秋公羊传·隐公三年》），但是孔家世代为世卿，讲孝悌忠信，却夺嫡。改造，复原社会，皆非轻而易举的事。人智无穷，何以我们呆至此？天天杀，争权夺位。何以必要发生战争？公羊家不承认性善。

赶上这个时代，没用上智慧，太对不起自己了。现正逢其时，要反正归礼。大智者做大事，我何以坐屋中想五十年？你们三两天要整理一次笔记。

许多地方都得去练，对事情不放松，但对人可要放松。做事，必粗中有细；处世，必善用智慧。应苛的地方必苛，不应苛的则不能苛。懂得不吃亏了，还得学会吃亏，但要吃小亏，不吃大亏。小事去争，所得是微乎其微，半张纸的事业。要养成"视而不见，听而不闻"（《大学》），才能得到大的。

自小家庭教育，必经严格训练，如送东西必得摆正；东西用完，放回原位，在暗处仍可拿出。到一家，可以看出太太的程度，以前越是有知识的越是窗明几净。今天的教育，完全是"金玉其外，败絮其中"，自欺欺人。大工程修完，没多久就坏。百年树人，立万世之福，种什么树结什么果，教育的可怕！昔日小孩自小就经严格训练。

清末倡"中学为体，西学为用"，半西化；台湾"全盘西化"。现在皆自乱手脚。痛定思痛，应重新回头认识自己。我们年轻那时百家争鸣，抛弃本身的文化，拼命地接受别人，喊"打倒孔家店"，认为软弱是传统文化的病。民国九年（1920）废除读经，今天又讲训诂。犹太人长于经济，满族人长于政治，统治中国未有造反者，因为控制得特别厉害，文人乃转而钻入考据、训诂中，清设博学鸿词科，消磨人有用的智慧，用无用之物，此训诂之所以兴。今天不能再如此，要以古人智慧启发自己智慧。

读经，应重视经义，贵精不贵多。我讲书，是以复兴民族精神为第一要义。中国人善于政治，任何时代非万不得已不会有战争。平常日用的就是政治，斗智。有志于政治的，应在子书多下功夫。要自是其是，往下传，不要为他人的批评所影响。中国之命运，在此半世纪决定，就靠你们好好努力，中国人离不开中国的东西。

前几天《中国时报》有一书生论政，没进过北京，乱论北京，此"闻其名，而不知其实者也"。绝不能推测没有见过的事物，与事实相距甚远，乃隔靴搔痒，而格格不入。曾文正将所学用在实际事，真正名实相副。《曾文正全集》应看，距今甚近，地名未变。领悟其知行，理论与实践，皆实学也，真学问！历代名臣全集、政书必看，皆为其实验报告。

靠经验治事，华侨在国外，在万险的环境中争生存。大陆人民比岛内人民胸襟开阔得多。孔宋家族，民国以来的贪污！一个人的环境会影响一个人的一生，国家的政治亦如此，政权的决定影响国运。

从年轻就培养正知正见，人之生死安足论？应怎么生、怎么死最重要。人面临苦难，重视急智；面临死亡，惊慌没有用。要找刺激自己急智的环境，经过实际以后，体会才能深入。必要做事，什么都没做过，就是废物，装少爷！自己培养自己。环境这么太平，一做事，就不太平了。绝不能把我们的良知为任何人利用。先从自己环境整理起，能做什么就做什么，打地板就能磨炼治世能力。

《春秋》之 (对) 于世事也，善 (当动词) 复古 (公天下)，讥易常 (常法)，欲其法先王也。

《春秋公羊传·宣公十五年》《传》曰："上变古易常，应是而有天灾。"

《汉书·董仲舒传》：《春秋》变古则讥之。

"善复古"，尧舜为古，善法尧、舜；"讥易常"，谁改变常道常法，皆讥之。

"复古"，复先王公天下之制。

《春秋公羊传·僖公二十年》"春，新作南门"，《传》曰："何以书？讥。何讥尔？门有古常也"，古制常法。"古常"，台湾有许多古语甚雅，讲纯中国文化。

"天无私覆"，公也。复古，复尧、舜公天下之道，传贤不传子。"三世必复"，经过夏、商、周三代了，必复尧、舜公天下之道。

然而介以一言，曰"王者必改制"。

"介以一言"，介如石，直裂开，一言以蔽之，干脆打开天窗说亮话。

"王者必改制"，天子，继天之志，述天之事；"改制"，改乱制，家天下之世及制，祸国殃民之制。王制，新王之制；乱制，世及制，父传子、兄传弟。成公天下，世卿非礼也。

《春秋》"以鲁当新王"，所用的道是王道，制度是王制。《礼记》中有《王制篇》，但已有问题，原文已没有多少。《荀子》中亦有《王制篇》，但有王制之名，而无王制之实。后王应有王制，王制是与乱制对立的。

王制，公天下，贤者在位，能者在职。乱制，家天下，自禹而德衰，世及制，父死子继，兄终弟及。大家都想抢天下，几百年就乱一次，一治一乱，改朝换代，故有《廿六史》。如是公天下，就有治而无乱了。祖述尧舜，尚贤。新王必改乱制，成公天下。历史哪有真的？哪有给的，都是抢的。自己多看，学了就有用，即实学，不可空了。

乱制太可怕，家天下，几十年乱一次，父传子、兄传弟，都有不服者。选贤，没有人敢干。尧传舜，经过多少考验，"历试诸难"（《尚书·虞书·舜典》："虞舜侧微，尧闻之聪明，将使嗣位，历试诸难"）。自己贤不足，宁可在家闲着，太苦了！

新王，改乱制之王。是天民，皆受命于天，人人皆可以为天子（尧、舜），"予，天民之先觉者"。

自僻者得此以为辞，曰："古苟（诚，真）**可循，先王之道何莫相因**（一个接一个作）**？"世迷是闻，以疑正道**（古常之道言）**而信邪言**（以改道为邪言），**甚可患**（担心）**也。**

"自僻者"，钻牛角尖者；"得此以为辞"，自说一套理由。

如改朝换代都一样，那死了那么多人，岂不白白牺牲了？所付出的代价太高，比过去还腐朽。今后不可再如"世迷是闻"，必得冷静。

真有智，绝不可再发生第三次世界大战，此为人类第一要务。我喊五十年，自"天德"即主张反战，"奉元""华夏"，一段接一段。学生最聪明的就会自欺。

权、势、时。有权得会用，否则连个兔子都支配不了。大家捧才有权。要懂运权、运势、运时。礼运，以礼运天下，多美！开运动会、运河。每天都用"对时"，对不上完了。两人对不上，就吵嘴。自对时，至运时。时至，得用时。何时为闲散游民之时？抓住时，亦可以兴风作浪。时在哪儿？每天不厌其详讲，每字要你们深思。

脚踏实地，不要耍。愚者愈感自己能；老油条则遇事笑笑，一点反应都没有。你们太天真，去"天"存"真"，就好办事。外面事发生，知其所以，为真学问。"善教者，使人继其志"，得有志。

政治恶，乃逼上梁山。中国文人有智慧，看完《打渔杀家》，义愤填膺，戏曲亦有深意。对时，什么时候都能用上，按对方的颜色说话，转变其脸色。

用大家的智慧，众智才能解决畸形的问题。练成有胆量、有耐力，有"待时"的能耐，凡事都去做，自高楼擦窗子开始，高处往下一看，显出良知的光辉。愈做事，了悟得愈多，就不会被人利用。身心的感触，人生的体验太丰富了，能了解常人所不能了解的。

必要练习技能，不知哪天遇什么事，哪能靠保镖？枪法、拳脚、棒棍，至少枪响必得见物。练枪的第一步练稳，练腕力、臂力。愈是边疆愈重道义，借钱从不写条子，一诺千金。满族人的军事训练，一点客气都没有。

今天学智慧都学不来，你们回去拿此当智慧，有智慧就不会做不智之事。何必扯完，又后悔！

答之曰：人有闻诸侯之君射《狸首》之乐者，于是自断狸首，县（悬）而射之，曰："安在于乐也！"此闻其名，而不知其实者也。

《仪礼·大射》："上射揖。司射退反位。乐正命大师，曰：'奏《狸首》，闲若一！'大师不兴，许诺。乐正反位。奏《狸首》以射，三耦卒射。"《狸首》，古逸《诗》篇名。古之射礼，歌《狸首》，以为发矢之节度。

"闻其名，而不知其实"，天下这种人，比比皆是。今天对中国学问的研究多半如此，知名义，但知其实者少。现在讲《四书》的，无人从头至尾读《四书》，皆生而知之者。自求，求学。

书生论政，行政不同于论政。名实同，才是实行家，"君子疾没世，而名不称焉"（《论语·卫灵公》），必要名实相副。

今所谓"新王必改制"者，非改其道，非变其理。是"受命于天，易姓更王"，而不是继自家系统的前王。

《白虎通·三正》："王者受命必改朔何？明易姓，示不相袭也。明受之于天，不受之于人，所以变易民心，革其耳目，以助化也。"

"新王"，有别于旧王，"以鲁当新王"，况；"必改制"，改乱制，家天下之制。

是"受命于天，易姓更王"，而不是继自家系统的前王。

天子，"继天之志，述天之事"。"舜何？人也。予何？人也。有为者，亦若是"，人人皆可以为尧舜，人人皆能继天之志，述天之事。

拨乱反正，复尧舜公天下之制，传贤，三世必复，九世必复。用人的力量，"天工人其代之"，天工有所不足，人以发明弥补之。

人人皆可以为尧舜，有所本，天子，天民，天职。你认识谁，能代表你有学问？必要自己有学问，而不是认识谁。孔子学问是孙子传的，名字取得好，孔伋，"伋"，站起来。

若一（完全）**因**（因循）**前制，修故业**（前王之业），**而无有所改，是与继前王而王者，无以别。**

修，是功夫，修身，修业。孔子修《春秋》，立新王之制，简言之，即王制，与乱制相对。乱制，即世及制，父死子继、兄终弟及。孔子修《尚书》，首尧舜，代表公天下，禅让。禹传子，成世及制，家天下，《孟子》中称"至禹而德衰"，谁都想抢，大盗盗国。

圣人、君子都喜大盗封他，给你个官，还要磕头谢恩。看他的江山是怎么来的？处士，畜生封的，还高兴！就明白一半，而糊涂一大截。人人都自以为圣洁，那就什么都不能接受。

孔子与那些圣人不同，"行一不义、杀一不辜而得天下，皆不为也"（《孟子·公孙丑上》），孔子盛赞尧、舜。子思说"仲尼祖述尧舜，宪章文武；上律天时，下袭水土"，用此十六个字为其祖作传。

孔子为尧作传："曰若稽古，帝尧曰放勋，钦明文思安安，允恭克让，光被四表，格于上下；克明俊德，以亲九族；九族既睦，平章百姓；百姓昭明，协和万邦，黎民於变时雍。"浑蛋则写了三本书，还带序。社会上，哀莫大于不知耻！

孔子何以作《春秋》？在拨乱世，反之正。《史记·太史公自序》说："余闻董生曰：'……贬天子，退诸侯，讨大夫，以达王事而已矣。'"司马迁一生受苦，就为《史记》，所以不死；自谓上承"麟书"，即接着《春秋》来的。不懂《春秋》之道、《春秋》之义，就不能读《史记》。

"贬天子，退诸侯，讨大夫"，是除乱制的方法。《论语·阳货》有二章，有人造反，都想请孔子。孔子欲往，子路不悦，孔子说："夫召我者岂徒哉？如有用我者，吾其为东周乎？"又说："不曰坚乎？磨而不磷。不曰白乎？涅而不缁。吾岂匏瓜也哉，焉能系而不食乎？"一个人立了志，任何环境不改变其志，"不易乎世""遁世而无闷"（《易经·乾卦·文言》）。孔子绝对真干，可能还是以反叛专制有名，人人皆知，所以反叛者才要请他做"参谋总长"。后人皆以孔子不会助叛，而否定《论语》中此二章。

"诸侯恶其害己也，而皆去其籍"（《孟子·万章下》），即将不合于专制政权者皆删之。再没有比读书人更无人品的！掌权的走狗。实录，就因为不实，才要说实。愈丑的，天天照镜子。看自己要怎么活。读完，不发挥作用，就没用。

修《春秋》，正要和《尚书》的"尧舜"相应，故"其事则齐桓、晋文，其义则丘窃取之"。家天下，皆子弑其父、臣弑其君。乱制首创者，禹。孔子修《春秋》后的新王，"以鲁当新王"，新王必改乱制。"王制"名词绝对有，但内容已改了几千年。

名称变了，可是心理没变，一样！实，不容易变。若坐大牢能活得长的话，就清朝有几个活至八九十。

我讲现代事，是举例，与民进党不同。台湾地区宗教多就够看，什么地方、什么时候，玩什么鸟。

受命（天命）之君，天之所大显（显其大能）也。事父者承意，事君者仪（表）志，事天亦然。

天子，继天之志，述天之事，代天行道，大显天德者。

"事父者承意"，父亲的意见得接受。孝顺，顺即孝，即承意。事父者，承父之意，最大的责任。天意，一般人承父意。有子，在承意，接续下去。

注："郑元曰：承，奉承，不失队也。"郑元，即郑玄，是避康熙帝名讳，改"玄"为"元"。中国字都有避讳字，可看出思想之致密。

"事君者仪志"，仪仗队，一对。"仪志"，为臣必了解君之志，与君之志相配，表君之志。为臣之道，"无成有终"（《易经·坤卦》），成君之志，故自己无成，否则互相斗争。如天天有成，就无终。

"君臣如父子"是乱制，专制时代的说法。汉后，君在亲前，天、地、君、亲、师。

孔子思想到了晚年，君臣平等。臣，仪君之志，弟兄，平辈。

《论语·八佾》"君使臣以礼，臣事君以忠"，此语目的在：不礼，则不忠。《大学》"为人臣，止于敬"，《论语·学而》"敬事而信"。中国几千年前有此思想，叫乱制给埋没了。

《论语》中孔子思想有三次变迁，其篇章之次序，并不代表时间先后。

"事君者仪志"，君有此志，为臣者与之配合，意见相合，平等合作。为臣，无选择余地，部下配合主管的意见。反对，非臣，乃搞革命。对父母可是不同，没有选择的余地。"事君者仪志"，知此，才知怎么和人去做事。明白，就知做事的动机，不会错。对人的选择，亦有所知。要志同道合，不勉强在一起。

"事天"，天子，继天之志，述天之事。天志，天无私覆，地无私载，一个"公"字，生而不有，为而不恃，"大道之行也，天下为公"。新王之制，王制，有志才能立制，看了制度，就知志向如何。

当道理读，就知如何理事。

中国的礼，没丧事，玉不去身；不脱帽，死必戴帽，夜里睡觉还有睡帽。

戴笠（1897—1946），碰岱山而死。戴怕川岛芳子（1907—1948），国民党恨她，她的故事就多。四部有关她的戏，皆差得远。宋庆龄（1893—1981）、何香凝（1878—1972）均盖棺论定了，绝对爱国。

我很相信因果，屡试不爽。章孝严母亲一针死的，戴笠下令的。蒋孝武（1945—1991）也打了一针（营养针）起不来。我绝对不做亏心事，多可怕！什么都可以做，绝不可以做欺心事，自知。

放下屠刀，立地成佛。小虫子都要求生，我还为蜗牛讲情，孙子说："老师说它是害虫。"

一般人不说真话，我天天讲真话，不写自传，要写忏悔录，但确实没做过坏事。天德好生，尚公，生而不有，为而不恃。

今天大显己，物（人、事、物）**袭所代**（代天之志），**而**（能）**率与同**（与己同，民胞物与），**则不显不明，非天志。**

此革命，一点残迹不留。

《墨子》有《天志篇》。不知天志，又如何仪志？

墨家重视天的意志，以天志赏善罚恶，匡正社会政治秩序。

事天仪志成，则成大人，"大人者，与天地合其德"。

"而率与同"，民胞物与，与己同。科学家了解物性比人性还彻底。政客大而化之，完全说梦话。遇事要特别冷静，要深思熟虑。

《春秋》可不是没有头脑的能懂，也不是常人能接受。《大易》与《春秋》读明白，有了智慧，无人干过你。

故必徙居处、更称号（有别于旧王）、**改正朔、易服色者，无他**（tuō）**焉，不敢不顺天志，而明自显**（不显不明）**也。**

居、处，两件事。

"居"，平居，居室，居士（在家修行）；"处"，歇处、办事处、处士（不在朝做官）。

紫光阁在清代有重要的功能。

清代在中南海紫光阁内悬挂功臣画像。现在的紫光阁，大体上是乾隆二十五年（1760）和乾隆四十一年（1776）重修时的原貌，体量宏伟高大。按清朝典制，每年新正皇帝例行赐外藩和蒙古王公宴，从乾隆二十六年（1761）以后，就移往紫光阁，直到清末。

理藩院，不懂事的得整理整理。

理藩院始创于清皇太极年间，在顺治年间由附属于礼部，改为独立部门。为管理蒙古、西藏、青海、新疆地区，以及西南土司等各少数民族事务的行政机关，并兼理对俄罗斯的事务。

"更称号"，《白虎通·号》："所以有夏、殷、周号何？以为王者受命，必立天下之美号以表功自克，明易姓为子孙制也。夏、殷、周者，有天下之大号也。百王同天下，无以相别，改制天子之大礼号，以自别于前，所以表著己之功业也。必改号者，所以明天命已著，欲显扬己于天下也。已复袭先王之号与继体守文之君，无以异也，不显不明，非天意也。"

"改正朔"，中国自汉至清，皆用夏历建寅。民国以后，采用公元（又称西历或西元），不用夏历。孙中山改用阳历，正月变，朔望也变。

"易服色"，历代皇帝所尚服色不同，殷尚白，王族均用白。朝鲜，箕子之后，尚白。清尚黄，民间不可用。明尚红。中山改穿中山装，藏青色。民国尚蓝，怎能长？蓝是丧事用的，避讳。

"不敢不顺天志，而明自显"，自显天之德，因法天，法自然，无为而治。董子的"天"是什么？

董子的"名实"观念清楚，见其《深察名号篇》。

为国服务，应真为民谋福。我这一生经历太多。中国穷人多，有点知识的人都想借点力量。中国民族慈悲，真能救无依无靠者。

为政最难，是实际事。解决实际事，到底得用什么智慧？应再回头，试看中国东西是否能救人类？"以夏学奥质，寻拯世真文。"夏学，只要是中国人脑子想出的东西都收。夏学即一端，"得一端而博达之"，可能就能救世。绝不造谣，但也不守旧说。依经解经，绝不以臆说解经。《中庸》与《大易》相表里。不是讲书，讲的是道。

若夫（启语词）**大纲、人伦、道理、政治、教化、习俗、文义尽如故，亦何改哉？故王者有改制之名，无易道之实。**

做人之道不能改。"率性之谓道"，人性能变？至理、至法，都得按人性。类情即道，不能变。

"有改制之名，无易道之实"，易是有原因的，易乱制，不易王制。"至禹而德衰"，昔在乱制下，讲道不敢讲此。

孔子曰："无为而治者，其舜乎！"言其主尧之道而已，此非不易之效与？

"无为而治者，其舜乎"，点出尧舜之道无为而治，顺自然之道治天下。

"祖"，一成不变，专制时代"祖制不可违"，以此钳制人；"主"，可以损益。"主尧之道"，以尧之道为主，可以损益。一字了解，可把别的引过来。

我小时没吃过冷东西，我母亲说："祖训不可违，不可以吃冰。"祖宗有如此说？

五六十年前的生活，你们理会不到，但有人的滋味与尊严。今天什么规矩都没有，吃饭像喂猪，要饭似的，如同丐帮。外国人用刀叉吃饭，但仍有个样子。昔人上床睡觉有一定。现人的尊严没了，像什么？今天有人懂得吃茶？穿衣服，男不男、女不女的，还找得到对象？人活着，什么都要有个样子，才有美感可言，五育——德、智、体、群、美。今天何以败坏至此？我内里不舒服，完全不能适应。大陆乡下、日本、韩国，犹有一定的礼法。教育之机，教育很重要。你们应练习培"美人"的滋味，过人的生活。

凡是不合标准的东西、怪玩意，我都不吃。北京什刹海，原是中级以上吃茶的地方，一圈可以吃上二周。

问者曰：物（事）改而天授（受天之命）显矣，其（岂）必更作乐，何也？

《礼记·乐记》："凡音之起，由人心生也。人心之动，物使之然也。感于物而动，故形于声。乐，乐其所自生……王者功成作乐，治定制礼"。

曰：乐异乎是。制为应天（天意）改之（改乱制），乐（yuè）为应人作之。彼之所受命者，必民之所同乐（lè）也。

改乱制，立王制，立新王之制。《礼记》、子书内皆有《王制篇》。

音乐，歌颂之事。"同乐"，天听自我民听，最后有美的结果，功成作乐，"成于乐"（《论语·泰伯》）。

是故，大﹙赞词﹚改制于初，所以明天命也；更作乐于终，所以见﹙xiàn﹚天功也。

《白虎通·礼乐》："乐言作、礼言制何？乐者，阳也，动作倡始，故言作；礼者，阴也，系制于阳，故言制。"

制，为应天改之；乐，为应人作之。乐，民之所同乐也。看今民之所同乐的是什么？作乐，天工成了。天工怎么成的？天工人代，而成其天工。最后，与天地参矣！三才，天、地、人。无人，就无法显出天地的大能大德。二人结婚，说是天意，天作之合。

"功成作乐"，功成了，大家都高兴，要作乐，乐了才作乐，成于乐。

缘﹙按﹚天下之所新乐﹙lè﹚，而为之文曲﹙词曲﹚，且以和政，且以兴德。

"和政"，天子所有的行政都没有违背天意，顺天之志行政治。"治世之音安以乐，其政和"（《礼记·乐记》）。

"兴德"，"见其礼而知其政，闻其乐而知其德"（《孟子·公孙丑上》），"声音之道，与政通矣"（《礼记·乐记》），一点也不错。

天下未遍﹙普遍﹚合和，王者不虚作乐。

"王者不虚作乐"，功成作乐，见天工之成才作乐。今日之乐，就是空作乐。

中国人聪明，能开创，但缺少"绪成"的功夫。四大发明，被打回来，还说"这是我们发明的"。今天此一病根犹存在，只要一出门准成功。看将来成功的后果是什么？太不切实际了！

乐者，盈于内（发于人性）而动发于外者也。应其治时，制礼作乐（yuè）以成之。成者，本末、质文皆以具矣。

《春秋公羊传·隐公五年》何注："王者治定制礼，功成作乐。未制作之时，取先王之礼乐宜于今者用之。"

有歌就有舞，载歌载舞。礼、乐，皆发之于人性，故曰"乐以和性"，看《礼记·乐记》。

"应其治时"，最赶上时代。先时、治时、因时、违时。天天喊因时制宜，看是第几个阶段的境界？

"兴于诗"，诗言志；"立于礼"，天理之节文，礼，天理之节文。乐以和性，故"成于乐"（《论语·泰伯》）。乐，代表我们成功了，功成作乐。源于一，复归于一。一致而百虑，殊途而同归。据此想问题，才了解传统思想。传统思想应源于道，以后发展各有所长。

"本末、质文"，体用、表里、精粗，皆非空的。重质尚文，目的在补其不足，"文质彬彬，然后君子"。

开示，要读几本正书就理悟。两边的读书匠差太多，没法比。何以读这么久的书，脑子还不发墨？质很重要，水准何以这么低？小孩拼命要他学，却忘了告知他怎么用？此种教育完全用不上。

培元，质；元培，文。元培了，才能用。没文，质不都一样？说人本末倒置，蒋家为一例。曾成功于幕府，相信也必有智慧、学问。看小蒋尽学些什么？到苏联，什么也没学，就讨回一老婆。纬国学些什么？"文经武纬"用上没？学了，什么也没用上。

说人本质善良，再加上"文"，就不得了！不可以舍本逐末，本末倒置。《大学》"知所先后，则近道矣"，知所先后，即计、策、略、训，视智慧而定。对一事有所考虑本末、先后，进入情况，近于合理的方法。计、策、略、训，哪些书讲的？《三十六计》《战国策》《三略》《淮南子》。《训康示俭》《朱子家训》，父母临死前写的家训，要儿孙去实行。我怎么知怎么行。不通时务，趋炎附势，出卖良知。读过的一无所知，又读什么书？古人留下计、策、略、训，目的何在？

将祖宗遗留的智慧，概要地聚在一起，即成特效药。将来你们必说："这话老师都讲过，当时就没听。"应提炼古人智慧精华，使之成为特效药。过去的那些注解，都与时脱节了，能用？

道，是为民谋福的方法。"大道之行也，天下为公"，首先必要去私。私即小道，"虽小道，必有可观焉，致远恐泥"（《论语·子张》)，不必将道看得神秘。"天下为公"，自"去私"入手，此即真学问。

"奸独"，靠美国或日本，强调国际化。"佛光山"，接济异议人士。慈济，大慈大悲，证严守分。每个皆要仔细分析，本末质文，知所先后则近道矣，还知用方法达到目的。

你们真认真三四年，办法绝对用得上。

是故，作乐者，必反（返）**天下之所始乐于己**（君）**以为本。**

因民之所乐而作乐，据文章而作。"乐者，音之所由生也"（《礼记·乐记》），乐，为民之心声。

作乐，追述百姓"之所始乐于己"以为本。功成才作乐，故作乐者必得返回检讨百姓开始乐的是什么？

舜时，民乐其昭（显大）**尧之业**（功、德）**也，故《韶》。韶者，昭**（昭明尧之德业）**也。**

昔日乐名有来历。

百姓所喜欢的才能作乐。无形中，乐即显出其德。

"昭尧之业"，昭明尧之事业、德业。《韶乐》多美！

"见其礼而知其政，闻其乐而知其德"，今天的音乐如何？台湾没有音乐，许多歌曲都抄自日本。《恒春民谣》、歌仔戏，皆哀怨之曲。

看《礼记·乐记》和《论语》有关论乐处。《汉书·乐志》，等于《乐经》。

禹之时，民乐（lè）**其三圣**（尧、舜、禹）**相继，故《夏》。夏者，大也。**

禹之前，无患害。禹继舜，继的是德业，"故《夏》"，大其承尧、舜之德业。

"夏，大也"（《尔雅》），唯中国人如此伟大，故引申为"中国之人也"（《说文》）。

夏，中国，《尚书·舜典》："蛮夷猾夏，寇贼奸宄。"夏历，尧之历。

汤之时，民乐其救之于患害也，故《濩》。濩（hù）者，救也。

"至禹而德衰"，时代变了，故有患害。"濩"，为护民，灭了夏最后的国君。

"濩者，救也"，救民于水火，尚有爱民之心。

文王之时，民乐其兴师征伐也，故《武》。武者，伐也。

"兴师征伐"，一代不如一代！

"武者，伐也"，伐不服，更没德，《武乐》有杀伐之音。

大盗盗国，霸王，成就霸业，"以力假仁者霸，霸必有大国"（《孟子·公孙丑上》），在扩疆土。人千万不可以失德，可以聪明顶天，但天绝不因此屈服。

我不迷信，但相信因果，种什么因结什么果。最快报在己身，最慢报在儿孙。有的人聪明绝顶，但忘了本。帝王之家有权势，传几百年即亡国。

我不反对宗教，但反对许多人糊里糊涂出家，应经过考试，且必经几步以后才出家。同学出家，四十几还俗，得真！是人，得做人事。绝对宗教自由，但得理性的。好自为之，善用头脑。没有做事的魄力，还没想事的魄力？

"入中国则中国之"，中国有多大？即天下。"舟车所至，人力所通"。人人皆有士君子之行，人人皆可以为尧、舜，即"中道之国"。公羊学家是知而必行的。

整天无想行，就是抄书！读一部书，开会讨论，各抒己见。看的角度不同，所得有别。下精一的功夫，书告诉人做事的方法。每人一辈子都得有一样拿手的东西，如厨师有拿手菜。

孔子集大成，智高，孔庙有"大成殿"。思想辉煌的时代，集大成可不容易，将中国社会组织得致密。

四者，天下同乐（lè）**之，一也；其所同乐**（lè）**之端，不可一也。**

功成作乐，乐虽相同，而其端不可一也。一刹那一个端，谈判变化万千，口语一转，即一个端。得多少，就看谁方法高明。

慢慢体悟，以之知理事之方，百变不离其宗。损益之道，在新民，"因不失其新，亦可宗也"。

作乐（yuè）**之法，必反**（返）**本之所乐。〔一代代〕所乐不同事，乐**（yuè）**安得不世**（世代）**异？**

《史记·乐书》："五帝殊时，不相沿乐。"

是故，舜作《韶》而禹作《夏》，汤作《濩》而文王作《武》。四乐（yuè）**殊名，则各顺其民始乐**（lè）**于己也。吾见其效矣。**

《礼记·乐记》："事与时并，名与功偕。"
功成作乐。以后无乐，乃功未成即垮了。

乐，有可遵循的，乐谱。"各顺其民始乐于己"，谈福利也必如此。

知得愈少，愈无耻，胆愈大。什么也不怕，最后想怕，都来不及了。谈什么，对方要你附带条件。

《诗》云："文王受命，有此武功。既伐于崇，作邑于丰。"乐（yuè）之风也。

"乐之风"，春风风人，"君子之德，风"，风天下。

又曰："王赫斯怒（怒意斯尽也），爰整其旅（师）。"当是时，纣为无道，诸侯大乱民乐（lè），文王之怒而咏歌之也。

"文王一怒而安天下"（《孟子·梁惠王下》）。

周人（"人"衍文）德已洽天下，反本以为乐（yuè），谓之《大（赞词）武》，言民所始乐（lè）者武也，云尔（如此）。

中国人不忘本，祭祖在报本，饮水思源。

从乐的名字，证明一代比一代缺德。以后说文王有德，恐是自吹之词，因为"见其礼而知其政，闻其乐而知其德"，《武乐》"尽美矣，未尽善也"。

日本的能剧，是学自中国的。

故凡乐（yuè）者，作之于终（用），而名之以始（体），重本（无忘本）之义也。

"作之于终"，功成作乐；"名之于始"，始乐于己。终其功而作乐，但以开始的动机命名。体用兼备，自根上入手。处理事情必须重其所以，治本，重本。头痛医头，乃是治标不治本。

西安，有周建都之迹，埋一百二十多个皇帝。夏声，中国古诗。夏历、夏学。现称"汉学"，但分先秦诸子……很麻烦，用"夏学"，全部包括在内。变成夏学，简单，可"得一端而博达之"。

由此观之，正朔、服色之改，受命应天制礼作乐之异，人心之动也。二者离而复合，所为一也。

易正朔，中山革命，改用公历。易服色，表明受之于天，不受之于人。"民可载舟，亦可覆舟"，人心一动，就要"革故取新"（《易经·杂卦传》曰"革，去故也；鼎，取新也"），完全系乎民心。

裁缝师傅应好好读《红楼梦》，书中每个女孩的穿着都不同。曹雪芹真是"文穷而后工"，穷，极也，到最高的境界。

昔老太太穿"香云纱"，凉爽、易洗、易干、不怕水、不贴身、透气，愈热天愈凉快，面黑里黄。布，生丝织，用天然植物料浸染。洗时，必用茶叶水泡，凉后再泡。愈出汗，愈闻茶叶味。

就用上而言，两件事；就体上而言，一件事。命、性、心，一个东西。正心，就是复性；心正，性就复了。古文家十六字心传："人心惟危，道心惟微；惟精惟一，允执厥中。"

《繁露》丢得多，但多看几遍，于你们智慧有帮助。用得上的才叫智慧，非空写文章。

真培智，一年就有用。成德，亦一步一步来的，久假而不归，焉知其非真？

机来，马上乘势上去。时会停一阵，一天有千个机，时与机不同。我如不可怕，能斗垮那么多人？有特殊立场，才有特殊地位。当年小蒋请我，说下次不回来，就不一样。我遇事不说话，就你失败了；如说话，就你成功了。

汉人什么都没丢，就把心丢了，不成才。不可以有贪心，捡便宜的心。好人成德不易，嫉妒莫过于妇人心。容乃大，心小，想成大业，是自苦。

值乱世，正是正显智之时，但人有识太难！龙蛇杂处，还不知有龙。要择而后交，如孔明择妇。必自慎，要慎独。我母亲确有一套，慈安为其姑姑。培养智慧，有成就必有德。德与智并修。

予夺轻重例。

"公羊学"得仔细看。《繁露》被糟蹋很多，很乱。

《春秋》讥文公以丧取（娶）。

《春秋》讲讥刺。

难者曰：丧之法，不过三年，三年之丧二十五月。今按《经》，文公乃四十一月方取，取时无丧，出其法也久矣，何以谓之丧取？

重孝，按所服的孝，三年再娶。

三年之丧，昔日多人反对，但并非自孔子开始，《尚书·舜典》曰："二十有八载，帝乃殂落。百姓如丧考妣，三载，四海遏密八音。"可见行之久远。

自汉以后，完全守三年之丧，守二十五个月；有些地方守二十七个月，直到民初。城市以外犹守，农业社会大家庭容易做。

我读书、喝茶是一件事，没有功利境界，就当消遣。好名者，必作伪。人贵乎有志，士尚志，非求发财，光有荣禄。

人就是人，一般人就是作伪。没有邪念，但不讨厌，我用日本女人的图片做书签。是人，何以要说自己是超凡入圣？直人，就是真。

真诚，才能做一点事。开始做事，不要有功利境界。凡上加凡，事情怎会做好？人不能白活，要奋斗、做事。无人心，焉能做人事？

中国事已成定论，一切皆癣疥之疾。好好静心，储备自己。识时乘势，人乱己不乱，待安定；定时，事已做完。圣人不能生时，时至而不失之。

做事，得恰到好处，不别先后，贵乎有心。巧取豪夺，最后还是身败名裂。唯德常在。

曰：《春秋》之论事，莫重于志。今取必纳币，纳币之月在丧分，故谓之丧取也。

重志，志，心之所主，开始动念时。心一动，即犯礼、犯法。意淫同于行淫，诚意的人就没有意淫。诚意，初步；意诚，成功了。意诚者，无意淫。佛家特别注意意淫。

传统重修身，修身在乎正心，心正。"《春秋》之论事，莫重于志"，重志，就看动的念头，原心。孔学真观念重诚意，不在行为而在心意上，自知。一个人常动念，就是妄想，日久生病，此种人无法任事。

不在坐而言，而在乎立而行。想做事，一步一步做，"载之空言，不如见之于行事之深切著明"（《史记·太史公自序》）。

且文公秋袷（xiá）**祭**（文公二年），**以冬纳币**（是年冬），**皆失于太蚤**（早）。

不按礼行事。

"袷祭"，三年一次，将亲疏远近先祖合祭。"禘祭"，五年一祭，古代帝王祭其始祖，五庙，二昭二穆，与太祖庙为五，一木主一庙。

"四时祭"，春礿、夏禘、秋尝、冬烝。"尝祭"，民间祭三代宗亲，使祖宗尝新，用新鲜东西祭。

曲阜孔林，有一远近亲疏祖宗的碑。认祖从何来？有远支、近支，依族谱认祖归宗。亲，五服之内。除服，即疏，来吊丧，都给一块白布，可做一件衣服。先死为大，必向死者磕头，无形中的报酬。

团体必有一定的道德标准：内三德，孝义忠。

《春秋》不讥其前，而顾讥其后。

算总账。

《传》所云"讥丧娶也……不于祭焉讥"，可讥其后，不讥其前，因未必做成。

有时被利用，中计，泄露团体的秘密。团体有事，不必外人知；成了，不说，人亦知。

必以三年之丧，肌肤之情也，虽从俗（有做有不做）而不能终，犹宜未平于心。

《论语·阳货》："子生三年，然后免于父母之怀。夫三年之丧，天下之通丧也。予也，有三年之爱于父母乎？"

父母之丧，守孝三年，圣人之中制。守中道，过犹不及。

今全无悼远（远祖）之志，反思念取事，是《春秋》之所甚疾（讨厌）也。故讥不出三年于首而已，讥以丧取也。不别先后，贱其无人心也。"

《春秋公羊传·文公二年》《传》曰："三年之恩疾矣，非虚加之也，以为人心皆有之。以人心为皆有之，则曷为独于娶焉讥？娶者，大吉也，非常吉也。其为吉也，主于己，以无有人心焉者，则宜于此焉变矣。"

父母死，于百日内结婚，非中国之礼，绝对不可。有丧之礼，每件事皆有约束。

缘（按）此以论礼，礼之所重者在其志。

《春秋》者，礼义之大宗也。礼，必有一定的节。"知和而和，不以礼节之，亦不可行也"（《论语·学而》），亦必以礼节之。谣言止于智者，说话的对象要加以小心。世路人情真学问。

重志，做事必找志同道合者，"道同则不能相先，情同则不能相使"（《王道第六》），私心一起，以此责己。

"子孙虽愚，经书不可不读"，希望你们将来能过人的生活，但你们得做，第一件事得接触人。好好练达，已经是燃眉在目，你们反应太慢、太笨！我为你们搭上桥，你们会过？应事，得如常山之蛇，反应之快！

将是非曲直辨清，才知要怎么做。不当文章读，要当药方，以此成事。谁违背时代，都得灭亡。

孔子"我战必克"，当务之急外，还得为往圣继绝学。

志敬而节（仪节）具，则君子予（许）之知礼；志和而音（无声之音，妙境）雅，则君子予之知乐（yuè）；志哀而居约，则君子予之知丧。

"志敬而节具"，必为自己活，才能成功。天天做科员，真有能耐！能敬其事、敬其业，故能成功。"节"，《易·节》"节，亨"，懂礼节，当然亨。

"主敬立人极"，出乎其类，拔乎其萃。敬，约之以礼，"敬事而信"，敬业为第一步，常人欠缺此，往往坐这山望那山高，在行嫌行，看别人比较好。不能勉为其难，最后再改行，一事无成。不能受别人影响，而去做某件事，否则会很苦。

志，心之所主，念头。志，性之用。志和，"乐以和性"，故"成于乐"。四大名旦，"志和而音雅"。我喜程派，梅派太艳！

"知礼知乐"，立于礼，成于乐，有修养，才能成事。

"居"，是个功夫。"居约"，守约。居丧得按礼行事，"礼门义路，居仁由义"。"志哀而居约"，"礼，与其奢也，宁俭；丧，与其易也，宁戚"（《论语·八佾》），哀而不毁，哀毁骨立，毁不灭性。

故曰：非虚加之，重志之谓也。

我怕大家处处用个"虚"字。"虚"，与"真"相对。无高的修为，能写出这样的文章？

溥二爷（溥心畬，恭亲王奕䜣后裔）二十七岁得博士回来，颇为得意，其母以为不足，希望他做"天下第一人"。他留德学天文，但喜画画，在西山住十多年。才智高，但以业余画为多，混吃！许多人随政途而升沉，二爷没有。其画人称"诗、书、画三绝""近五百年来第一人"！今天，只要有一官在旁护驾，即成圣人。

"重志"，重心之所主。孔子"志在《春秋》，行在《孝经》"。讲孔学，必懂《春秋》，才知孔子之志。《孝经》第一章经是真的，"夫孝，始于事亲，终于立身；立身行道，扬名于后世，以显父母"，讲小孝到大孝，孔子勉人行为皆应如此。

熊十力的《原儒》，以《大易》《春秋》为本，《礼运》《周官》为用。《读经示要》只广泛讨论经书，重《礼记·儒行》。《乾坤衍》为熊子一家之言，比张载《正蒙》重要。王夫子重视《正蒙》，立了船山之学。

可以将《论语》按《春秋》排列。许多书需要再整理，不必再注释。思想有系统，前后串在一起。

志为质（本）**，物为文**（文饰）**。文著于质，质不居文，文安施**（加）**质？**

质犹文，文犹质。"文质彬彬，然后君子。"

人无守，绝对不能成事。你看我是小人，才在我面前说小人事。

交浅不可言深。最笨的是非不分，被人利用。你明白就够，没交束脩，何必教之？做人的要义：当面教训一人。接受是朋友，不接受就再见。卫灵公问阵于孔子，孔子以"军旅之事，未之学也"(《论语·卫灵公》)，明日遂行。他看我不是好人，才问我战争的事。

"贬天子，退诸侯，讨大夫"，看孔子多么积极！最高的原则，法自然，法天，则天，"唯天为大，唯尧则之"。一刹那、一刹那的变，刹刹生新，"苟日新，日日新，又日新"，不留故。不是讲书，是讲思想，不是读故书。

元，源头，自元开始，不固守一切。冷静好好看中国祖宗思想，绝不为外人耍了一百多年。要生新，故要把住源头——元。说"元者，气也"，此何休的思想。气，应是元之用，层次错了。我的《原元》，不如此说。要知怎么去想。中国在西汉，思想多美！其后古文兴起，思想自此受钳制。

我现在讲的境界，两个夫子都没太强调。文采，高手可分出七个层次。学术，是接着讲，故曰"述而不作"。因法自然，"河出图，洛出书"，非作。

质文两备，然后其礼成。文质偏行，不得有我尔 (你) 之名。俱不能备，而偏行之，宁有质而无文。

《论语·颜渊》：棘子成曰："君子质而已矣，何以文为？"子贡曰："惜乎！夫子之说君子也，驷不及舌。文犹质也，质犹文也。虎豹之鞟（kuò）犹犬羊之鞟。"

"质胜于文则野，文胜于质则史。文质彬彬，然后君子"，质文两备，然后礼成。

虽弗予（许）能礼，尚少善之，"介葛卢来"是也。

《春秋公羊传·僖公二十九年》"二十有九年，春，介葛卢来"，何注："不能升降揖让也。介者，国也。葛卢者，名也。进称名者，能慕中国，朝贤君，明当扶勉以礼义。"

有文无质，非直不予，乃少恶之，谓"州公寔（通'是'）来"是也。

《春秋公羊传·桓公六年》《传》曰："寔来者何？犹曰是人来也。曷为谓之寔来？慢之也。曷为慢之？化我也。"何注："行过无礼谓之化……无礼之人，不可责备之。"

"非直不予"，予，许也；"人之生也直"，性善；文质相直，才许。

很多历史是假的，"文胜质则史"，净说假话。《实录》，稿拟好，小皇帝看，删改，假中之假。可以看《实录》，绝不可以相信《实录》。《史记》不同，上承"麟书"。研究"元"文化，不能走错路子，为往圣继绝学，蒋庆的路子走对。

志是永不变的。我母亲绝没想到我今天会传学。没明白"长白又一村"何意，不说，不使人讥之于后。

多读书，就知一人的行为。期待你们，贵乎行，必要脚踏实地，绝不落空。当老师的不要主观，说谁能传学。不要把希望寄托在一人，代有才人出。熊十力用心深细，但我也绝不马虎。

必学一技之长，好谋生，但在吃饭外，应有点志向。如吃许多苦，又没有代价，那就太冤枉了！现已到"另辟天地"时，然非常人所能见。

然则《春秋》之序道（道之体用）也，先质而后文，右志而左物，故曰："礼云礼云，玉帛云乎哉？"

古时以右为上。左右，先后。

质、文、志、物，缺一不可，体用。有志（空言），必见之行事。

"礼云礼云，玉帛云乎哉"，玉帛，祭祀时用的；礼，不单指祭祀说。"不学礼，无以立"，"立于礼"。

推而前之，亦宜曰："朝云朝云，辞令云乎哉？乐云乐云，钟鼓云乎哉？"

《释名》云："出，推也，推而前也。"

"朝云朝云，辞令云乎哉"，重要事不会做，只会摆辞令。

"乐云乐云，钟鼓云乎哉"，"乐以和性"，不知乐，无以和。诗言志，"不学诗，无以言"。

引而后之（层次），亦宜曰："丧云丧云，衣服（孝服）云乎哉？"

"引"，《广雅》云："演也。"引而申之。

以公式推，"礼云礼云，玉帛云乎哉""朝云朝云，辞令云乎哉""丧云丧云，衣服云乎哉"……

昔日父母丧，厨房三天不冒烟，由左邻右舍供餐三天。做稀饭，配咸菜……第四天，帮丧家烧饭。

是故，孔子立新王之道，明其贵志以反（返）和，见其好诚以灭伪，其有（为）继周之弊，故若此也。

《论衡·超奇》："孔子作《春秋》，以示王意。然则孔子之《春秋》，素王之业也。"

《春秋》王鲁，托新王受命于鲁，假设"以鲁当新王"，立新王之道。革命家，"《春秋》，天子之事也"（《孟子·滕文公下》）。

"贵志反和"，苏本疑"和"为"利"，我不赞成。和，太和、中和之道。贵志，重志；返和，喜怒哀乐，发而皆中节。

"好诚灭伪"，存真去伪，"诚者，天之道；诚之者，人之道"，不"人之为道"。

"继周弊"，周道亡，《春秋》作，教后世帝王皆与尧、舜相比。尧舜之道，公天下。周之弊，好利，无志，虚伪。立新王之法，目的在显诚去伪，必真正守礼，一点虚假都没有，实事求是。一个"私"字害尽天下苍生。"利"与"伪"相对。"子罕言利"（《论语·子罕》），非反利，"能以美利利天下，不言所利，大矣哉"（《易经·乾卦·文言传》）。

读书要熟，要点必记住，要用心。《四书》必好好下功夫，《四书》《五经》无下功夫，如何研究学问？

团体一定不要有色彩的，不是要做书呆子。成事不是说而是德，有诚信对方才信你。愚人才为人做走狗，被利用犹不知。

公式，前后都可以推。养正，得有正，才养正。"秉大至之要道，行礼运之至德"，王道之始也。汉后，无人再讲新王之道。现讲元，要正这个元，即新王之道。养正，是初步，要正元。正位、正德。《一夜皇后》（戏曲名，讲述明正德皇帝微服游历，在梅龙镇李家店邂逅李龙之妹李凤姐），况世。

中国再上轨道，我们的学说就有人接受了。两边应合流，大陆文化水准仍高。以夏学作参考，宪章夏学；祖述孔子（元学），《大易》与《春秋》为我们的本经。起一家之学可非易事，奉元之学绝不可以有虚伪。奉元，不再袭古，不重注解，自原典发掘。

《春秋》之法，以人随（从）君，以君随天。

人天合一，叫天约束，"以君随天"。君随不上天，即独夫、霸王也。"君者，群也"，谁有群之德，就能为君；"君，群之首也"。必有群德，才有作用。

曰：缘民臣之心，不可一日无君。一日不可无君，而犹三年称子者，为君心之未当立也。此非以人随君耶？

"民臣"，以民首臣，贵民之义。

拨乱反正，先立下界说。据乱世之道，因无法一下子毁三层统治（天子、诸侯、大夫），必用礼与法约束。张三世，用温和手段，以文化、知识一步步毁掉世及制。

孝子之心，三年不当，而逾年即位者，与天数俱终始也，此非以君随天邪？故屈民（民之情）而伸君，屈君而伸天（天之道），《春秋》之大义也。

"三年不当"，不忍当其位。昔日继位之君，于"大行皇帝"梓宫前就位。次年，再用自己的年号。

"大行"，永远离去之意。在皇帝去世直到谥号、庙号确立之前，对刚去世的皇帝的敬称。谥号、庙号一旦确立，就改以谥号或庙号作为正式称号，不能再称"大行皇帝"。

"逾年即位者"，十二月死，过了年就即位，但不可称君，与天数来终始。"以君随天"，君得随天道之转。天子，继天之志、述天之事。法天，则天，崇天，天道尚公。为君不随天、尚公，就是昏君，此为定理。

中国人最重要观念抓住天，"天无私覆，地无私载"，"生而不有，为而不恃"，以天之公，启发人行公。

帝，主宰义；王，天下所归往。君王，天子，皆勉其要大公无私，爱民，"民吾同胞，物吾与也"。

《春秋》论十二世之事，人道浃（融洽）而王道备（完备），法（《春秋》之法）布（于）二百四十二年之中，相为左右，以成文采。其居参错（参差不齐），非袭古也。

此为处世（事）之要。

《春秋》委曲婉转分为三世：据乱世、升平世、太平世，以达"天下为公"之大道。尸子称仲尼尚公，可见孔子是有心人。

"人道浃而王道备"，人道通王道，天下所归往之道。

"法"，《春秋》之法，新王之法，此孔子之政治理想。于二百四十二年之中，"相为左右，以成文采"，经之纬之，以成文采。必有群德，才有作用。

"非袭古"，乃适时。述而不作，是接述古人，不创作以乱古，意义深刻！

求一，得一了，吾道一以贯之。一是什么？言人人殊。老子说："天得一以清，地得一以宁，神得一以灵，谷得一以盈，侯王得一以为天下正。"孔子述古，变一为元。至今犹无人发挥元。正视元的文化，因环境已变。

是故，论（讨论）《春秋》者，合而通之，缘而求之，五（伍）其比，偶（当动词，合）其类，览（察）其绪（接绪），屠（析）其赘（余）。是以人道浃（洽，彻也）而王法（新王之法）立。

可见社会事不易。必要详细玩味。

"合而通之"，合全之理，以会通之，以衡量一切。不可以跑单帮，要以组织对组织。研究夏学文化，只要是中国人的思想皆通之。

"缘而求之"，缘《春秋》之义，不能自己造谣，孔子述而不作。小虫子跟着跑，缘而求之，非顺。人家是什么形，我们就跟着其形走。

"伍其比"，肥胖高低皆恰到好处，与《春秋》之道相比。在一群东西中相比，不另外找，就在现有的东西中做比较。"偶其类"，将这一类的偶之，同类则相配。

"览其绪"，一览无遗。代代相承，因而不失其新，有本有源。"屠其赘"，如头脑不清则将累赘当成接绪，或是将接绪当成累赘。如何判断？重要事常赘绪难分，必要"明辨之"。

"人道浃而王法立"，经过上面这么多的术，中间障碍皆无了，《春秋》新王之法立，元学。

得遇上真懂得品味者。此段用上，处事就不会乱七八糟。

鼎，取新；革，去故。昔祭政合一，祭祀东西必自鼎做出。鼎内东西必每天都是新的。中国重"因"的观念，重本源，"因不失其新，亦可宗也"。有道统、法统、政统、学统、教统。

以为不然？

有脱文。

反问，犹言：如不以为然乎？

今夫天子逾年即位，诸侯（有封地）**于封**（封国）**内三年称子，皆不在经也，而操**（守）**之与在经无以异。非无其辨也，有所见而《经》安**（不）**受其赘也。**

《汉书·五行志上》："《春秋》之道举往以明来，是故天下有物，视《春秋》所举与同比者，精微眇以存其意，通伦类以贯其理，天地之变，国家之事，粲然皆见，亡（无）所疑矣。"

许多事非在法律，然大家守之以在经。

故能以比贯类，以辨付赘者，大得之矣。

"以比贯类"，相比较，可一类类贯，如贯鱼。贯通、贯彻，为引申义。"以辨付赘"，以辨别之智慧，对付赘与绪。

说容易，做可不容易！比、辨，两步功夫，比一比、辨一辨。不怕不识货，就怕货比货。

人必相比而成事，《易经·比卦》曰："建万国，亲诸侯。"比卦之美！以"比"的功夫"贯"类，才能各类其类。"辨"的功夫，加上"余"的条款，特别得其所宜。

注意实学。如连学问都要钻尖取巧，岂不白得？熟能生巧，每天练习做事。孔子非天天在屋中抄书。讲学时，多掺点新知，才有人认可。今后愈趋时务。

一勤天下无难事，必要勤。我每天三点半起床，什么都自己动手。愈勤愈有精神，每天忙，什么事也不耽误。学生名册可以印成半部书。今天年轻人嘴会说，什么也不会做。我一餐都不能买饭吃，以为最可耻。

正月十六日，奉元纪念日，人祖生日，有今天才有人类。讲学的目的在复正。今年特别重视，以讲学为主。所讲皆金科玉律，可惜完全用不上。

继志述事，有才华者继志，没才华的也要述事。"善教者，使人继其志"，继孔子之志，孔子志在《春秋》。述事，"父作之，子述之"。今后同学必要在二者中能一，喜什么按之扶植。问自己能做什么，在这条路扶植，绝不可以做任何人的工具。既不能继古圣先贤之志，也必有事可述。人活着，必在继志述事中，才不会要饭。浑蛋能继志述事？可以拿无知的年轻人当工具？不想断子绝孙，可以利用年轻人？一个人应有良知。学生上学的目的在当校队？完全做了一个团体的工具！大陆有制度，台湾有吗？运动员有发展？不反对运动，但不可以当职业少棒队。

人必要学能，不分男女，至少也得增加点做事的智慧。赶上在台千载难逢之机，要做什么？要做，但是否有做人、做事的智慧？今人什么都不做，净想捡便宜，拿别人当工具造就自己。不要逃避，彼此不相信任，如何做事？名、利我不在乎，应得的也得到了。天下事无一人能成功的，必得合作、相信，"朋友信之"（《论语·公冶长》）。交友之道，必择而后交，不可以交而后择。"久而敬之"（《论语·公冶长》），失智于先，可不能失德于后。缺德，则绝对杀之，卖国贼。

我们多一"为往圣继绝学"的责任。我在台讲"公羊学"，绝没骗你们。何休十七年不出户，成其《公羊》注。孔子之学传下，两大功臣：董子、何休。何休，曲阜人。董子，事功较为显著。

人受命于天，有善善恶恶之性，可养而不可改，可豫而不可去，若形体之可肥臞（瘦）而不可得革（变）也。

"天命之谓性"，天性，在天曰命，在人曰性。"可养而不可改"，可培养，用存养功夫；"可豫而不可去"，"豫"，禁于未发，预防，遏恶。

是故，虽有至贤，能为君亲含容其恶，不能为君亲令无恶。

为尊者讳，为亲者讳。

"君亲"，汉儒一定将君置于亲前。董子虽想除乱制，但必亦必按传统写。

"虽有至贤，不能为君亲令无恶"，就是有孝子贤孙，也不能改之。

《书》（《尚书》）曰："厥辟（君）去厥祗（敬）。"事亲亦然，皆忠孝之极也。非至贤安能如是？父不父则子不子，君不君则臣不臣耳。

《论语·颜渊》：齐景公问政于孔子。孔子对曰："君君，臣臣，父父，子子。"公曰："善哉！信如君不君，臣不臣，父不父，子不子，虽有粟，吾得而食诸？"

《尚书》是今古文之争最厉害的一部。

"厥辟去厥祇"，君若不像个君，就将"敬"去掉，去敬君之事。此话含革命性。《荀子·臣道》"上下易位，然后贞"。古人费尽心思。此段得细想，有深意。一句一句得。

"厥辟去厥祇"，"君不君"，就将"敬"去掉；但"父不父"，则没法去掉，血缘。分出真正的忠与孝。

我父亲什么事都没做过。管事的问，不说话；问第二遍，答："我不在，你怎么做？"每天怒气皆无，真有修养！我母亲则精明，管得上下服服帖帖。

讲经，必有所立。不能叫每个人皆有所成，可使有所知。孔子弟子三千，也只七十二人有所成。必要有深入的功夫，且身体力行，才能讲学。孔子周游列国，碰壁后才能讲学。

文公不能服丧，不时（按时）**奉祭**（祭先人），**倒序**（此二字不要去掉）**不以三年**（行事），**又以丧取**（娶），**取于大夫，以卑宗庙**（降低祖宗的格），**乱其群祖，以逆先公。**

"取于大夫，以卑宗庙"，《春秋公羊传·文公四年》《传》曰："高子曰：娶乎大夫者，略之也。"何注："贱非所以奉宗庙，故略之。"诸侯与诸侯之女结婚，妾则为大夫之女。明朝多半娶宰相之女，再封公，女则嫁给臣。清朝娶元人故族之后，乃因不能卑宗庙。皇帝女儿则可下嫁给王，满人多半下嫁蒙古王。

"乱其群祖，以逆先公"，《春秋公羊传·文公二年》"八月，丁卯，大事于大庙，跻僖公"，《传》曰："讥。逆祀也。"何注："文公缘僖公于闵公为庶兄，置僖公于闵公上，失先后之义，故讥之。《传》曰'后祖者'，僖公以臣继闵公，犹子继父，故闵公于文公，亦犹祖也。自先君言之，隐桓及闵僖，各当为兄弟，顾有贵贱耳。自继代言之，有父子君臣之道，此恩义逆顺各有所施也。"

小善无一，而大恶四五，故诸侯弗予盟。命大夫弗为使（用），**是恶恶之征**（验）、**不臣之效也。出侮于外，入夺于内，无位之君**（君不君）**也。孔子曰："政逮**（及）**于大夫，四世矣。"盖自文公以来之谓也。**

凌注："是时，禄去公室，政在公子遂。"

"无位之君"，因其不孝、不忠、不义，人皆有恶恶之心。德不足，无人为之做事。

"政及大夫四世矣"，文公死，公子遂主谋，杀文公之子，立宣公，政在大夫，四代皆君不君、臣不臣。其后，"陪臣执国命"（《论语·季氏》），家臣、重臣专政。

君子（孔子）**知在位者之不能以恶服人也，是故简**（删）**六艺以赡养之。**

孔子"删《诗》《书》，订《礼》《乐》"，下了简选的功夫，用六艺教人。圣人用六艺之文，以养人之德。

以下论六经:《诗》《礼》《乐》《书》《易》《春秋》。

《诗》《书》序其志。

"《诗》言志"，"不学《诗》，无以言"，言社会之现状、利弊，即知言。《诗》"可以兴、可以观、可以群、可以怨"，知社会人心之所向，民可载舟，亦可覆舟，故必加以小心。

《礼》《乐》纯其养。

"《礼》《乐》纯其养"，使人不躁厉，"礼之教化也微，其止邪也于未形"(《礼记·经解》)。"不学《礼》，无以立"，立于礼，可有个样子。每天要听音乐，以养情性，乐以和性。淫声滥调，不叫乐。

《易》《春秋》明其知（智）。

《易》为智海，体;《春秋》为礼义之大宗，用。礼义可树大本;法可救急，不可为本。圣人作则，法因时而施。《易》与《春秋》互为表里。

要用古人智慧，启发我们的智慧。

六学皆大，而各有所长。

《汉书·儒林传》:"古之儒者，博学虖（hū）六艺之文。六学者，王教之典籍，先圣所以明天道，正人伦，致至治之成法也。"

六学"各有所长"，无所偏废。
汉，六艺之文，公家教学;六学之文，老师个人教学。

"学而时习之"，学己之所不知，必以时习之，因而不失其新。

《诗》道志，故长于质。

"《诗》道志"，《诗》言志，"志"，心之所主，性之用。"兴于诗"，诗可以兴人之志。

"长于质"，质，本也，去伪存诚。

《礼》制节，故长于文。

"《礼》制节"，约之以礼，立于礼。礼节，稍超出，即过节。

礼者，理也，天理之节文也。"文"，经纬天地。"礼之用，和为贵"，礼皆有分际，人事协于分际，实际皆有关系，分工合作，各有专才，才能成事，经天纬地。

《乐》咏德，故长于风。

"《乐》咏德"，包含善德、恶德。"长于风"，风，讽也，春风风人，夏雨雨人，潜移默化，慢慢地使人改变。

有德能感化别人。乐以和性，成于乐。

《书》著﹙表明﹚功，故长于事。

"功"，志的结果。"著功"，表明成就。

《书》教，"疏通知远"（《礼记·经解》）。疏，无阻；通，通事。近无阻，则知远。对现在环境无阻，才知将来大势如何，故长于理事。

《尚书》是中国最早的一部政书，自《书》了解古事，以认识今天。对现在环境无阻，才知将来大势如何。不能舍近求远。"舜好问，好察迩言"，以知远。每天看报，划出每天的大局，眼前事必明白，知现实问题。

任何事情发展，皆有一定的轨道可循，中医"望闻问切"，神妙功夫，最玄！早晨起来、吃饭前看病最好。"医不三世，不服其药。"（《礼记·曲礼下》）

《易》本天地（阴阳），**故长于数**（数术）。

自然之化，自然之运。天地之运，皆有定数。失数，反常。过了数，则不生。

《春秋》正是非，故长于治人。

《春秋》重微言大义。辨是非，明善恶，即明辨，非妄下评语，而是比事而行之，故长于治人。

《大易》由隐之显，讲道而生万物；《春秋》由显之隐，一切事物皆拉回道上。

能兼得其所长，而不能遍举（说）**其详也。**

努力研究六经，所谓读书通大义。

《大戴礼记·保傅篇》："《春秋》之元，《诗》之《关雎》，《礼》之冠婚，《易》之乾《（坤），皆慎始敬终云尔。"《史记·外戚世家》："《易》基乾坤，《诗》始《关雎》，《书》美厘降，《春秋》讥不亲迎。夫妇之际，人道之大伦也。礼之用，唯婚姻为兢兢。夫乐调而四时和，阴阳之变，万物之统也。可不慎与？人能弘道，无如命何。"

"立于礼，成于乐"，礼乐虽无法立竿见影，但相对的人知道，自己则不知。"望之俨然，即之也温，听其言也厉。"（《论语·子张》）

《尚书》学做事，《易》《春秋》学智。子孙虽愚，经书不可不读。

故人主（为君者）**大**（太）**节**（浅）**则知**（智）**暗，大博则业厌**（繁），**二者异失同贬**（败），**其伤必至，不可不察**（究）**也。**

"太浅则智暗，太博则业繁"，二者异失同败，其伤必至。

孔子说话，不一针见血，净绕弯。《论语·先进》："鲁人为长府。闵子骞曰：'仍旧贯，如之何？何必改作？'子曰：'夫人不言，言必有中。'"

是故，善为师者，既美（当动词）**其道，有**（又）**慎其行。齐**（剂，调剂）**时蚤**（早）**晚，任多少，适疾徐，造**（为）**而勿趋**（急促，速），**稽**（考察，研究）**而勿苦**（以为苦）。

"既美其道"，于道上有所成就；"有慎其行"，言教重于身教。

"剂时早晚"，调剂，得适时；"任多少"，每天干多少，一定的。

"任"，任事。一天无所任，岂不成废物？每天问自己：能干什么？任多少？我们一天，比得上一大早起来扫马路的？为人父母的有尽到任了？何以家中不做饭？任重而道远，真明白，能不好好尽责任？不深思，怎知社会有漏洞？

"任多少，适疾徐"，斟酌所能堪，而均其多少。

"造而勿趋"，读书要慢，欲速则不达；"稽而勿苦"，读书若以为苦，苦则无趣味可言。

《礼记·学记》："凡学之道，严师为难。"严师难求，严己身的老师，能叫学生去当校队？岂不是断子绝孙？年轻人懂什么，所以要有老师的指导。真智慧，还有古今？书旧，智慧可不旧。智慧是力量，才有技术。有变故就应，用智慧应变。读一辈子书，碰上了，就看是否能用上，必要自试，"或跃在渊，自试也"。《诗》云'鸢飞戾天，鱼跃于渊'，言其上下察也"。

省其所为，而成其所湛（厚重，愉快），**故力不劳，而身大成**（成就），**此之谓圣化，吾取之。**

"省其所为"，以简便方法；"成其所湛"，成其最高的境界。"易则易知，简则易从"（《易经·系辞上传》）。善教者，成其所厚重。"圣化，吾取之"，圣人之化也，吾取之。

必做，大小事一也。能把家治理得整整齐齐、有条不紊，才能治国。没学做人道理，书读愈多，愈闹全世界级的笑话。台湾地区的教育制度早就应改了。小孩不懂自己、不懂做人的道理，大学生也不懂做人、做事。

不但求知，也必求行。不能，必使之能，才能改造社会。知短处，就得针弊，不可以放任。"君子居之，何陋之有？"否则岂不是永不进步？

《春秋》之好微，与其贵志也。

读《春秋》时，必仔细看一遍《原儒》，其次看《引论》。

"好微"，才知远，识微、察微，才能别是非，《春秋》好微。积沙成塔，贵微。一个好微的民族，历史观念清楚才有希望。一个人要能重微，就会少失败。《春秋》辨是非，从礼义，"《春秋》者，礼义之大宗也"。"贵志"，好志，人才有所主，士尚志，心有所主，造次、颠沛、富贵、贫贱皆必于是。《春秋》贵微重志，孔子志在《春秋》。

看自己的约束能力有多少？叫他办事，不约束之，喜发现他比我更有办法。什么事都跟你意见做，则越做越小；做好，也只成你的化身。外交官受命不受辞，前提：只要于国家民族有利，专之可矣。人的智慧一样，使之"专之可矣"。

《春秋》明是非、辨善恶，贵微重志。识微、察微，能知是非、善恶，褒贬亦能正确，使人心悦诚服。知识分子是社会的中流砥柱、宇宙的安定力，因此要下功夫修己。知此，则不作践自己。

《春秋》修本（体）末（用）之义，达变故之应，通生死之志，遂（成）人道之极者也。

《春秋》修本末之义，《大学》曰："物有本末，事有终始，知所先后，则近道矣。""修"，修史，修树，仔细的功夫。"修本末之义"，自本末上，可知所行宜否。

"达变故之应"，"达"，由下至上，通达；"达变故"，识故知变，就能应，因而成新。了解其所以然，所以知变就能应，按其所以变应之。

"通生死之志"，"生"，见贤思齐；"死"，法先贤；"生死之志"，从生到死之志，终生之志。得生死不渝，守死善道。

"遂人道之极"，"遂"，成也；"极"，极至。成至人境界。

用这些读《春秋》。

记住：择而后交！不可以交而后择，开始必认清再交往。做人特别难！练习做。不能，乃自己必有缺点。

必应时，乃讲与时有关的，因此下面必讲许多假话。

是故，君弑贼讨，则善而书其诛；若莫之讨，则君不书葬，而贼不复见矣。不书葬，以为无臣子也；贼不复见，以（因）**其宜灭绝也。今赵盾弑君，四年之后，别牍**（书板也）**复见，非《春秋》之常辞也。**

讲据乱世之道。"君弑贼讨"，讨贼→贼讨。

《春秋公羊传·宣公六年》"春，晋赵盾、卫孙免侵陈"，《传》曰："赵盾弑君，此其复见何也？亲弑君者，赵穿也。亲弑君者赵穿，则曷为加之赵盾？不讨贼也。"

古今之学者，异而问之，曰："是弑君，何以复见？"犹曰："贼未讨，何以书葬？"何以书葬者，不宜书葬也而书葬；何以复见者，亦不宜复见也而复见。二者同贯，不得不相若也。盾之复见，直以赴问（起问），而辨不亲弑，非不当诛（责，罪及）也。则亦不得不谓悼公之书葬，直以赴问，而辨不成弑，非不当罪也。若是，则《春秋》之说乱矣，岂可法哉？故贯比而论是非，虽难悉（尽）得，其义一也（还存其义）。

"贯""比"，两步功夫，多么慎重！"贯比而论是非"，多有根据！贯串，平行，前后相随而论是非，两相并立而论是非。"比"，比较，"不怕不识货，就怕货比货"。年轻遇事少，比的机会少，就看事简单。

小事要当大事做，小事井井有条，大事亦能。亲身体悟，尽其所能去实行。必做事，振起精神。任何事必要自己去做，人愈做智慧愈高，不要等着人家做好。

玉，埋于地里。出土的玉，有白有黑，少有洁白的，死玉。

今诛盾无（有）《传》，弗诛无《传》，以比言之，法论也；无比而处之，诬（罔）辞也。今视其比，皆不当死，何以诛之？

"法论"，绝不加感情的论。言必有据，不可以道听途说。

"诬辞"，以无为有之辞。处事不能净说诬辞，读书人不能随便论是非。

《春秋》赴（起）问数百，应问数千。同留《经》中，繙援比类，以发其端，卒无妄言（言中必有物），而得应于《传》者。

"起问数百，应问数千"，发生的问题数百，应付之道则有数千。

人问之一，必应之以十，什么都不能盲目地就定。

"繙援比类，以发其端"，"繙"，心不敢肯定；"援"，拿许多同类东西；"比类"，一以贯之，触类而长之。翻来覆去比类之，心里屡起变化，因良知的关系。"卒无妄言"，言中必有物。许多事不加详细考虑，最易出毛病，即犯了不能比其类。

今使外贼不可诛，故皆复见而问曰："此复见何也？"言莫妄于是，何以得应乎？故吾以其得应，知其问之不妄；以其问之不妄，知盾之狱不可不察也。夫名为弑父而实免罪者，已有之矣。亦有名为弑君而罪不诛者。逆而距（罪）之，不若徐而味之。

"逆而距之"，违背真理而罪之，既不通理又不通情，多么罪过！

"徐而味之"，不如慢慢玩味，再决定这件事。

且吾语盾有本，《诗》（《小雅·巧言》）云："他人有心，予忖度（揣量）之。"此言物莫无邻，察视其外，可以见其内也。

《汉书·律历志上》："夫度者，别于分，忖于寸。"

"物莫无邻"，物，包含人与事；事情并非孤立的，都有来龙去脉。事情发生了，如何对付之？天下事没有只此一件。事必有邻，人必有同性格的。历史常重演，有相邻就可相比。

昔人还有分寸，与自己不相干的事不过问，不管。事不干己，绝不过问。马路事管不过来。"见贤才而举之"，"举尔所知。尔所不知，人其舍诸"（《论语·子路》），你所不知的，尔所不知，人亦不马虎。做自己懂的事，有分寸。自己事不管，专管人闲事不行。有知识，才能认识自己。今天年轻人太重视自己，而忽略了别人，是是非非。

对一般人，"察视其外，可以见其内"，"不识其人，则视其友"，物莫无邻。

今案盾事而观其心，愿（诚恳）而不刑（害也），合而信之，非篡弑之邻也。按盾辞号乎天，苟内不诚，安能如是？是故，训（顺）其终始无弑之志。挂（牵累）恶谋者，过在不遂去（出亡不远），罪在不讨贼而已（无尽臣之责去讨贼）。**臣之宜为君讨贼也，犹子之宜为父尝药也。子不尝药，故加之弑父；臣不讨贼，故加之弑君。其义一也。**

"盾辞号乎天"，《春秋公羊传·宣公六年》《传》曰："晋史书贼曰：'晋赵盾弑其君夷獋。'赵盾曰：'天乎！无辜。吾不弑君，谁谓吾弑君乎？'"

"为父尝药"，昔日父母生病，必亲口尝药，才送给父母，不由仆人经手。

女儿是外姓人，幸运生在有钱人家，不能分家，给聚宝盆。"有福之人，不落无福之地"。女儿在娘家，什么都可以不必做，享几年福，嫁出去就要负责任了。

所以示天下废臣子之节，其恶之大若此也。故盾之不讨贼，为弑君也，与止之不尝药为弑父，无以异。盾不宜诛，以此参之。

《史记·太史公自序》曰："为人臣者不可以不知《春秋》，守经事而不知其宜，遭变事而不知其权。为人君父而不通于《春秋》之义者，必蒙首恶之名。为人臣子而不通于《春秋》之义者，必陷篡弑之诛，死罪之名。其实皆以为善，为之不知其义，被之空言而不敢辞。夫不通礼义之旨，至于君不君，臣不臣，父不父，子不子。夫君不君则犯，臣不臣则诛，父不父则无道，子不子则不孝。此四行者，天下之大过也。以天下之大过予之，则受而弗敢辞。故《春秋》者，礼义之大宗也。夫礼禁未然之前，法施已然之后；法之所为用者易见，而礼之所为禁者难知。"

问者曰：夫谓之弑而有不诛，其论难知，非众（苏本作"蒙"）之所能见也。故赦止之罪，以《传》明之。盾不诛，无《传》，何也？

曰：世乱义废，背上不臣，篡弑覆君者多，而有（又）明大恶之诛，谁言其诛？故晋赵盾、楚公子比皆不诛之文，而弗为《传》，弗欲明之心也。

《春秋公羊传·昭公十三年》《传》曰："此弑其君，其言归何？归无恶于弑立也。归无恶于弑立者何？灵王为无道，作乾溪之台，三年不成，楚公子弃疾胁比而立之。然后令于乾溪之役曰：'比已立矣，后归者不得复其田里。'众罢而去之。灵王经而死。"何注："言归者，谓其本无弑君而立之意。加弑，责之尔。"又，《经》书"楚公子弃疾弑公子比"，《传》曰："比之义宜乎效死不立。"比又称公子，是不诛之文也。

"世乱义废"，此金科玉律。世乱义不废，江山还能延几年。人与人，以义和。真懂"义"很重要。人与人不争，有界说，乃有义，否则与狗和狗见骨头起争，有何区别？

问者曰：人弑其君，重卿在而弗能讨者，非一国也。灵公弑，赵盾不在。不在之与在，恶有厚薄。《春秋》责在而不讨贼者，弗系臣子尔也；责不在而不讨贼者，乃加弑焉。何其责厚恶之薄，薄恶之厚也？

凌注："赵盾不在国，君弑不讨贼，遂加以弑君，是责薄恶之厚。"

曰：《春秋》之道，视人所惑，为立说以大明之。今赵盾贤而不遂于理，皆见其善，莫知其罪。

凌注："莫知其君弑贼不讨之罪。"

"视人所惑，为立说以大明之"，达智者境界，立说表明，使之不惑。治国之第一要义：百姓疑心重，不能立说以大明之，日久则积怨在民。因惑不除，乃成积怨。

故因其所贤而加之大恶，系之重责，使人湛（深）**思，而自省悟以反**（返）**道**（率性）。

"故因其所贤而加之大恶，系之重责"，故作惊人之笔；"使人深思而自省悟以返道"，使人能深思，以返人性。教育要启发学生思考，不用老师力量压迫之。

做人、做事的行为改变，不要巧取。

曰：吁！君臣之大义，父子之道，乃至乎此。**此所由恶薄而责之厚也。**他国不讨贼者，诸斗（量器，容十升）筲（竹器，容一斗二升）之民，何足数哉！弗系人数而已。**此所由恶厚而责薄也。**

"弗系人数"，不在人类之数内。人要不懂得义，即不在人数之内。

《传》曰："轻为重，重为轻。"非是之谓乎？

《春秋公羊何氏释例》卷五"律意轻重"例："本末轻重，必有能权衡者，以君子之为，亦有乐乎此也。""失其权，则赵盾、楚比不免于弑。"

"轻为重，重为轻"，予夺轻重：一字之褒，荣于华衮；一字之贬，严于斧钺。

"故公子比嫌可以立，赵盾嫌无臣责，许止嫌无子罪。《春秋》为人不知恶，而恬（安）行不备也，是故重累责之，以矫枉世而直之。矫者不过其正，弗（不）能直。知此而义（《春秋》之义）毕（完全表现出来）矣。"

《鬼谷子·飞箝》："钩箝之语，其说辞也，乍同乍异。其不可善者，或先征之，而后重累；或先重以累，而后毁之；或以重累为毁；或以毁为重累。"

《吕氏春秋》引逸诗："将欲毁之，必重累之；将欲踣之，心高举之。"

《春秋公羊何氏释例》卷五，"律意轻重"例："矫枉者弗过其正，则不能直，故权必反乎经，然后可以适道。"

"矫者不过其正，弗能直"，矫枉必过其正，才能使之回正。

矫正小孩过错，必处分过火点，将不合理的变成合理。按其所做错误外，加倍罚之。必超过正的标准，才能使之回正。想改正错误，不使之超过以前的标准，则正难以达到。应过火，使之

玉杯第二

受极苦，超过一般的苦，才能回到原来的正。

《易》"见群龙无首，吉"，今却解成乱七八糟，弄错！《春秋》者，礼义之大宗也"，其为用，辨是非，明善恶。

慢慢琢磨，写笔记，作参考。下点功夫，每天拿半个钟头，写点东西。必要动笔才行，辞能达意，文笔必要有水准。随时皆可写，要勤动笔。做事，一点一滴做；读诗，一天一首，玩味之！诗要背熟，必善于利用时间才行。洗碗时就可以背诗。六祖于洗碗时悟道成佛。

人活着一天就做一天，"心诚求之，虽不中，亦不远矣"（《大学》）。但必是有品之人，因钱最易动人心，人对名、财皆争。用人时，必试一试，看一人如何用对钱。不在才华而在德，有才华者甚少能成事。成事者多半为愚拙之人，天下没有误传的。做事很不容易，看人看其真实相，不要看外表。强调修身，因天下事无巧得的，必实至名归。多一分伪，多一分失败机会，天下人皆自欺，不能欺人。

做事，帮你忙的太少，人皆把自己摆第一，因此事情乃无为。学生中不乏好名者，皆将自己置于前头，太聪明了，不敢相信。具返朴功夫者，做事乃认真。你们太锋芒毕露，修养功夫不深刻。多一分修养，文章就多一分扎实，不能骗人！教书、养家，动的机会少；有实际经验的，乃踏实。钱有用才是钱，没有用只是废纸！

我年轻，在东北做不少事。花钱就是学问，应花的不吝，无一为自己花。你们不知钱的价值，钱花完不能做事，那是你们没能力。自年轻养成习惯很重要。捐钱，必视那人会不会用钱，会用则使之有价值。天天请客用掉，连狗都会吃，人不是吃就完了。

绝对冷静，谁说什么都没有用，是非者就是是非人，自己有脑筋、耳朵，我至今无是非在此。不是你说，我就承认。《春秋》讲"明是非"，事情本身并无是非，因有是非者，才有是非。正人君子还扯闲？知识分子最难的是正知正见。

要做社会的中流砥柱、标杆，必发光作盐。应严格管自己，严师难求，严身之师难求！"师严然后道尊"（《礼记·学记》），因师能自严其身，行教重于言教。今人不讲德，你立了德，才显出你高人一等。必要有自知之明，平心静气地看书，造就自己，不要心存侥幸。

宋元理学，有几个有成就？民国以来，大儒不少，而今剩下几人？马一浮，理学家最后一人。熊十力，与时代相印证，有其贡献。梁漱溟，非时代之儒。

真有抱负必脚踏实地，不能偶俗。无所不好，以自己为时代的宠儿，浪费自己的智慧，暴殄天物，许多青年还羡慕之。术业有专攻，千万不可以不务正业。

玉英第四

予夺轻重例。

凌注："《尸子》：'龙渊生玉英。'《尚书·帝命验》'有人雄起戴玉英'，郑注：'玉英，宝物之名。'"

谓一元者，大（赞词）始也。知元年志者，大人之所重，小人之所轻。

凌注：《春秋元命苞》曰："孔子曰：'某作《春秋》，始于元，终于麟，王道成也。'"

孔子变一为元，"大哉乾元，万物资始，乃统天"；"至哉坤元，万物资生，乃顺承天"，乾、坤是一个体，乾元多大，坤元就有多大。元，代表生，《春秋》重人，首书"元年，春，王正月"，元年是生。一者，人之道；元者，天之道。孔子变一为元，乃由人道以返天之道也。子曰："吾道一以贯之。"言人道之至境也。

"君子上达"(《论语·宪问》),则与天地参矣,人之元显矣,曰"天人境界","大人者,与天地合其德"。《春秋》与《大易》相表里,《大易》由隐之显,《春秋》由显之隐。

是故,治国之端在正名。名之正,兴五世,五传（世）之外,美恶乃形,可谓得其真矣,非子路之所能见。

"必也正名","名不正,则言不顺;言不顺,则事不成;事不成,则礼乐不兴;礼乐不兴,则刑罚不中;刑罚不中,则民无所措手足。故君子名之必可言也,言之必可行也。君子于其言,无所苟而已矣"(《论语·子路》)。

惟圣人能属万物于一,而系之元（终始之道）也。终不及本所从来（元）而承之,不能遂（成）其功。是以《春秋》变一谓之元。元,犹原（源）也。其义以随天地终始也。故人唯有终始也,而生不必应四时之变（故与天地参矣）。故元者为万物之本。而人之元在焉。安在乎?乃在乎天地之前。故人虽生天气（本,天之道）及奉天气者（用,人之道）,不得与（参与）天元,本天元命而共违其所为也。故春正月者,承天地之所为也,继天之所为而终之（终天之德）也。其道相与共功、持业安容,言乃天地之元。天地之元奚为于此?恶施于人?大其贯承意之理矣。

此段与《重政篇》重复。

元,终始之道,"欲成其终,不要其本,则无功"。

天、地、人,同一个元来。任何万物都得应四时之变。"大人者,与天地合其德","与天地参矣",人为万物之灵在此,是天民，不可以作践自己。

虽"本天元命"，但不能与天道合其德，"而共违其所为"，违天之道行事。人之所以为人，在能过智慧生活，与猫狗不同。有教养与学养，才能在社会上做事。知自己的尊严，就不作践自己，一言以为智，一言以为不智。家庭教育，教养；学了，成为生活的一部分，即学养。所学完全用不上，即没有学养。人的欲壑难填，需求永无止境。人为万物之灵，不要净过情欲生活。

"相与共功"，互相参与，而能成其功。有群德，才能成大事。"持业安容"，"君子不器"，守其业而大之，容乃大。私心人人有，乃有嫉妒，却都失败。

是故，《春秋》之道，以元之深，正天之端；以天之端，正王之政；以王之政，正诸侯之即位；以诸侯之即位，正竟（境）内之治。五者俱正，而化大行。

此段与《二端篇》重复。

五始：元年，春，王，正月，即位。元年，为君之始；春，为岁之始；王，文王，为王之始；正月，为月之始；即位，为一国之始。《春秋》首书"元年，春，王正月"，不言即位，成公意，"大道之行也，天下为公"。

非其位而即之，虽受之先君，《春秋》危之，宋缪公是也。非其位，不受之先君，而自即之，《春秋》危之，吴王僚是也。虽然，苟能行善得众，《春秋》弗危，卫侯晋以立，书葬是也。俱不宜立，而宋缪公受之先君而危，卫宣弗受先君而不危，以

此见得众心之为大安也。

据乱世，拨乱自正伦始。

孔子立"一夫一妻制"，以妾不可以为夫人，子祭孙止，不可以入太庙。《春秋》之深意，用礼约束一切不合礼之事。一子两不绝，不能以外姓子承宗接代，因祖坟不可埋异姓者，必得过同宗才可入祖坟、祖庙。

真明白，绝不做对不起自己的事，许多事完全在乎自己良知的升华。真有爱心，是爱不如你的，非爱比你强的。宗教信徒，真有宗教信仰者是牺牲。真爱，施比受更有福。有利害观念，非真爱。过智慧生活，才真有快乐。是人，必要保持人的本位，做人事，爱人。懂自己尊贵者，绝不作践自己。人都有私心，但私心最少的，成就最大。好好读《老子》，有容乃大。

财可以令人死，要自求多福。净想要比别人高明，正是自己比别人低。为后人说教很重要，一切都是空的。人之所以无成就，是"私"害之。什么都看淡，海阔天空，有什么不能容？是非辨别好，往下奋斗。不论在什么环境，都可以干自己的事。但不可以做坏事，人绝不能原谅你。从小就养成海阔天空。

写文章，用中国话，必要表达真我，才有存在的价值。自己体悟的，自己的智慧、经验、体悟。共鸣，"同声相应，同气相求"。

故齐桓非直弗受之先君也，乃率弗宜为君者而立，罪亦重矣。然而知恐惧，敬（凌本用"故"）**举贤人而以自覆盖，知不背要盟以自湔浣**（洗濯）**也，遂为贤君，而霸诸侯。**

玉英第四
477

《春秋公羊传·庄公九年》"齐小白入于齐"，《传》曰："其言入何？篡辞也。"庄公十三年，《传》曰："要盟可犯，而桓公不欺。"何注："诸侯犹是翕然信乡服从……遂成霸功。"

古时候，一个月洗三次澡，所以一个月分为上浣、中浣、下浣。上浣，初十以前；中浣，二十以前；下浣，三十以前。

使齐桓被恶而无此美，得免杀灭，乃幸已，何霸之有！

《淮南子·泛论训》：周公有杀弟之累，齐桓有争国之名；然而周公以义补缺，桓公以功灭丑，而皆为贤。

鲁桓忘其（己）忧，而祸逮（及）其身；齐桓忧其忧，而立功名。推而散之（散于四方），凡人有忧而不知忧者凶，有忧而深忧之者吉。《易》曰："复自道，何其咎（何咎之有）？"此之谓也。

《易经·小畜卦》初九："复自道，何其咎？"《象》曰："复自道，其义吉也。""率性之谓道"，复己性，切断一切咎的入手，连咎都没，何咎之有？

匹夫之反（返）道以除咎，尚难；人主之反道以除咎，甚易。《诗》云："德辎（轻）如毛。"言其易也。

凌注："郑注：'德辎，轻也。'言化民当以德，德之易举而用其轻如毛耳。《潜夫论·积微》：'德辎如毛，为仁由己。'"

德远乎哉？我欲德，斯德至矣，人人能行。做事，赶前不赶后，常人皆赶在后头。生活习惯的养成很重要，应做的事不要拖，惰性最可怕。

今天研究学问往往片面，极为危险。自先秦往下看，如喝凉水。不了解源流，以"中研院"的研究方式，一辈子也不真懂。难在细心去读。必要熟才行，多看书才能想得多。

"公羊学"与《易经》，才智低者所得不高。《易经》含义特别多，读义理与训诂完全不同。必自识字始，再讲经义。今文家以古文家为小学，古文家以今文家为野狐禅。

公观鱼于棠，何恶也？凡人之性，莫不善义，然而不能义者，利败之也。故君子终日言不及利，欲以勿言愧之而已，愧之以塞其源也。

《荀子·君道》："君者，民之源也。源清则流清，源浊则流浊也。"

《史记·孟子列传》："嗟乎，利诚乱之始也！夫子罕言利者，常防其原也。故曰'放于利而行，多怨'。自天子至于庶人，好利之弊何以异哉！"

"子罕言利"，非不言利。"利者，义之和也"，"能以美利利天下，不言所利，大矣哉"，"正其谊（义），不谋其利"（《汉书·董仲舒传》）。

夫处位动风化者，徒言利之名尔，犹恶之，况求利乎？故天王使人求赙（fù）求金，皆为大恶而书。

《说苑·贵德》："周天子使家父毛伯求金于诸侯，《春秋》讥之，故天子好利则诸侯贪，诸侯贪则大夫鄙，大夫鄙则庶人盗，上之变下，犹风之靡草也，故为人君者明贵德而贱利以道（导）下，下之为恶，尚不可止。"

"处位动风化"，上以风化下，"君子之德风，小人之德草。草上之风，必偃"（《论语·颜渊》）。

今非直使人也，亲自求之，是为甚（大）恶。讥，何故言观鱼？犹言观社也，皆讳大恶之辞也。

《说苑·贵德》："今隐公贪利而身自渔，济上而行八佾，以此化于国人，国人安得不解（懈）于义？解于义而纵其欲，则灾害起而臣下僻矣，故其元年始书螟，言灾将起，国家将乱云尔。"

《春秋》有经（常）礼，有变礼。为如（而，是）安性平心者，经礼也。至有于性虽不安，于心虽不平，于道无以易之（不能不如此做），此变礼也。

行事，跳不出经礼和变礼。经礼，常礼；变礼，于行事方法上改变。

是故，昏（婚）礼不称主人，经礼也；辞穷无称，称主人，变礼也。天子三年然后称王，经礼也；有故则未三年而称王，变礼也。妇人（指国君夫人）无出境之事，经礼也；母为子娶妇，奔丧父母，变礼也。明乎经变之事，然后知轻重之分，可与适权（合于权变之道）矣。

"可以适道，未可与权"，儒家办事最高境界——权。

难者曰：《春秋》事同者辞同。此四者俱为变礼，而或达于经，或不达于经，何也？

曰：《春秋》理百物（以理理事），辨品类，别嫌微（君子不处嫌疑间），修本末者也。是故，星坠谓之陨，螽（zhōng，蝗虫）坠谓之雨，其所发之处不同，或降于天，或发于地，其辞不可同也。今四者俱为变礼也同，而其所发亦不同。或发于男，或发于女，其辞不可同也。是或达于常，或达于变也。

庄存与曰："《春秋》辞异则指异，事异而辞同，则以事见之；事不见，则以文起之。嫌者使异，不嫌使同。"

桓之志无王，故不书王；其志欲立，故书即位。书即位者，言其弑君兄（贬之）也；不书王者，以言其背天子。

"桓之志无王"，桓公无新王之志，故"不书王"，书"春正月"，表乱制。

"其志欲立，故书即位"，何注："如其意，以著其恶。"言其弑君兄，贬之也。

"不书王者，以言其背天子"，背天子之道。天子，指真天子，为"况"，替天行道。

是故，隐不言立（凌本用"正"），桓不言王者，从其志以见其事也。从贤（隐公）之志，以达其义（著）；从不肖（桓公）之志，以著其恶。

隐公有新王之志，故书"春，王正月"，《传》曰："公何以不言即位？成公意也。"不书"即位"，成公意也，成公天下之意。

桓公"三年，春正月"，不书"王"，何注："无王者，以是桓公无王而行也。"其志欲立，"如其意，以著其恶"，故桓元年，《经》书"公即位"，"从其志以见其事"。

此示"王制"与"乱制"之不可紊也。

由此观之，《春秋》之所善，善也；所不善，亦不善也。不可不两省也。

苏注："《春秋》明善恶之书，或从《春秋》之志以明之，或从其人之志以明之。"

"两省"，自正反两方面去想。

《经》曰："宋督弑其君与夷。"（桓公二年）《传》言庄公冯杀之（隐公三年，《传》曰"庄公冯弑与夷"）。不可及于《经》，何也？曰：非不可及于《经》，其及之端眇（同"渺"，微也），不足以类钩之，故难知也。

《易经·系辞上传·第十一章》："探赜索隐，钩深致远。"

《传》曰："臧孙许与晋郤克同时而聘乎齐。"（成公二年，《传》曰："晋郤克与臧孙许同时而聘于齐"）按《经》无有，岂不微哉？不书其往而（以）有避也。今此《传》言庄公冯，而于《经》不书，亦以有避也。是以不书聘乎齐，避所羞也；不书庄公冯杀，避所善也。

《大易》始乾、坤，《诗》始《关雎》，《大易》与《春秋》《诗经》皆相表里。《大易》之道，中国思想之源。《五经》以《易经》为首，群龙之志。《尚书》选贤举能，圣贤之志。

《周礼》(又称《周官》)言制度，《仪礼》言礼法。《礼记》(《大小戴礼记》)解释《仪礼》，《周官》与《仪礼》平。《五经》中的《礼》，是《仪礼》。

熊十力以《周礼》为孔子所立，达新王层次阶段，从据乱世到升平世的阶段。孔子"吾道一以贯之"，删《诗》《书》，订《礼》《乐》。

古时以《周官》为周公为周立法，可惜周朝也未实行。周公曾当政，而无实行，似乎说不通。

是故，让者《春秋》之所善。宣公不与其子而与其弟，其弟亦不与子而反之兄子，虽不中法，皆有让高(让德之高)**，不可弃**(忽略)**也。故君子为之讳**(因其有让之心)**不居正之谓避，其后也乱。移之宋督，以存善志。**

《春秋公羊传·隐公三年》《传》曰："故君子大居正。宋之祸，宣公为之也。"何注："明修法守正，最计之要者。"死而让，开争源。《春秋》大居正，《易》蒙以养正。

此亦《春秋》之义，善无遗也。若直书其篡，则宣缪之高灭，而善之无所见矣。

《尚书》首让，尧让舜，成公天下。《春秋》隐为桓立，言让。

孔子曰"文王既没，文不在兹乎"，后儒乃为他戴高帽，上"素王"之名。"文没在兹"是今文家的责任，人人都是文王，"文（武）之道未坠于地，在人"（《论语·子张》），人人皆为文王。

人人皆有士君子之行，《孟子》所谓"舜何？人也。予何？人也。有为者，亦若是"（《孟子·滕文公上》），人人皆可以为尧、舜，乃根据孔子讲尧、舜来的。

难者曰：为贤者讳，皆言之；为宣缪讳，独弗言，何也？

曰：不成于贤也。其为善不法（不足法也），**不可取亦不可弃。弃之则弃善志也，取之则害王法**（非王法所当贵也）。**故不弃亦不载，以意见之而已。"苟**（诚）**志于仁，无恶"，此之谓也。"**

何休曰："死乃还国，非至贤之君，不能不争也。""死而让，开争原也。缪公亦死而让，得为功者，反正也。"

"王法"，文王，文德之王，"法其生、不法其死"。只知做善事，不合王法，结果是助人为恶。

"苟志于仁矣，无恶也"，"观过，斯知仁矣"（《论语·里仁》），仁者有仁者之过，无过者乡愿也。

社会就是你与我，二者关系调整好，就是仁。"以人治人，改而止"（《中庸》），恕道，如心，拿人性去治人，是仁者。"以仁存心"（《孟子·离娄下》），推己及人，以己心性推及对方，"己所不欲，勿施于人"。

"义，宜也"（《中庸》），做得恰到好处，行为合乎体、合乎本，即义。儒家思想难行，必要体悟再去行。行为的可怕，能审判一切。

五伦中有朋友，老师与学生亦在其中，称棣、女棣，因在五伦之内。愈有传统文化的地方，把伦常看得愈重。康熙帝如何骂李光地？海阔天空，切不可犯伦常。人必要有所守，最低限度要守伦常。

今天，复兴传统文化以"复性"为入手处。人最重要的先学做人。事未成者，做人皆有问题，如袁世凯（1859—1916）。留名青史者皆有德，林觉民（1887—1911）没位有名。名由德来，并非巧得。看历代史书的《宰相年表》《帝王年表》，那么多人又有几人知？

熊十力想成立哲学研究所，胎死腹中。识时务者为俊杰，有形的没有力量。君子无所不用其极，无入而不自得，要善用头脑。吃什么奶，长什么肉，幼稚！完全不懂什么高招。

以你们读书这么久，应聪明才对，却笨如骆驼。好好善用智慧，才能做事。对现在必得真明白，不识古今，猛骄，可笑！人活着都有目的，达不到是笨蛋。人的成就是多方面的，不一定当官才行，应知道如何造就自己。

精神、道德、行善最重要。正视自己，才能重视别人；儒家之学，懂恭己就能恭人。自真实功夫下手，有成就者皆自己有能。民国以来，学术上最成功的是熊十力，自此，可知想有成就必自何处入手、如何造就自己。我天天讲书，是在造就自己，不是在造就你们。人都要造就自己，要对别人有好处。真诚实，不唱高调。懂得为我，就会帮上别人。

民国以来，看看各界有成就者有几人？没有真我，就不能在这时代立住。人必有所失，才有所得。天下人都作假，认识假容易，识真则不易。彻底认识自己后，才能造就自己。有成就必有所立，非高官显宦。一举一动自私自利，一点开阔胸襟皆无。宋子文（1894—1971）曾是万人之上、一人之下，官、钱、关系皆极品的三极老人，而今天有什么？为名利给人当走狗，不知见真我。有人既下海又装贞节烈女，既要扁又要圆！看清楚了，就会有定见，按部就班造就自己，不要乱搭班。

器从名、地从主人，之谓制。

"器从名"，何休曰："从本主名名之。"器名不变，能垂之永久。

"地从主人"，何休曰："从后所属主人。"主没了，地就变。地名少能永久，因人没能永久。

器永远那个名，地则换百主。历代立国，改地名的极多。

权之端（始）**焉，不可不察**（研究）**也。夫权虽反经，亦必在可以然之域。不在可以然之域，故虽死亡，终弗为也，公子目夷是也。**

《春秋公羊传·桓公十一年》《传》曰："权者何？权者反于经，然后有善者也。权之所设，舍死亡无所设。行权有道，自贬损以行权，不害人以行权。杀人以自生，亡人以自存，君子不为也。"

任何事的选择、开始不可不研究，成败就在一刹那间。

反经行权，必在可以然的环境内。"权之端，不可不察也"，一步走错，就百年身！

第一次投胎——出生，没有选择权；第二次投胎——择业，必好好权之，"矢人惟恐不伤人，函人惟恐伤人""故术不可不慎也"（《孟子·公孙丑上》）。有眼光，看得远。天天幻想，在不可然之内，岂不是做梦？无论什么事，反经行权，欲达目的，但必在一范围内去行权。想自己都达不到的事，能够成功？

自己成不成才，以此衡量自己：做事的第一念有没有私？有私，即凡人也。能不能养成领导人才，视做事时有无私心。一个人必要有实际的东西。修己也是为自己着想，"应不应该"不考虑。

这一代年轻人的毛病，以不知为知，净是东家长、西家短。应训练自己有成就。骄傲、懦弱是你们的两大毛病。遇事，不敢有主张，胆小如鼠；有好事，唯恐自己不在内。太自私！任何事都从自己的立场出发。

下笔弱，因不读书。读不读书，不能骗人。一下笔便知：头脑会不会动？读书与否？不进步，就是"私"害了自己。听你们谈话就知，可怜到一无所知！看看这一代有没有智慧，自讲话可知。人最怕没脑，没功力还可以下功夫。

任何事先考虑自己的利益，多一分私少一分成就。国民党内还有"非我同类，其心必异"，大圈圈内有小圈圈。你们进步太慢，完全不知使自己往前推一步。

杭辛斋（1869—1924），学贯中西。杭谓："西汉诸儒，去古犹近，遗训所得，未尽湮没，故西京奏疏，往往能根据法家以立言，所谓'燮理阴阳'，尚实有其学，实有其事。《春秋繁露》一书，名言辐辏，析理尤精，学《易》者不可不读，不可不细读也。周秦诸子，其学各有本末，一名一象，皆有法度，故读唐以后百卷，不如得汉人书一卷，不如得周秦诸子一章一节也。"值得参考。

故诸侯父子兄弟不宜立而立者（世及制下之衡量），《春秋》视其国与宜立之君无以异（区别）也。此皆在可以然之域（人人皆可守）也。至于鄅取乎莒，以之为同居（嗣君），目曰"莒人灭鄅"，此在不可以然之域也。

《水经志·地理志》曰："莒子之国，盈姓也。少昊后。"鄅，姒姓，子爵，夏大康封其子曲烈于鄅。襄公六年，莒灭之。鄅太子巫仕鲁，去邑为曾氏。

《春秋公羊传·襄公五年》《传》曰："其取后乎莒奈何？莒女有为鄅夫人者，盖欲立其出也。"

《春秋公羊传·襄公六年》"莒人灭鄅"，何注曰："莒称人者，莒公子，鄅外孙。称人者，从莒无大夫也。言灭者，以异姓为后，莒人当坐灭也。不月者，取后于莒，非兵灭。"

台湾地区"同姓不婚"有问题，因为姓都改了。大陆则绝不能，要过同宗儿子，一子可以两不绝。

故诸（许多）侯（衍文）在不可以然之域者，谓之大德，大德无逾闲者，谓正经。诸侯（衍文）在可以然之域者，谓之小德，小德出入可也。权，谲也，尚归之以奉巨经耳。

中国是古国，任何一事发生，必有其源，由因结果。

"大德不逾闲，小德出入可也"（《论语·子张》）。"人有不为也，而后可以有为"（《孟子·离娄下》），一个人必要有所守，才能有所不为，而有所为。在有所守不能守，被自己人格破坏。立法而坏法者，为特权阶级，最可鄙之事，自以为特殊，最可怕的思想。一个字终身行之，都可以立身。

"权，谲也"，《说文》曰："谲，权诈也。"因利而制权。"尚归之以奉巨经"，"权者反于经，然后有善者也"。

故《春秋》之道，博而要，详而反一也。

"博学而详说之，将以反说约也"（《孟子·离娄下》）。"博而要"，有丰富的智慧、知识，行时能抓住要点。"详而反于一"，得其精最为要。"博我以文，约我以礼，亦可以弗畔矣夫"（《论语·子罕》）。

公子目夷复其君，终不与国。

《春秋公羊传·僖公二十一年》《传》曰："楚人果伏兵车，执宋公以伐宋。宋公谓公子目夷曰：'子归守国矣。国，子之国也。吾不从子之言，以至乎此。'公子目夷复曰：'君虽不言国，国固臣之国也。'于是归设守械而守国。楚人谓宋人曰：'子不与我国，吾将杀子君矣。'宋人应之曰：'吾赖社稷之神灵，吾国已有君矣。'楚人知虽杀宋公，犹不得宋国，于是释宋公。"

祭仲已与，后改之。

《春秋公羊传·桓公十一年》《传》曰："何贤乎祭仲？以为知权也。其为知权奈何？古者郑国处于留。先郑伯有善于邻公者，通乎夫人，以取其国而迁郑焉，而野留。庄公死已葬，祭仲将往省于留，涂出于宋，宋人执之，谓之曰：'为我出忽而立突。'祭仲不从其言，则君必死、国必亡；从其言，则君可以生易死，国可以存易亡。少辽缓之，则突可故出，而忽可故反，是不可得则病，然后有郑国。古人之有权者，祭仲之权是也。"

《竹林第三》：祭仲措其君于人所甚贵，以生其君，故《春秋》以为知权而贤之。

晋荀息死而不听。

《春秋公羊传·僖公十年》《传》曰："献公病将死，谓荀息曰：'士何如则可谓之信矣？'荀息对曰：'使死者反生，生者不愧乎其言，则可谓信矣。'献公死，奚齐立。里克谓荀息曰：'君杀正而立不正，废长而立幼，如之何？愿与子虑之。'荀息曰：'君尝讯臣矣，臣对曰："使死者反生，生者不愧乎其言，则可谓信矣。"'里克知其不可与谋，退，弑奚齐。荀息立卓子，里克弑卓子，荀息死之。荀息可谓不食其言矣。"

卫曼姑拒而弗内（纳）。

《春秋公羊传·哀公三年》《传》曰："曼姑受命乎灵公而立辄，以曼姑之义，为固可以距之也。辄者曷为者也？蒯聩之子也。然则曷为不立蒯聩而立辄？蒯聩为无道，灵公逐蒯聩而立辄。然则辄之义可以立乎？曰：'可。'其可奈何？不以父命辞王父命，以王父命辞父命，是父之行乎子也；不以家事辞王事，以王事辞家事，是上之行乎下也。"

此四臣，事异而同心，其义一也。目夷之弗与，重宗庙；祭仲与之，亦重宗庙。荀息死之，贵先君之命；曼姑拒之，亦贵先君之命也（必有所守）。事虽相反，所为同，俱为重宗庙、贵先帝之命耳。

难者曰：公子目夷、祭仲之所为者，皆存之事君，善之可矣。荀息、曼姑非有此事也，而所欲恃者皆不宜立者，何以得载乎义？

曰：《春秋》之法，君立不宜立，不书（诸侯立所不宜立，例所不书）；大夫立，则书（如"卫人立晋"则书之例）。书之者，弗予（许）大夫之得立不宜立者也；不书，予君之得立之也。

庄存与曰："《春秋》非记事之史，不书多于书，以所不书知所书，以所书知所不书，治乱必表其微，所谓礼禁未然之前也。凡所书者，有所表也。是故《春秋》中无空文。"

"君之立不宜立者，非也；既立之，大夫奉之是也，荀息曼姑之所〔以〕得为义也。"

"故凡人之有为也，前枉而后义者，谓之中权，虽不能成，《春秋》善之"（《竹林第三》），可与适道，未可与权。

难（问难）纪季曰："《春秋》之法，大夫不得用地。"（定公十三年"晋赵鞅归于晋"，《传》曰："此叛也，其言归何？以地正国也。"）又曰："公子无去国之义。"（僖公二十九年，何注："礼，公子无去国之义，故不越境。"）又曰："君子不避外难。"（庄公二十七年，《传》曰："君子辟内难而不辟外难。"）纪季犯此三者，何以为贤？贤臣故（固）盗地以下敌，弃君以避难乎？

曰：贤者不为是。是故托贤于纪季，以见季之弗为也。纪季弗为，而纪侯使之可知矣。

《春秋公羊传·庄公三年》《传》曰："纪季者何？纪侯之弟也。何以不名？贤也。何贤乎纪季？服罪也。其服罪奈何？鲁子曰：'请后五庙以存姑姊妹。'"何注："以存先祖之功，则除出奔之罪，明其知权。言入者，难辞，贤季有难去兄入齐之心。"

《春秋》之书事，时诡其实以有避也；其书人，时易其名以有讳也。

庄存与曰："《春秋》之义，不可书则避之，不忍书则隐之，不足书则去之，不胜书则省之。辞有据正而不当书者，皆书其可书，以见其所不可书。辞有诡正而书者，皆隐其所大不忍，避其所大不可，而后目其所常不忍、常不可也。辞若可去可省而书者，常人之所轻，圣人之所重。"

故诡晋文得志之实，以代（狩）讳避致王（周天子）也。

《春秋公羊传·僖公二十八年》"天王狩于河阳"，《传》曰："狩不书，此何以书？不与再致天子也。鲁子曰：'温近而践土远也。'"

《王道第六》："晋文再致天子，讳致言狩。"

《史记·孔子世家》："践土之会实召周天子，而《春秋》讳之曰'天王狩于河阳'。"

诡莒子号，谓之人，避隐公也。

《春秋公羊传·隐公八年》"九月，辛卯，公及莒人盟于包来"，何注："言莒子，则嫌公行微不肖，诸侯不肯随从公盟，而公反随从之，故使称人，则随从公不疑矣。"

易庆父之名，谓之仲孙。

《春秋公羊传·闵公元年》"冬，齐仲孙来"，《传》曰："齐仲孙者何？公子庆父也。公子庆父，则曷为谓之齐仲孙？系之齐也。曷为系之齐？外之也。曷为外之？春秋为尊者讳，为亲者讳，为贤者讳。子女子曰：'以"春秋"为《春秋》，齐无仲孙，其诸吾仲孙与？'"

变盛谓之成，讳大恶也。

《春秋公羊传·庄公八年》"夏，师及齐师围成，成降于齐师"，《传》曰："成者何？盛也。盛则曷为谓之成？讳灭同姓也。曷为不言降吾师？辟之也。"

然则说《春秋》者，入则诡辞（机巧之辨）**，随其委曲而后得之。**

"随其委曲而后得之"，办事的能耐。什么情形叫委曲？要练习能忍。别人说好坏，你自己能不知？骂你赞你，一也，动机都不良。忍，非最有智；委曲，才叫有智，比忍还厉害。忍中犹有表情，不抵抗主义；委曲，则求全了。

没表情，岂非尸？要有动作才达目的。唾面自干只是忍，官不打笑脸人，但达不到目的。敌人摆出鸿门宴，什么玩意儿！对付之。完璧归赵，求全了。

老子不怕你弯曲，就随你的曲而委之，最后就求全了！其中，最重要的一步即识曲。不识曲，焉能委于这个曲？人家摆了曲，你得识这个曲。识曲，委身于曲，正好找门出来。小傻瓜还自以为得意！

委曲求全，是对方有曲，我们才委曲。委身，委曲，跟着曲走。社会乱即曲，做事不能另创格。唱高调，故作惊人之语，明知不能成功；此非委曲，而是另创格。

随顺委曲，结果有成，即委曲求全。此为一部最要的功夫，没大智慧者办不到。委曲求全，外交官最大的本钱。

怎可别人说一句，就跳起来？忍，乃天下无阻的神力。慈安说："我别无所长，就能忍。"意深。慈禧大慈安二岁。龙君儿的婆婆大她六岁而已。

今纪季受命乎君，而《经》书专，无善一（为"之"）**名，而文见贤**（专词是无善之名，书纪季而不名，是文见贤），**此皆诡辞，不可不察。《春秋》之于所贤也，固顺其志而一其辞，章其义而褒其美**（《春秋》责贤者备，有时原贤者亦微，一皆有义可寻。合而偶之，比而求之，圣心见矣）。**今纪侯《春秋》之所贵也，是以听其入齐之志，而诡其服罪之辞也**（'也'字衍），**移之纪季**（事由纪侯使之，贤纪季即所以贵纪侯）。

故告籴于齐者，实庄公为之，而《春秋》诡其辞，以予臧孙辰。

《春秋公羊传·庄公二十八年》《传》曰："告籴者何？请籴也。何以不称使？以为臧孙辰之私行也。曷为以为臧孙辰之私行？君子之为国也，必有三年之委，一年不熟告籴，讥也。"何注："庄公享国二十八年，而无一年之畜，危亡切近，故讳使若国家不匮，大夫自私行籴也。"

以酅入于齐者，实纪侯为之，而《春秋》诡其辞，以与纪季。所以诡之不同，其实一也。

凌注："齐欲灭纪，故纪季以邑入齐为附庸。"

《易经·系辞下传·第五章》："往者屈也，来者信（伸）也，屈信相感而利生焉。尺蠖之屈，以求信也；龙蛇之蛰，以存身也。"有屈必有伸，要能屈能伸，屈是为了伸。无所不用其极，才能无入而不自得。

学委曲，以达到目的，"尺蠖之屈"，以求伸也。我假的，成功了。时太重要了。人事？今天有人宣称与蒋家交往？什么真的假的，就跟着时走。

休息，是为了走更远的路。到屈就应屈，等到时候，就伸了。有伸之志，就得先学屈，不只是忍而已。"以小事大，畏天者也"，"畏天者保其国"（《孟子·梁惠王下》），此乃定律。保这块土的福利，得用畏天的修养。今天必以"畏天之威"处事。看《将相和》，看蔺相如在秦廷的表现。委事于曲，唐伯虎为秋香委身于曲。"以小事大"，得委身于曲，亦必委事于曲。

难者曰：有国家者，人欲立之，固尽 (辞) 不听，国灭君死之，正也。何贤乎纪侯？

曰：齐将复雠，纪侯自知力不加 (不敌) 而志距 (拒) 之，故谓其弟曰：'我宗庙之主，不可以不死也。汝以鄁往，服罪于齐，请以立五庙（诸侯五庙），使我先君岁时（四时之祭）有所依归。'率一国之众，以卫九世之主。

苏注："齐襄公复九世之仇，是季侯之拒，所以卫其九世之主。"

襄公逐之不去，求之弗予，上下同心而俱死之，故谓之"大去"。

《春秋公羊传·庄公四年》"纪侯大去其国"，《传》曰："大去者何？灭也。孰灭之？齐灭之。"

《竹林第三》："夫冒大辱以生，其情无乐，故贤人不为也，而众人疑焉，《春秋》以为人之不知义而疑也，故示之以义，曰：'国灭，君死之，正也。'正也者，正于天之为人性命也。天之为人性命，使行仁义而羞可耻。"

苏注："《传》以为贤齐襄，董以为贤季侯，此补正'传'文处。齐襄与内为仇雠，《传》节取复雠义耳。"

"纪侯大去其国"，"大去者，灭也"。殉节容易，守节难，最重要的是为人之节。"天爵自尊吾自贵"，在乎自尊自贵，"赵孟能贵之，赵孟能贱之"，"修天爵，则人爵随之"，不可以虚内务而恃外好。

《春秋》贤死义且得众心也，故为讳灭。以为之讳，见其贤之也；以其贤之也，见其中仁义也。

苏注："存宗庙为仁，死国为义。所谓前枉后义。"

做事，以做人为第一要义，做人必要诚信。行权反经，行权也不能离经，不害人以行权。拨乱反正的阶段，无法完全去掉乱制，故用许多规矩分制之。

第二次世界大战后，盟军总司令麦克阿瑟（1880—1964）到日本，对日本政府进行改造，将日本宪法改了。日本人能屈能伸，去见麦帅，要日本官员"到此必下车"，走过去行礼。美国战后第一次经济危机，唯有日本能救，但是日本不帮。非国力，乃智慧问题，已到最低境界。人的心理最为可怕，骄傲反过来就是自卑。

不能做千万不要做，否则是自找麻烦。是非者就是是非人，想成就事业不可以听是非。要勉而行之、勉而去之，骗别人骗不了自己，良知交代不过去。可以有地位，但没有实力就糟。

予夺轻重例。

《春秋》慎辞，谨于名伦等物者也。

苏注："因伦之贵贱而名之，因物之大小而等之，故曰名伦等物。"

"慎辞"，一字之褒，荣于华衮；一字之贬，严于斧钺。

人伦，人之伦，动物学亦如此，分门别类，无等级观，"民吾同胞，物吾与也"，一切皆平等，以类等之，以比等之。贵贱，贵是高贵，非价贵，乃根据本身之德、能分贵贱。"名伦等物"，以伦名之，砍竹必要挑，因其伦而分贵贱、等级。

是故，小夷言伐而不得言战（隐公七年"戎伐凡伯于楚丘，以归"），**大夷言战而不得言获，中国言获而不得言执**（天子言执），**各有辞也。**

《春秋公羊传·庄公十年》"秋九月，荆败蔡师于莘，以蔡侯献舞归"，《传》曰："曷为不言其获？不与夷狄之获中国也。"

"天子言执"，天子才言"执"，公而无私之执。天子，天之子，继天之志、述天之事；天道，无私、尚公。

三世，据乱世、升平世、太平世。《周官》，立太平世之宏基。

中者，礼义也。"《春秋》者，礼义之大宗也"。"入中国则中国之"，"夷狄进至于爵"，《春秋》夷狄观，是以文化论，以进于礼义与否划分之。

有（又）小夷避大夷而不得言战，大夷避中国而不得言获，中国避天子而不得言执，名伦弗予（许），嫌于相臣之辞也。

人皆天民，人性平等，一切物皆平等，"方以类聚，物因群分"（《易经·系辞上传》）。

不做圣人，至少要不助人为恶。劝人儿子去当兵，不必上学，助人为恶也。自己有主义、信仰，小孩不懂，将之骗入。游说之士，助人为恶也。自己有分寸，不助人为恶，恶人就难为恶。知识分子可以言伐笔诛，能儆，要做中流砥柱、标杆。缺德不行，"不学礼，无以立"，有德才能立，立德。乱鼓掌，也是助人为恶。本着良知做事。

《礼记·学记》："发虑宪，求善良，足以謏闻，不足以动众；就贤体远，足以动众，未足以化民。君子如欲化民成俗，其必由学乎！""发虑宪"，发动思想时，必使之合乎法则，在规则之内不使之泛滥，使思想合乎大法。视、听、言、动，皆合乎虑宪。宪，法也。宪法，国之大法。"求善良"，求善性中之良者，本良心做事者。求善良，亲善良，亲仁，本性善而为之的良者。一个人贵乎自己塑造自己、造就自己。"见贤思齐"是初步，离"化民成俗"甚远！在乱世，做中流砥柱不易。

靠人养，没受刺激，怎会有出息？人生应酸甜苦辣皆有才好。自己能为自己活，懂得为自己活最为重要。净骗小的，有天明白了，必定恨你一辈子。人必要有自愧心。

治国必法严。朴正熙（1917—1979）不敢，只能唱高调。全斗焕（1931—1980）平民出身，故能改革，但现已有集团了。当政不能太久，荀子说"上下易位，然后贞"（《荀子·臣道》）。

读书必要有用，要"读有用书"，不要做无病呻吟的事。"诵《诗》三百，授之以政，不达；使于四方，不能专对，亦奚以为？"（《论语·子路》）虽多，不通为政之道，只是书呆子。老是请示，那又何必请你！读书，有聪明、智慧，能管理众人的事。读完了，要以古人的智慧做事。

天天"发虑宪"，把书看成是活活泼泼的东西。半部《论语》可以治天下，坐着整天琢磨，话中必有道理，金句秉圣人之志，绝无私人感情。《论语》每一章，皆不能轻易放过。贵乎不人云亦云，要冷静，不盲从。为求学到国外，绝对正确。为躲灾到国外，绝对浪费自己，一粒沙都不如，积沙可以成塔。自己智慧用到哪儿都行，对国家要有贡献。

在屋中坐三十年不易，每天净想些什么？一灯如豆时，精神才能集中，不分散。必要懂得人生，面对现实，什么来了都是趣味。年轻也要开阔心胸，心平正才能有担当，不偏私。脚踏实地读书，经书得体味、深思才有用，以之印证自己行为该怎么做。

社会必往前走，不能落伍。

刚光复（指抗战胜利），国民政府还都南京时，大家有迁都北京之议，纷争不已。老蒋提"中山先生决定"，就不再争了，还是"祖制不可违"。不是落井下石，是提醒你们：时光不停留，必随时代转。孔子为圣之时者。

保存中国古礼，不必一定要恢复古礼。古礼未必行过。礼俗，南北多少有点差异。纯礼俗，带着中国风味。

拜天地，供"天地三界主、十方万灵神"神位。民间则于外边往天空拜。礼俗与古礼，是两件事，礼俗是自祖宗传下的，承先启后。

帝王之礼，"帝，主宰义；王，归往义"。帝王之学，讲如何做领袖，成为天下的主宰，使天下归往、拥护之。光说没有用，必得行。

台湾的礼俗来自大陆，大家记一点，凑在一起，前后伦序不对。中国"十三"是好日，日本忌"四"，中国人拜干爹多用四色礼。

另辟天地，"上下易位然后贞"，贞，正固之道。变天地之位，正阴阳之序，行事皆合乎礼。

是故大小不逾等，贵贱如其伦，义之正也。

因伦之贵贱而名之。《春秋》中，"贵贱"并非人为，乃本身之贵贱。《春秋》贵贱、等物，皆按本身之德能，而非人为之贵贱，人无生而贵者，"天子之元子犹士也，天下无生而贵者也"（《仪礼·士冠礼》），此《春秋》之义。

在据乱世，必经许多阶段，才能拨乱反正。

大舜"象喜亦喜，象忧亦忧"，爱其弟，兄友弟恭。但有人自小即学奴才型，"美喜亦喜，美忧亦忧"。

大雩者何？旱祭（祈雨）也。难者曰：大旱雩祭而请雨，大水鸣鼓而攻社。天地之所为，阴阳之所起也。或请焉、或怒焉者何？

"社"，有代表地方的东西种之。《春秋公羊传·庄公二十五年》《传》曰："日食则曷为鼓牲于社？求（责求）乎阴之道也。"

曰：大旱者，阳灭阴也；阳灭阴者，尊压卑也，固其义也，虽太甚，拜请之而已，无敢有加也。

《周礼·女巫》疏：董仲舒曰："雩，求雨之术，呼嗟之，歌《国风·周南》《小雅·鹿鸣》《燕礼》《乡饮酒》《大射》之歌焉。"《春秋汉含孳》雩祭祷辞曰："万国今大旱，野无生稼，寡人当死，百姓何谤？不敢烦民请命，愿抚万民，以身塞无状。"

大水者，阴灭阳也，阴灭阳者，卑胜尊也，日食亦然，皆下犯上，以贱伤贵者，逆节也。故鸣鼓而攻之，朱丝而胁之，为其不义也，此亦《春秋》之不畏强御也。

《春秋公羊传·庄公二十五年》何注："大水与日食同礼者，水亦土地所为，云实出于地而施于上，乃雨，归功于天。"同年，《传》曰："以朱丝营社，或曰胁之，或曰为闇，恐人犯之，故营之。"

"朱丝而胁之"，红线一围，什么魔鬼都不入的观念。但事实非如此……老太太一举一动，中国传统思想。

"不畏强御"，用方法防御之。

故变天地之位，正阴阳之序。直行其道，而不忘（忌）**其难，义之至也。**

易诸侯，"诸侯危社稷，则变置"；变社稷，"祭祀以时，然而旱干水溢，则变置社稷"（《孟子·尽心下》）。荀子"上下易位然后贞"，另辟天地。

"直行其道"，"率性之谓道"，本天命行事，以顺性为标准，"人之生也直"，顺性。生而贵，世及以为礼。天下无生而贵者，天子之子曰元士，世卿非礼也。否定旧有天地，革命思想。

"不忌其难"，有心理准备，行事必要有万全把握。不是他们厉害，是自己无能。时一到，一口气就吹倒。"义之至"，至义，至于义之正也。

是故胁严（敬）**社而不为不敬灵，出天王而不为不尊上**（《春秋公羊传·僖公二十四年》何注："不能事母，罪莫大于不孝，故绝之，言出也。"因其不义也），**辞父之命而不为不承亲**（《春秋公羊传·哀公三年》《传》曰："以王命辞父命，是父之行乎子也"），**绝母之属而不为不孝慈**（《春秋公羊传·庄公元年》《传》曰："不与念母也。"何注："念母则忘父，背本之道也。"《孝经》云："父母生之，续莫大焉。"《说苑》作"绝文姜之属，而不为不爱其母，其义之尽耶，其义之尽耶"），**义矣夫。**

严父，"严，敬也"；家严，家之所敬也。敬父慈母，是个表率，敬之仰之。

司马迁《太史公自序》云："余闻董生曰：'贬天子，退诸侯、讨大夫。'"革命思想，除三层统治阶级，另辟天地。

"义矣夫"，行事皆合乎义。有实际表现，人就应之。有大德，大应；有小德，小应。亲近不以言行，召远者不以使。近悦远来，非说得漂亮，左近者对你必清楚，用德表现。太太不佩服先生，因你天天言了。相敬如宾、举案齐眉，是用礼来表现于行为。先求能立德，"苟不至德，至道不凝焉"（《中庸》）。真有抱负，必要脚踏实地训练自己，德能兑现，言而能行。你对人有好处，人皆知温暖。不要靠嘴。

书院重《大易》与《春秋》。读了，还必精。

难者曰：《春秋》之法，大夫无遂事（成事，必受国家之命）**。又曰：出境有可以安社稷、利国家者，则专之可也。又曰：大夫以君命出，进退在大夫也。又曰：闻丧，徐行而不反也。**

夫既曰"无遂事矣"，又曰"专之可也"。既曰"进退在大夫矣"，又曰"徐行而不反也"，若相悖然，是何谓也？

此练达智慧，明是非之处。

不以之当文章读，找出其所以然。

曰：四者各有所处（是非无绝对标准）**，得其处则皆是也，失其处则皆非也。《春秋》固有常义，又有应变。**

"各有所处"，是非无绝对标准，时候变了，必有应变之道。圣时，权权。

"《春秋》固有常义，又有应变"，《易》"穷则变，变则通，通则久"，穷变通久以行权。《春秋》之义，明得失，辨是非。

无遂事者，谓平生（平时）**安宁也；专之可也者，谓救危除患也；进退在大夫者，谓将率用兵也；徐行不反者，谓不以亲害尊，不以私妨公也。此之谓将**（衍文）**得其私，知其指。**

"无遂事者"，升平世、太平世时。

"专之可也"，外交官出使在外，不能事事请示。

"进退在大夫"，有不臣之义，《白虎通·王者不臣》曰："不臣将帅用兵者，重士众为敌国，国不可从外治，兵不可从内御，欲成其威，一其令。《春秋》之义，兵不称使，明不可臣也。"

"徐行不反者"，《白虎通·丧服》曰："大夫使，受命而出，闻父母之丧，非君命不反者，盖重君也，故《春秋传》曰：'大夫以君命出，闻丧，徐行不反。'"不以亲害尊，不以私妨公也。念其亲，最坏的人，亦有刹那之良知。

故公子结受命，往媵（将送）**陈人之妇于鄄。道生事，从齐桓盟，《春秋》弗非，以为救庄公之危。公子遂受命使京师，道生事之**（往）**晋，《春秋》非之，以为是时僖公安宁无危。故有危而不专救，谓之不忠；无危而擅生事，是卑君也。故此二臣俱生事，《春秋》有是有非，其义然也。**

《春秋公羊传·庄公十九年》"秋，公子结媵陈人之妇于鄄，遂及齐侯、宋公"，《传》曰："大夫无遂事，此其言遂何？聘礼：大夫受命不受辞，出竟有可以安社稷、利国家者，则专之可也。"何注："先是鄄幽之会，公比不至。公子结出竟，遭齐宋欲深谋伐鲁，故专矫君命而与之盟，除国家之难，全百姓之命，故善而详录之。"

僖公三十年"公子遂如京师，遂如晋"，《传》曰："大夫无遂事，此其言遂何？公不得为政尔。"何注："不从公政令也。时见使如京师，而横生事，矫君命聘晋，故疾其骄蹇，自专之，当绝。"

《春秋》有是有非，其义然也"，依"义"为标准，《春秋》者，礼义之大宗"，一切决之以礼义。

齐桓挟（凌本作"仗"）**贤相之能，用大国之资，即位五年，不能致一诸侯。于柯之盟，见其大信，一年而近国之君毕至，鄄、幽之会是也。**

庄公九年，"齐小白入于齐"，桓公立；十三年，"盟于柯"；十四五年，"会鄄"；十六年，"同盟于幽"。

必见之于行事，贵乎有德，不贵乎言。《史记·太史公自序》："子曰：'我欲载之空言，不如见之于行事之深切著明也。'"

其后二十年之间亦久矣，尚未能大合诸侯也。至于救邢、卫之事，见存亡继绝之义，而明年远国之君毕至，贯泽、阳谷之会是也。故曰"亲近者不以言，召远者不以使"，此其效也。

闵公元年、僖公元年，"救邢"。僖公二年，"城楚丘"，是救魏也。贯泽之盟，江人、黄人皆至，亦在二年。三年"会于阳谷"，江、黄亦至。僖公十七年，《传》曰："桓公尝有继绝存亡之功。"何注："立僖公，存邢、卫、杞也。"

"九合诸侯，不以兵车，管仲之力也"（《论语·宪问》）。有一次事实表现，大家就真的有反应。想动天下之人，必见之于行事。

"亲近者不以言，召远者不以使"，以德相亲，不以言；以德相召，不以使。否则基础不稳。不必在人面前假惺惺关心人家，真关心人亦知。

其后矜（夸）功，振（亢）而自足，而不修德，故楚人灭弦而志弗忧，江、黄伐陈而不往救，损人之国而执其大夫，不救陈之患而责陈不纳（凌本作"离"），不复安郑，而必欲迫之以兵，功未良成而志已满矣。故曰："管仲之器小哉！"此之谓也。自是日衰，九国叛矣。

僖公四年，桓公"执陈袁涛涂"，"江黄伐陈"不救；五年，"楚人灭弦"；六年，"伐郑、围新城"，何注："恶桓公行强而无义也……强非所以附疏。"

《新序·杂事》："桓公用管仲则小也，故至于霸而不能以王，故孔子曰：小哉！管仲之器！"可见汉初此观念仍通行于天下。

"矜功"，不再修德，自我满足，不再进步。《春秋公羊传·僖公九年》"葵丘之会"，《传》曰："桓公震而矜之，叛者九国。"

"管仲之器小哉"，器小易盈，齐国就只在山东半岛，"功未良成，而志已满"，完全欺骗自己。太失德、太志满，终致众叛亲离。

《春秋》之听狱也，必本其事而原其志。志邪者不待成，首恶者罪特重，本直者其论轻。

《盐铁论·刑德》："《春秋》之治狱，论心定罪。志善而违于法者免，志恶而合于法者诛。"

汉以《春秋》决狱。"本其事原其志"，《春秋》重志贵始，原心定罪，看动机。"志邪者不待成"，心一淫，不待成事实，没做和做了一样罪恶。心一低，日久行为必低，"诚于中，形于外"。

"首恶者罪特重"，罪分首从，首重从轻。"本直者其论轻"，乃无心之过也。"观过，斯知仁矣"（《论语·里仁》）。佛家讲"意淫"，比儒家"原心定罪"晚。

是故，逢丑父当斩（丑父以贱道待其君），**而辕涛涂不宜执**（桓公师不正）；**鲁季子追庆父，而吴季子释阖庐。此四者罪同异论，其本殊也。俱欺三军，或死或不死；俱弑君，或诛或不诛。听讼折狱，可无审耶？**

闵公二年，庆父弑子般、闵公，"出奔莒"，何注："季子缓追逸贼。"亲亲之道。僖公元年，《传》曰："公子庆父弑闵公，走而之（往）莒，莒人逐之。将由乎齐，齐人不纳。却反舍于汶水之上，使公子奚斯入请。季子曰：'公子不可以入，入则杀矣。'奚斯不忍反命于庆父，自南涘（水涯），北面而哭，庆父闻之……于是，抗辀经而死。"

襄公二十九年，阖庐杀僚，致国季子，《传》曰："季子不受。曰：'尔杀吾君，吾受尔国，是吾与尔为篡也。尔杀吾兄，吾又杀尔，是父子兄弟相杀，终身无已也。'去之延陵，终身不入吴国。故君子以其不受为义，以其不杀为仁。"

故折狱而是也，理益明，教益行；折狱而非也，暗理迷众，与教相妨。教，政之本也；狱，政之末也。其事异域，其用一也，

不可不以相顺，故君子（孔子）重之也。

"折狱"，必大公无私。子曰："听讼，吾犹人也；必也，使无讼乎！无情者不得尽其辞，大畏民志。此谓知本。"（《大学》）无讼，为大本之所在。

折狱，必大公无私。"教，政之本；狱，政之末。""政者，正也。子帅以正，孰敢不正？"《春秋》者，礼义之大宗也。礼，禁未然之前；法，施已然之后。"（《史记·太史公自序》）

难晋事者曰：《春秋》之法，未逾年之君称子（庄三十二年，《传》曰："既葬称子，逾年称公"），盖人心之正也。至里克杀奚齐，避此正辞而称君之子（僖公九年"冬，晋里克弑其君之子奚齐"，《传》曰："此未逾年之君"），何也？

曰：所闻《诗》无达诂，《易》无达占，《春秋》无达辞，从变从义（宜），而一（当动词）以奉仁人，录其同姓之祸，固宜异操。

"《诗》无达诂"，因作诗有隐语。"《易》无达占"，不可为典要。"《春秋》无达辞，从变从义"，《春秋》立于道，立于义，"一以奉仁人"，仁者爱人而无不爱，是利人利他。儒家目的即为人服务，利人利他。

晋，《春秋》之同姓也。骊姬一谋而三君死之，天下之所共痛也。本其所为为之者，蔽于所欲（私）得位而不见其难也。《春秋》疾（讨厌）其所蔽，故去其正辞，徒言"君之子"而已。

若谓奚齐曰："嘻嘻！为大国君之子，富贵足矣，何以兄之位为欲居之，以至此乎云尔？"录所痛之辞也。故痛之中有痛无罪而受其死者，申生、奚齐、卓子是也。恶之中有恶者，己立之己杀之，不得如他臣之弑君者，齐公子商人是也。（文公十四年"齐公子商人弑其君舍"，《传》曰："此未逾年之君也，其言弑其君舍何？己立之，己杀之。成死者，而贱生者也。"）故晋祸痛，而齐祸重。《春秋》伤痛而敦重，是以夺晋子继位之辞，与齐子成君之号，详见之也。

古之人有言曰："不知来（未来），视（察）诸往。"

《管子·形势》：疑今者，察之古；不知来者，视之往。万事之生也，异趣而同归，古今一也。

"不知来，视诸往"，鉴往知来，一个人的未来，看其过去净搞些什么，就可知。

今《春秋》之为学也，道往而明来者也。然而其辞（《春秋》之辞）体天之微（几微），故难知也（《春秋》无达辞）。弗能察，寂若无；能察之，无物不在。

庄存与曰："《春秋》文成数万，其旨数千，万物之聚散皆在于是。"

《春秋》之学，道往明来；《春秋》之辞，体天之微，《春秋》无达辞，从变从义（宜）。

"能察之，无物不在"，"载之空言，不如见之于行事之深切著明也"。能察，无入而不自得，无入而不自在。

是故，为（治）《春秋》者，得一端而多连（博达）之，见一空（孔）而博贯之，则天下（天下之事）尽矣。

庄存与曰："《春秋》书天人外内之事，有主书以立教也。然后多连而博贯之，则王道备矣。"

"天下同归而殊途，一致而百虑"（《易经·系辞下传》），"吾道一以贯之"。人为万物之灵，端视用脑与否。

鲁僖公以乱即位，而知亲任季子。季子无恙（生存）之时，内无臣下之乱，外无诸侯之患，行之二十年，国家安宁。季子卒之后，鲁不支邻国之患，直乞师楚耳（僖公二十六年"公子遂如楚乞师"）。僖公之情，非辄不肖，而国衰益危者，何也？以无季子也。以鲁人之若是也，亦知他国之皆若是也。以他国之皆若是，亦知天下之皆若是也。此之谓连而贯之。

苏注："由一人推之他国，由他国推对天下，由天下之万世，是之谓连贯。故观于《春秋》，而成败之迹粲然矣。"

故天下虽大，古今虽久，以（因）是定矣。以所任贤，谓之主尊国安；所任非其人（委之非人，就完了），谓之主卑国危（风中之烛）。万世必然，无所疑也。其在《易》曰："鼎折足，覆公𫗧（鼎实，所烹之物）。"夫"鼎折足"者，任非其人也；"覆公𫗧"者，国家倾也。是故，任非其人而国家不倾者，自古至今未尝闻也。

"任非其人"，委之非人，"德薄而位尊，知（智）小而谋大，力小而任重，鲜不及矣，《易》曰：'鼎折足，覆公𫗧，其形渥（沾

濡），凶。'言不胜其任也。"（《易经·系辞下传》）

故吾按《春秋》，而观成败，乃切惆惆（yuān，忧愁，留恋）于前世之兴亡也。任贤臣者，国家之兴也。

《吕氏春秋·慎行论·求人》："身定，国安，天下治，必贤人。古之有天下也者，七十一圣。观于《春秋》，自鲁隐公以至哀公十有二世，其所以得之，所以失之，其术一也。得贤人，国无不安，名无不荣；失贤人，国无不危，名无不辱。"

夫智不足以知贤，无可奈何矣。知之不能任，大者以死亡（君死国亡），小者以乱危（自乱国危），其若是何邪？以庄公不知季子贤邪？安知病将死，召而授以国政。以殇公为不知孔父贤邪？安知孔父死，己必死，趋而救之。二主智皆足以知贤，而不决（无决定力）、不能任。故鲁庄以危，宋殇以弑。使庄公早用季子，而宋殇素（平常）任孔父，尚将兴邻国，岂直（只）免弑哉！此吾所惆惆而悲者也。

识人、任人！据乱世之哀音，惆惆于心而不能忘。

一个人读了这么多书，连家都不能齐，小两口建立在爱，何以处不来？爱都不会用，还谈得到义？因有义，就有不义，有条件；爱，则无条件。齐家，是有切身利害的，如都处不好，其他还能谈？欺人可，自欺不可。人皆有智，能欺人是大智者。学智，要用上才是智慧。名教授有几个家像样的？自己用不上智慧，还能教人？中国东西切实际，自家都没教好，能教别人？再看《大学》，要明白《大学》，自"率性之谓道"入手。《大学》与《中庸》

相表里，皆实学也。

最近风气真是不堪设想！人总有一段沉静时，要马上自我审判，才能免于永挽不回的痛苦。一个人真正的愉快在良善，可以欺天下人，无法欺心。做买卖要先"不欺"，存在的就是良与善。富如石崇（249-300，有金谷园，生活豪奢），而今安在哉？在乱世，不要抱捡便宜的心理。看人的一举一动，就知他是什么玩意儿了。

如能"率性之谓道"，那反对者绝对少。专做违背人性的事，却说是圣人、贤人。

千万不要做伪君子，要做真事，必须做人的事，不必管人家批评。通天下之志，除天下之患。是人，就按人性做事，无论在什么环境，不必唱高调，"率性之谓道"。有些人没有做坏事，是因为他是苦环境过来的，并不是自己修至"不动心"。

宋儒说"饿死事小，失节事大"，违背人性。有行力，就守，不必勉强，受环境压迫。改嫁，天经地义；有把握者，可以独身。就因为"人之为道"，才造成无量的罪孽。改变环境，如觉得对就改变，千万别伪为，要突破一切人为的障碍。

讲礼的并不一定守礼，就看做一事是否合理。"率性之谓道"，最宝贵的一句话，是先觉者。"修道之谓教"，是后觉者。人性的事，一会儿皆不可离。想建设未来，必要有胆。历史之所以有今天，乃"圣人不死，大盗不止"（《庄子·胠箧》）。好好体会。

你们要好好开创未来，并守住"率性之谓道"，千万不可以"索隐行怪"。孔子说："素（索）隐行怪，后世有述焉，吾弗为之矣。"（《中庸》）这也就是孔夫子之所以为圣人。要好好去想，建设一个新时代不容易。孔子说自己"述而不作"，其孙子思说他

精华第五

513

"祖述尧舜"，他所抛弃的是伪君子所立的。

看世事：几年前之罪大恶极，成为今天最时髦的。那人也必活得长啊！我做过的事，你们想也不必想，就因为晚死，才和你们说真的。今天的话如能善用，保证成为21世纪新思想。真理、良知、本性、率性，本此以立说，拿过去的作为参考。人生是自求多乐、自求多福。要求真，老子说"真人"，庄子骂"圣人不死，大盗不止"。不论谁说的，只要是智慧就吸收，净照着书讲就害人。

读书是一回事，自己能生活最重要，但得有技术，有一技之长以谋生。读书，并非要你们做书呆子，或是做伪圣人。自己要开创，多想多做。人生在世，活着必要有意义，既然活下去，必有目的，就应往此奋斗，活着才有价值。要去伪存真。

此篇为董子之学最重要的一章。

《荀子·正名》："故知者为之分别制名以指实，上以明贵贱，下以辨同异。贵贱明，同异别，如是则志无不喻之患，事无困废之祸，此所为有名也。"

《尹文子·大道上》："形以定名，名以定事，事以验名，察其所以然，则形名之与事物，无所隐其理矣……名有三科，一曰命物之名，方圆白黑是也；二曰毁誉之名，善恶贵贱是也；三曰况谓之名，贤愚爱憎是也。"

"深察"，行深，"深"字不得了！想度一切苦厄，得五蕴皆空。要五蕴皆空，得"行深般若波罗蜜多时"。自度，观自在，内圣功夫；救苦救难，外王功夫。观世音菩萨得有内圣外王的功夫。修德，德修完，得行。真知，才知自己活着的价值是什么。

我讨厌你们坐着读死书，应使之生龙活虎，做活学问，实学。

真有智慧，必使这块土真好。台湾沦落至今，每个人都要负责。如还不以为耻，还有良知？

许多知识既是和电视学的，何以不管电视节目？这种"民主"也太可丑了。如知识分子都有良知，这社会马上就好了。何以至此？某些读书人是败坏道德之首。

治天下之端，在审辨大；辨大之端，在深察名号。

谈事、谈判之端，"在审辨大"，"在"，"在明明德"之"在"，常目在之；"辨"，治的条理；"大"，治的要纲。审事物之所以别异与其大纲。一事非一个要点而已，得推出几个要点。

"在深察名号"，"深"字发人深省，同"行深般若波罗蜜多时"之"深"。"照见五蕴皆空"，"照见"，佛家专用词。"察"，观察，调察。"名号"，《释名·释言语》："名，明也，名实事使分明也。号，呼也，以其善恶呼名之也。"

一点沉静功夫也没有，没说完拔腿就跑，如同剧团。许多事，一举一动就明白了。王借机成立其第二春基金会（1996 年，王建煊卸下"立法委员"职务，成立财团法人爱心第二春文教基金会），照顾老年人、儿童，绝对成功。

名者，大理之首章也。

苏舆注：理者，分也。分者，必有以括之。首章，所以括其大分也。古人著书，当有纲领，列之首章，故此言事物有名，犹大理之首章也。后人议事，亦以首章为纲要。

录其首章之意，以窥其中之事，则是非可知，逆顺自著（zhù，自然表现出），其几（jī）通于天地矣。

谈判也是有纲要，即"录其首章之意"，不可以马虎。开会亦有议事纲要，"以窥其中之事，则是非可知，顺逆自著"，不是求，是自然表现。开会看纲要，则可以窥事之中，知是非、明顺逆，如剥笋，层层剥入核心。

我三时半即开始做事，有时两三个小时也想不出一个小问题。要用心，不可以马虎看过去。都丢心了，还能办惊天动地的大事？就自我陶醉。根都折断了，花还能香几天？

是非之正，取之逆顺；逆顺之正，取之名号；名号之正，取之天地。天地，为名号之大义也。

《说文》云："天，颠也。至高在上，从一大也。地，万物所陈列也。从土也声。"

《释名》云："天，显也，在上高显也。天，垣也，垣然高而远也……《易》谓之乾，乾，健也，健行不息也；又谓之元，元，悬也，如悬物在上也。地，底也，其体底下载万物也；又言谛也，五土所生莫不信谛也。《易》谓之坤，坤，顺也，上顺乾也。"

"取之天地"，天地之心，复。天地之机，一阳生，一点。"在天成象，在地成形，变化见矣。"（《易经·系辞上传》）不是文章，必拿到事上。

名（台甫）、字、号（笔名）。名，父母称；字、号，朋友叫，以字行。十年一个号。我号安仁居士、奉元老人。

古之圣人，谞（xiāo）而效天地谓之号，鸣而命施谓之名。

"谞"，发脾气，咆哮。出声为哮，虎哮，叫。风吹，天地自然而然出声，狂风怒号。自"谞"引申出"号"。

《汉魏丛书》收有徐干《中论》。《中论·贵验》引子思曰："事，自名也；声，自呼也。"皆法自然界。

许多事皆在似是而非中，常模棱两可。哪有真是非、真黑白？只是相比较而言。知是黑，那是与白比。如黑与黑比，仍有深、浅、淡之分。

宁可吃鲜桃一口，不吃烂杏一筐：此为做事的原则。不在多少，而在精与用。办事，要贵精不贵多。

说话完全白痴，什么事都那几句话。看完那些宝，真是欲哭无泪，懂什么？我讲事情的层次，而非讲名号。最近所讲，皆在应时。暑假必要弄清。

名之为言，鸣与命也；号之为言，谞而效也。谞而效天地者为号，鸣而命者为名。名号异声而同本，皆鸣号而达天意者也。

"谞"与"鸣"的境界：虎哮猿啼，鬼哭神号，鸟鸣兽嚎。自此，悟环境境界的不同。

天不言，使人发其意；弗为，使人行其中。名则圣人所发天意，不可不深观也。

"天何言哉？四时行焉，百物生焉，天何言哉？"（《论语·阳货》），"天行健，君子以自强不息"（《易经·乾卦》）。

"大哉乾元，万物资始，乃统天"（《易经·乾卦》），同本——元，本是同根生。悲哀、喜乐，皆要达天意。为万民谋福，要达天意。

昔日结婚，用红盖头。传说伏羲、女娲是兄妹结婚，因为害羞，所以蒙脸，是环境造成的。人祖与人宗，羲皇与娲皇。

受命之君，天意之所予也。

扣题了。古人用天以约束专制之君。

故号为天子者，宜事天为父，事天以孝道也。

《白虎通·爵》："天子者，爵称也。爵所以称天子者何？王者，父天母地，为天之子也。"

"天子"，继天之事，述天之事。天民，与天子同辈。

号为诸侯者，宜谨视所候奉之天子也。

《白虎通·爵》："侯者，候也，候逆顺也。"

"诸侯"，天子之伺候。

号为大夫者，宜厚其忠信，敦其礼义，使善大于匹夫之义，足以化（化民）**也。**

《白虎通·爵》："大夫之为言大，扶进人者也。故《传》曰：'进贤达能，谓之大夫也。'"

昔日职务层次分明，今人不知自己要干什么。

是学生，学"生"了没有？真要为人谋福利，有无认识自己的任务是什么？有几个学生弄清楚自己该学些什么了？以实际检讨自己。看别人不对，都忘了自己。为师者如懂得教学生的层次，焉会至此？本身事都没弄清层次，净看别人，怎能不乱？

士者，事也。

《白虎通·爵》："士者，事也，任事之称也。"

《说文》云："士，事也，数始于一，终于十，从一从十。孔子曰：'推十合一为士。'"士，最基层的公务员。

民者，瞑也，士不及化，可使守事从上而已。

《新书·大政下》："夫民之为言也，瞑也；萌之为言也，盲也。故惟上之所扶而以之，民无不化也。故曰民萌民萌哉，直言其意而为之名也。"《孝经援神契》以其冥冥无知。

"民者，瞑也"，目不明。不清楚，又如何成事？

士及化，达事理，官位可上升。"士不及化"，不能达事理，"可使守事从上而已"。

五号（君人五号）**自赞**（佐，称），**各有分**（fèn）。

"各有分"，各称（chèng）己分，身份，名分。

有几个学生与学生之分相称？忘了己分，就糟！

分中委曲，曲有名，名众于号，号其大全（大凡）。

分中各有名堂，得其委曲，各称其身份、名分。

"号其大全"，不是官大，乃化民之程度高否？

层次分明，自此练习入手。要仔细分析，锻炼己脑，要层次分明。

圣人并非不踩死蚂蚁，孔子一上台，即诛少正卯。不杀人，得到"仁者无敌"的境界。学会用心机，不是坏，是好坏事的转折点。

天下最难的是知人，知人知面不知心。周恩来，连敌人都赞美。基辛格对周，惊为天人！

名也者，名（当动词）**其别、离、分、散**（散名）**也。**

名，相似，"象其物宜"，并非绝对恰到好处。"圣人有以见天下之赜，而拟诸其形容，象其物宜"（《易经·系辞上传》）。

《系辞传》每句话都宝贵，了解深，益增智慧。没有深入，就不能启发智慧。

号凡而略，名详而目（名目而详）。

"略"，简也，要也，约要。用功少，曰略。"号凡而略"，凡例，略而言之；"名详而目"，目录，详而言之。"一事而再见者，前目而后凡也"（《春秋公羊传·僖公五年》传文）。名重于号，"号从中国，名从主人"（《春秋公羊传·昭公元年》传文）。

群奸竞舞，现是开头。现在主张"台独"者，已身历其境者，有点夜难眠了！立足要稳，不要成群丑，最后必折其首。盲从，群丑。"台独"，分裂国土，唯一死刑。冷静，现刚开始，到人家达目的为止。

没有切肤之痛，尚以为是别人的事，要切入。过日子，就求太平，万一兵临城下……现已是燃眉之急。要善用智慧，谁有智谁成就。偶一不慎，就丢掉一切。

目者，遍辨其事也；凡者，独举其大（概）也。

《中庸》"知风之自"，为"知凡之目"。大纲、凡例、目录。"凡"，独举其大；"目"，遍辨其事。

做事，必要有计划、有步骤，不可以情之所至，必要有立足之地。做什么，都有一定的路子。道，做事的方法。

知凡之目，凡例、目录，有伦有序，不可以本末倒置。从纲、凡、目、名、分，一层层地剥入，才有所用。是修养，也是功夫。

想问题，必自基本——四柱（年、月、日、时）入手，不能空想。想有为，找个平衡点，也得有做法。

《春秋》推见至隐，《易》由隐之显。智慧有层次，所以培智也必有层次。如人类从男女、名分开始，就有礼法、制度，此即智慧的层次。头脑要致密，早安排好，再天天修正，最后可以滴水不漏。

静坐，先问自己心静否，此即本。心要不静，能坐得住？你们如壶不静的水，能静坐？不到时候不成，什么都有层次。

生智慧，从降低欲开始，嗜欲深，天机浅。自己的嗜欲，自己知。我喜喝啤酒，但现已一年喝不到一瓶。人的欲停止，很不容易。老的没到一个程度，也办不到。用环境逼自己成圣。

要静坐，先心静，否则必出毛病。情欲不降，难以求智。练习怎么用脑，要想。放假拼命吃喝、玩乐，亦属于嗜欲，想静办不到。

求智，培元，元培。智，治也，利也，"智者利仁"（《论语·里仁》）；"元者，善之长也"（《易经·乾卦·文言》），善的老大。凡理万物，必探其源；治万事，必求其本。"蒙以养正"（《易经·蒙卦》），正，止于一，"变一为元"，止于元。不培元，善能长？自根上求。

这学期完全讲智慧之资产，暑假好好整理。办分会，必要有刊物联系。不怕难，要做。

想做事，先储蓄本钱，本钱充足再做事。学问，有学问的资本。想有成，自根上来，培元。自己毛病自知，必去毛病才能有成。我中气充足，不能小声说话。天下没有白得的事，五十年的工夫，能造点"谣"。我到这块土，即告诉同学："必也盘皇另辟天。"

书呆子没思想，有思想者文章生气蓬勃。你们的文章，令人一看就睡着，谁看？每天都要充实生命，文章含有生命。有生命的书，使人看了茶不思、饭不想，令人拍案叫绝。但意境、心境有别。功夫够，才有生命。

看一东西，不可以马虎，纲、凡、科、目，得分析清楚，一层一层地。如看不懂，岂不是去送礼？完全听命于人，岂不是儿皇帝？把良知拿出，将欲降低，想"以小事大"的方法。说话要言中有物，今后一天紧一天，将来不知谁披挂上阵。

自古，大事都非得女人去解决不可，可见治事之难！焉可掉以轻心，毫无准备，将国家大事当儿戏？说去就去，和谁开玩笑？

去，即代表这块土。办成，一百分；办不成，零分。

享鬼神者（之）**号，一曰祭**（四祭于宗庙）。**祭之散名，春曰祠**（食也，继嗣也），**夏曰礿**（yuè），**秋曰尝，冬曰烝**（zhēng，众也）。

传统思想是"鬼神观"，没有迷信。人死曰鬼，《说文》云："人所归为鬼。"祭家鬼即祖先。有遗德在民者曰神，各行各业有祖师庙。

四时之祭，缘天时，因地之利。

注，功夫如不够，则前后不能照顾，如朱子解"里仁为美。择不处仁，焉得知（智）"。自《孟子》"矢人惟恐不伤人，函人惟恐伤人；巫匠亦然。故术不可不慎也。孔子曰：'里仁为美；择不处仁，焉得知？'"依经解经，可知是讲择业。人的心境随职业转，如函人与矢人，故择业不可不慎，"慎斯术也"。杀生买卖绝不可做，业跟着走，"择不处仁，焉得智"？

猎禽兽者（之）**号，一曰田**（田狩）。**田之散名：春苗**（毛取之），**秋蒐**（sōu，搜索之），**冬狩**（守留之，田狩），**夏狝**（xiǎn）。**无有不皆中**（zhòng）**天意者。**

何休曰："田者，蒐狩之总名也。古者肉食，衣皮服，捕禽兽，故谓之田。取兽于田，故曰狩。"必田狩者，共承宗庙，不忘武备，为田除害。"不以夏田者，《春秋》制也。以为飞鸟未去于巢，走兽未离于穴，恐伤害于幼稚，故于苑囿中取之。"（《春秋公羊传·桓公四年》）"中天意"，合理，按天意行事，天德。

中国人必要懂得中国的思想，必注意一切的层次，自此了解一切，有条不紊。以元，消除际与界。思想得经时间的锻炼，是工夫。少读一本书，即出纰漏。

有大志者，得天天计划。我在五十年前，就告诉同学要研究非洲。中国人的特长，有"仁"的观念。

物莫不有凡号，号莫不有散名，如是。

《荀子·正名》曰："散名之在人者：生之所以然者谓之性；性之和所生，精合感应，不事而自然谓之性。性之好、恶、喜、怒、哀、乐谓之情。情然而心为之择谓之虑。心虑而能为之动谓之伪；虑积焉，能习焉，而后成谓之伪。正利而为谓之事，正义而为谓之行。所以知之在人者谓之知；知有所合谓之智。所以能之在人者谓之能；能有所合谓之能。性伤谓之病。节遇谓之命：是散名之在人者也，是后王之成名也。"

头脑要致密。写清楚，在分析清楚，层次清楚。

时，一天分十二个，"散名"：子、丑、寅、卯、辰、巳、午、未、申、酉、戌、亥。

一年四季，二十四节气，"散名"：冬至、小寒、大寒、立春、雨水、惊蛰、春分、清明、谷雨、立夏、小满、芒种、夏至、小暑、大暑、立秋、处暑、白露、秋分、寒露、霜降、立冬、小雪、大雪。夏至五月白天最长，冬至十月白天最短。

春天不可吃酸，要吃甜，但不可多吃，要有节。冬天吃萝卜煮汤，令气通，不淤积在六腑内。立夏后，要吃夏季东西，如姜、酸的，不要吃辣。酸能消暑。回家漱口，喝好醋。夏吃姜，用醋泡，《论语·乡党》"不撤姜食"。蟹，用醋泡姜丝。吃东西有一定，我按月、按时吃。吃绿豆，加冰糖或蜂蜜，去暑，可以不生病。喝冷饮，等于自杀。

小孩从小就要教育，母亲得有丰富的常识。贤妻良母乃一家的主宰，今天尽是"闲妻凉母"，因"女教"完全失败，女人不能负起责任，社会就完蛋了。

男人有胆在外乱搞，何以不敢承认自己的种？真不足以道也。男女皆循规蹈矩，家庭有个样子，谈何容易！

是故，事各顺于名，名各顺于天（自然）。**天人之际，合而为一。**

先讲结论。

"事各顺于名，名各顺于天"，"必也正名"，"名不正，则言不顺；言不顺，则事不成"（《论语·子路》），名正言顺。

"天人之际，合而为一"，就没有际、界。

同而通理，动而相益，顺而相受，谓之德道。

"同而通理"，才能"动而相益"，成德之术。

"顺而相受，谓之德道"，"率性之谓道"，乃修德之方法。

有智对事情看得透彻，智慧属天德、天爵，是性智。脑子会用，胆小亦可坐在屋中出主意，国民尽自己爱国的责任。

同治、光绪、宣统，一代断子绝孙，卑而亲。代善，嫡系，太祖的嫡子，尊而疏。

立奉元宗，还传统思想的本来面目。讲道，讲完热血沸腾。

有志，一步一步做。唯有人不可以机器制造。成功，厉害，在屋中坐五十年，绝对对得起国家民族。活着争荣宠，今又安在哉？赵孟贵之，赵孟贱之。唯天德与天爵永久。年轻何不立志？我"长白又一村"。

《诗》曰："维号斯言，有伦有迹。"此之谓也。

"有伦有迹"，人性的，"率性之谓道"，才成其王德、君德。迹，行出，"载之空言，不如见之于行事之深切著明也"，有了结果。

何以一些人情都不懂？光想到自己，没想到对方？不多给也得相抵，至少不叫人吃亏。和人相处最低要相抵，超过一点即人情。人家吃一次亏，下次不理你了。大事业绝不是一个人成功的，感情得时时培养。

深察王号之大意，其中有五科：

再讲演变的公式。

"王号之大意有五科"，有五个层次，五个阶段，五个德。

皇科、方科、匡科、黄科、往科。合此五科，以一言谓之王。

"五科"，五者缺一不可。

王者皇也，王者方也，王者匡也，王者黄也，王者往也。是故，王意不普大皇，则道不能正直而方。

一个层次一个步骤，但有连贯性。

"普大"，博也，大也，徧也，天人之总称，美大之称。"皇"，大也，美也，至大之美称，《白虎通》云："号之为皇者，煌煌人莫违也。"普大之结果，成绩。先修普大之德。要明白深意。

道不能正直而方，则德不匡运周遍；德不能匡运周遍，则美不能黄。

"率性之谓道"，"直其正也"，性直，"直方大，不习无不利"（《易经·坤卦》）。

德"匡运周遍"，正运普遍，"德施普也"（《易经·乾卦》）。

"黄"，"黄者，中和之色，自然之性，万世不易"（《白虎通·号》），"致中和，天地位焉，万物育焉"（《中庸》）。"君子黄中通理，正位居体，美在其中，而畅于四支，发于事业，美之至也"（《易经·坤卦·文言》），奉行中道，通于理，见之于行事，成德，成就事业。

美不能黄，则四方不能往；四方不能往，则不全于王。

"王"者，往也，天下所归往。《易经·师卦》"在师中吉，承天宠也"，中，喜怒哀乐之未发，"师，众也，能以众正，可以王矣"。

故曰：天覆无外，地载兼爱，风行令而一其威，雨布施而均其德。王术之谓也。

"天覆无外"，天，大也，"至大无外"，天无所不覆。天覆无外，至大无外。

"地载兼爱"，地无所不载，兼爱，包容，没有分别心。

"大哉乾元，万物资始""至哉坤元，万物资生"，学会宗旨：秉大至之要道。

"风行令而一其威，雨布施而均其德"，佛"同体大悲"，儒"民胞物与"。

一层一层地剥，最后能不见真章？五科的滋味，不可言传也。

注意推断事情的层次。任何一段能用上，则处理事情不会无伦无序。

"王术"，天下所归往之术，成王道之术。不经这么多步，绝达不到目的。都有完整的构思。

深察君号之大意，其中亦有五科：元科，原科，权科，温科，群科。合此五科，以一言谓之君。

"君号之大意，其中亦有五科"，亦有五个层次，五个阶段，五个德。

有其笔法。"王"与"君"有别，责任不同，行为不一。德行不同，做法不一，成就不同。

君者元也，君者原也，君者权也，君者温也，君者群也。

君者，元也，原也，权也，温也，群也。

是故，君意不比（bì）于元，则动而失本；动而失本，则所为不立；所为不立，则不效于原；不效于原，则自委舍（委卸）；自委舍，则化不行。

"元，犹原也，其义以随天地终始也"（《玉英第四》）。

《汉书·董仲舒传》云："《春秋》……谓一为元者，视大始而欲正本也。"奉元，就不失本。

下有脱文。

用权于变，则失中适之宜；失中适之宜，则道不平、德不温；道不平、德不温，则众不亲安；众不亲安，则离散不群；离散不群，则不全于君。

"君者，群也"，君者，群之首也。

名生于真（名词），非其真，弗以为名。名者，圣人之所以真（动词）物也。名之为言真也。

谈名。

《玉英第四》云："是故，治国之端在正名，名之正兴五世，五传之外，美恶乃形，可谓得其真矣。非子路所能见。"

子路问为政，孔子答"必也正名乎"，"名不正，则言不顺；言不顺，则事不成"，"名之为言真也"，"君子于其言，无所苟而已矣"（《论语·子路》）。今皆失真，求真难！道家重视真，真人，人之生也直，直人即真人。

不懂时，就失时；时至，没抓住。养一群浑蛋，还不如养猪，有什么用？不知自己的责任，就自欺。这社会，就某些知识分子败坏的，欺尽天下，求己之所欲，害尽天下苍生。看某些大学教授，天天干什么？身为大学教授，给人当走狗，不丑？一点人性不存，完全兽性，给他一巴掌。

天下无难事，就怕有心人。就你心不专，谁受你骗了？百年的苦难，还尽受人支配，还有良知？"照单没去任何一个"，因你送单没有凭据。用什么作证明？有智慧？如此大事，无一片纸就回。什么都不懂，怎不动而失本？何不早做准备？有层次地说出理来。

人必讲究人与人的关系，家中必处之以礼，才不会乱。真理只有一个，叫天下人公证，却去开完酒会就回，岂不滑天下之大稽？多幼稚！

应说出自己的立场，有一套书面文章。写不写，自己尽责；看不看，他的事。万一他看了就有用，焉能存"写了他不看"的心理？至少可以启发对方的智慧，自己也尽了责任。

学为奴简单，就役于人。如想役人，就得有超人的智慧。"望之不似人君"（《孟子·梁惠王上》)，焉能役人？"古之学者为己，今之学者为人"（《论语·宪问》)，学将来好找职业，那岂不是学为奴？为政，得学鸡鸣狗盗。"圣人不能生时，时至而不失之"（《淮南子·览冥训》"圣人者，不能生时，时至而弗失也"）。时至，要下海，必要有智慧。

组织成立，早或晚不重要，要有力量、有作用。团体必要合作，要宁缺毋滥。

对经书有看法，但必依经解经，有根据再申诉，不可以臆说。孔子说："吾岂匏瓜也哉，焉能系而不食？"（《论语·阳货》）表明自己并非画饼充饥，可见"载之空言，不如见之于行事之深切著明"，是要实行的。要作有用之学，学完得能用出。

佛家念佛，念念不忘在心，应知行合一。三称佛，非三念佛。儒讲念兹在兹，思想与行为合一。

练习实用。环境变，有无想？能说与自己无关？自己没有责任？应脚踏实地。"必也盘皇另辟天"。净读文字，绝不用脑子想，有用？今天找不到一有用之人，能面对社会、会解决问题的。

汉后的书，较易明白，但净抄书，没有思想家。《论衡》有革命思想，不一定批评对，但有其想法。《易》中，有许多话难以明白，不知何以如此？距离特别远。有几句合乎人性的话，较易明白。只能就明白的接受，不明白就不要牵强附会。孔子怎么删订《易经》《尚书》的？不得而知。《诗经》勉强，说那时的普通话。必要知其所以，"知所先后，则近道矣"，不"知所"，还扯什么？不明白就乱写，得害多少人。自以为是！有工夫，好好读书吧，你们还早得很！《通鉴辑览》是一部小廿五史，眉批是乾隆帝批的，绝不同于书呆子，批得既无见地又无思想。

小孩子得严格教，必得有步骤。一天一封《曾文正家书》，叫他说一说，到底讲些什么？前人讲了，据此深思，"思而不学则罔"（《论语·为政》）。

蒋庆《引论》，懂"公羊学"，以后可请他来讲"公羊学"。读完此书，再看熊十力的书，绝对有系统。

兵器都没见过，还谈兵法？自欺欺人。我读书的看法，绝不与一般人同，得自我母亲，她绝对聪明，但严格。我常被罚跪，想通再起来。老同学读《人物志》，一篇至少碰三次钉子。你们一本书，不读几遍不会懂，应置于床头好好读。

故凡百讥有黮黮（dàn，黑）**者，各反其真，则黮黮者还昭昭耳。欲审曲直，莫如引绳；欲审是非，莫如引名。名之审于是非也，犹绳之审于曲直也。诘其名实，观其离合，则是非之情不可以相谰**（lán，诬言相加）**已。**

《荀子·劝学》曰："木直中绳，輮以为轮，其曲中规，虽有槁暴，不复挺者，輮使之然也。故木受绳则直。"

今世暗于性，言之者不同，胡不试反性之名。性之名非生与？如其生之自然之资，谓之性。性者质也，诘性之质于善之名，能中之与？既不能中矣，而尚谓之质善，何哉？性之名不得离质。离质如毛，则非性已，不可不察也。

《孝经钩命诀》曰："性者，生之质，若木性则仁，金性则义，火性则礼，土性则信，水性则智也。"

《春秋》辨物之理，以正其名。名物如其真，不失秋毫之末。故名霣石，则后其五；言退鹢（yì），则先其六。圣人之谨于正名如此。"君子于其言，无所苟而已"，五石、六鹢之辞是也。

《春秋经》僖公十六年，《穀梁传》曰："君子之于物，无所苟而已。石、鹢且犹尽其辞，而况于人乎？故五石、六鹢之辞不设，则王道不亢矣。"

《孔丛子》："平原君曰：至精之说可得闻乎？答曰：其说皆取之经传，不敢以意，《春秋》记六鹢退飞，睹之则六，察之则鹢。"

《文心雕龙》曰："《春秋》辨理，一字见义，五石六鹢，以详略成文。"

栣（任制，禁也）众恶于内，弗使得发于外者，心也。故心之为名栣也。人之受气，苟无恶者，心何栣哉？吾以心之名，得人之诚。人之诚，有贪有仁。仁贪之气，两在于身。身之名，取诸天。天两有阴阳之施，身亦两有贪仁之性。天有阴阳禁，身有情欲框，与天道一也。

《释名》曰："阴，阴也，气在内奥荫也。阳，扬也，气在外发扬也。"

"公羊学"的几个要点，必要好好研究清楚，没有新发现，至少也不能错，不要净瞪眼造谣。

《春秋》没读，怎么读《史记》？我教学，绝对有层次。阮芝生从"公羊学"到《史记》，但其脑子想得特别窄，将我的"伟业"变成"尾业"。不读书，就好名！如《周官》与《春秋》早配在一起，今天早成"长白又一村"的伟业。

什么都有一套，我每天都有一套。妙说得出，就不妙了！妙在不言中，"此六时滋味，不可言传"！

是以阴之行不得干春、夏，而月之魄常厌于日光，乍全乍伤。天之禁阴如此，安得不损其欲而辍其情以应天？

《礼记·月令》疏："月是阴精，日为阳精。"

张衡《灵宪》曰："夫日譬犹水，火则外光，水则含景（影）。故月光生于日之所照，魄（月亏）生于日之所蔽；当日则光盈，就日则光尽也。"

天所禁而身禁之，故曰身犹天也。禁天所禁，非禁天也。必知天性不乘于教，终不能框。察实以为名，无教之时，性何遽若是？

实至名归。

故性比于禾（嘉谷也），善比于米。米出禾中，而禾未可全为米也。善出性中，而性未可全为善也。善与米，人之所继天而成于外，非在天所为之内也。天之所为，有所至而止。止之内谓之天性，止之外谓之人事。事在性外，而性不得不成德。

《淮南子》曰："孔子见禾三变，始于粟，生于苗，成于穗，乃叹曰：'我其禾乎！'"

《竹林第三》曰："天之为人性命，使行仁义而羞可耻，非若鸟兽然，苟为生，苟为利而已。是故《春秋》推天施而顺人理。""今善善恶恶，好荣憎辱，非人能自生，此天施之在人者也。"

民之号，取之瞑也。使性而已善，则何故以瞑为号？以贯（当作"瞑"）者言，弗扶将则颠陷猖狂，安能善？

凌注："《庄子》曰：'猖狂妄行。'《广韵》云：'狂病也。心不能审得失之地，则谓之狂。'"

性有似目，目卧幽而瞑（古"眠"字），待觉而后见。当其未觉，可谓有见质，而不可谓见。

《释名》云："目，默也，默而内识也。"

今万民之性，有其质而未能觉，譬如瞑者待觉，教之然后善。当其未觉，可谓有善质，而未（诏本作"不"）可谓善，与目之瞑而觉，一概之比也。静心徐察之，其言可见矣。性而（如也）瞑之未觉，天所为也。效天所为，为之起号，故谓之民。民之为言，固犹瞑也，随其名号以入其理，则得之矣。

看思想怎么变化，特别重要。

读《易》，非在卜卦，是要智周万物，道济天下。天民，天子，继天之志、述天之事。要懂得怎么用智，教导下一代。智周万物，道济天下，天人合一，比"多说造就人的话"（《圣经·以弗所书》）意义深刻。

鬼神观，人死曰鬼，祭家鬼；有遗德在民曰神，妙万物而为言（然）也。"妙万物"比"造物"高，看人骨之美、小虫子之奥妙！

神鬼，宗教观。何以迷信？就贪。真有极乐世界？不过投以人之所欲。假宗教之名以正人心，可以肯定；说往生是上极乐世界，可以相信？如真有鬼，那冤死的何以还要警察为他破案？

做完事，心里舒服，即道。"天命之谓性"，况，"率性之谓道，修道之谓教"，先觉觉后觉。思想是一贯的。

宗教，地方产物，有其环境。要突破一切迷信。性生万法，以古人智慧启发自己的智慧。是接着前人，非作注解。

是正名号者于天地，天地之所生，谓之性情。性情相与为一瞑。情亦性也。谓性已善，奈其情何？故圣人莫谓性善，累其名也。身之有性情也，若天之有阴阳也，言人之质而无其情，犹言天之阳而无其阴也。

《孝经钩命诀》云："情生于阴，欲以待念也。性生于阳，以就理也。阳气者仁，阴气者贪，故情有利欲，性有仁也。"

穷论者，无时受也。名性，不以上，不以下，以其中名之。

"唯上知与下愚，不移"（《论语·阳货》）。

性如茧如卵。卵待覆而为雏，茧待缲而为丝，性待教而为善。此之谓真天。

《韩诗外传》曰："夫人性善，非得明王圣王扶携，内之以道，则不成君子。"

"性待教而为善"，董子不主性善。
韩愈《原性》谓："性之品有上、中、下三。上焉者，善焉而已矣；中焉者，可导而上下也；下焉者，恶焉而已矣……上之性，就学而易明；下之性，畏威而寡罪。是故上者可教，而下者可制也。其品则孔子谓不移也。"受董子的影响。

天生民性有善质，而未能善，于是为之立王以善之，此天意也。民受未能善之性于天，而退受成性之教于王。王承天意，以成民之性为任者也。今案其真质，而谓民性已善者，是失天意而去王任也。万民之性苟已善，则王者受命尚何任也？其设名不正，故弃重任而违大命，非法言也。

董子论性，不同于性善说。

《春秋》之辞，内事之待外者，从外言之。今万民之性，待外教然后能善，善当与教，不当与性。与性，则多累而不精，自成功而无贤圣，此世长者之所误出也，非《春秋》为辞之术也。不法之言、无验之说，君子之所外，何以为哉？

《荀子·正名》曰："无稽之言，不见之行，不闻之谋，君子慎之。"

或曰："性有善端，心有善质，尚安非善？"应之曰："非也。茧有丝而茧非丝也，卵有雏而卵非雏也。比类率然，有（又）何疑焉？"天生民有《六经》，言性者不当异。然其或曰性也善，或曰性未善，则所谓善者，各异意也。性有善端，动之爱父母，善于禽兽，则谓之善。此孟子之言。

董子的性论，不同于孟子性善说。

循三纲五纪，通八端之理，忠信而博爱，敦厚而好礼，乃可谓善。此圣人之善也。

董子谈"八端"，究何所指？未详。孟子谈"四端"，仁义礼智。

是故，孔子曰："善人吾不得而见之，得见有常者斯可矣。"

《论语·述而》：子曰："圣人吾不得而见之矣，得见君子者斯可矣。善人吾不得而见之，得见有常者斯可矣。"

由是观之，圣人之所谓善，亦未易当也，非善于禽兽则谓之善也。使动其端善于禽兽则可谓之善，善奚为弗见也？夫善于禽兽之未得为善也，犹知于草木而不得名知于（他本"之有"）。万民之性善于禽兽，而不得名善知之名，乃取之圣。圣人之所命，天下以为正。正朝夕者视北辰，正嫌疑者视圣人。

凌注："《诗》疏：《匠人》云：'水地以县，置槷以县，视以影。为规，识日出之影与日入之影，昼参诸日中之影，夜考之极星，以正朝夕。'注云：'于四角立植而县以水，望其高下。高下既定，乃为位而平地。于所平之地中央，树八尺之臬，以县正之。视之以其影，将以正四方也。日出日入之影，其端则东西正也。又为规以识之者，为其难审也。自日出而画其影端，以至日入既，则为规。测影两端之内，规之，规之交乃其审也。度两交之间，中屈之以指臬，则南北正也。日中之影最短者也。极星，谓北辰也。'"

圣人以为无王之世，不教之名，民莫能当善。善之难当如此，而谓万民之性皆能当之，过矣！质于禽兽之性，则万民之性善矣；质于人道之善，则民性弗及也。万民之性善于禽兽者许之，圣人之所谓善者弗（卲本作"勿"）许。吾质之命性者异孟子。孟子下质于禽兽之所为，故曰性已善；吾上质于圣人之所善，故谓性未善。

凌注："谓性善，则民思尽性矣；谓性未善，则民思化性为善矣。上质下质虽不同，其待上明善，则一也。"

善过性，圣人过善。《春秋》大元，故谨于正名。名非所始，如之何谓未善、已善也？

各遂于自然，天。得道，"率性之谓道"。得道与道德，层次不同。

现在才知熊十力晚年之叹，来不及写了！明白再写，就老了！但老教授有临床经验，宝贵！

好好读外国语，必要精一个，好好学，三年有成。得能达意，必下功夫。非不能也，是不为也。以教书为专业，何以不能天天读书？不读书，发言能有智慧？就读几本书，根本不学无术。

对什么热一会儿，就完了，且不辨是非，应深究之。现又《静思语》，能维持多久？应自此调整。不管好坏，只要有新玩意儿，全盘接收，热一会儿，就丢了。知识分子应有辨别力，"智周万物，道济天下"，"裁成天地之道，辅相天地之宜"。

离开"一个中国"，全世界都不承认。对事头脑清，才能接着想很多。要点必要懂，无脑焉能成事？现大声、小声说，都没有用，要点是结论。

　　刘向《孙卿书录》："孟子者，亦大儒，以人之性善。孙卿后孟子百余年，孙卿以为人性恶，故作《性恶》一篇，以非《孟子》。至汉兴，江都相董仲舒亦大儒，作书美孙卿。"

　　孔子曰："名不正，则言不顺。"

　　《论语·子路》曰："必也正名乎！""名不正，则言不顺；言不顺，则事不成；事不成，则礼乐不兴；礼乐不兴，则刑罚不中；刑罚不中，则民无所措手足。"

　　"必也正名乎"！什么叫名正言顺？"名正"的标准是什么？这是一真正实的事。要知自己名不正，就不出毛病了。现在事，到底谁名正？以时事印证。冷静想，有几人说人话？社会上到底有几个人是人？自以为明白，其实是非不清。看将来怎么结果，要实证。

"必也正名乎！"那"正"的标准是什么？要好好塑造自己，如大家都感到需要你，游说你非出来不可。何不见贤思齐？一个人不能修己，光知嫉妒，"怠者不能修，忌者畏人修"。

看台湾两个年轻的湖南人——宋、马。同学又如何？我每天都感慨，完全不知所云，家庭教育很重要。像个人样？望之不似人君。人家好，应研究，何以人家会捷足先登了？何以这块土的人做事必得错？是你自己没出息，才分大陆人、台湾人。不必嫉妒，谁的眼睛都是雪亮的。都同一块土长大，出自同一学校，何以相差如此大？最大的毛病，就是不懂自己不懂，**遇事绝没办法**。必懂怎么培养智慧。今后面对的都是实，就看你有没有质。

我选文，有关联性。言论始终如一，有所据的。

今谓性已善，不几（jī，近也）于无教，而如其自然！又不顺于为政之道矣。且名者性之实，实者性之质。质无教之时，何遽能善？

"继之者善也，成之者性也"。中国文化确实得重振的时候了，必下功夫，按部就班做。

"大哉乾元"，始的力量，"万物资始，乃统天"；"大明终始"，否则将绝种。"时乘六龙以御天"，能驾驭天下事。"六位时成"，意义特别深，一切东西都经过：一个始、壮、究，又一个始、壮、究，即终始，终而又始。"乾道变化，各正性命。保合太和，乃利贞"，"首出庶物，万国咸宁"。中国人的思想特别圆融，绝不走偏。

社会上最可怕的，就是人之为道。宗教就是说鬼话，圆通大士怎么圆通的？熊十力批评佛教，因他真懂佛学。

从头整理中国的思想。同学搞政治的才智不足，可以做书呆子。但书呆子成不了大事，要如孔子、老子。必前后左右看一问题，师父领路，不必跟着想。

罗贯中多有才智，一部《三国演义》把中国史翻版了，对人类有影响。真有一样站得住，对人类就有贡献。把目标订得远远的，何必抄书？刘备没那么伟大！树立一个政府思想，用尽方法维护其思想观。此自廿五史来的疑惑。《儒林外史》亦不错，但影响力不如《三国演义》。正史有《儒林传》，吴敬梓写《儒林外史》，有所不同？

"正"，含有主观，人皆自以为正。"卯上了"，正这个卯，正中之正。孔子上台，第一个杀少正卯。社会事，如他说话就信，是浑蛋的立方。自以为正，还卯上了。每个人都能自圆其说，不要从小就学"正卯"。

一开始"蒙以养正"，止于一，止于正，止于至善。天天有正的观念，那什么是正？社会上绝不会没有一点真理，应自修，见贤思齐。一般人不知正视问题。

善如米，性如禾。禾虽出米，而禾未可谓米也。性虽出善，而性未可谓善也。

禾，嘉谷；粟，嘉谷实；穗，禾成秀；米，粟实。要懂得层次。

性出善，亦出不善，"性未可谓善也"。最大的不善，即独占。

中国人法天，则天。天道尚公，天生万物，每个人都有使用权，但有独占的，造成不善、不公，所以社会要革命。大前提要弄清。则天，法自然观念的树立，要公天下，"大道之行也，天下为公"，违此原则，即私。"公"，八（相背）厶（私），《说文》云："平分也。"《韩非子·五蠹》曰："自环者谓之私，背私谓之公，公私之相背也。"

追源，深深地思考。老子"生而不有，为而不恃"，孟子"万物皆备于我"。独占，是性或情？性，有善、恶。

无善、恶？法天，法自然，没有私即公，就没不善。

中和，指用说，是情，非性，"礼之用，和为贵"。见什么，喜什么，即情。动情，有独占心？无论大小环境，属于自然的，都没有私，即公。度制，均也。必加以深思。头脑致密，就有主宰，懂性与情，就不泛情。愈是维护，愈显自己的糊涂。父母对你而言，犹有私见，况其他乎？一有"情"，就藏有"昏"在里头。

米与善，人之继天而成于外也，非在天所为之内也。

这句话，合理在什么地方？不合理在什么地方？

凡人为文，都有其主观见解。将似是而非的脑子，用这篇清理清理。社会何以乱哄哄？因对事根本无清晰的辨别，皆在权与势下。

天所为，有所至而止。止之内，谓之天；止之外，谓之王教。王教在性外，而性不得不遂（成）。故曰性有善质，而未能为善也。岂敢美辞，其实然也。天之所为，止于茧麻与禾。以麻为布，以茧为丝，以米为饭，以性为善，此皆圣人所继天而进也，非情性质朴之能至也，故不可谓性。

茧、麻、禾，皆有形，怎么来的？

都往太空发展，将相碰撞，如何解决？自基本解决，用老子的"归真返朴"，《老子·第十九章》："见素抱朴，少私寡欲。"要解决实际问题。今人多有压力，心理上不舒服，能体会陶渊明的时代？现在你不惹人，人要惹你。用的问题，自体上下手，返回本。明知不对，做了，一个"私"字。人是人，非畜生。名位能不慎乎？"圣人之大宝曰位"（《易经·系辞下传》）。

"由辨之不早辨也"，《易经·坤卦》即讲辨，好好分析，看如何用脑。乱、无头绪，乃无致密的头脑。某些人对时事的隔阂，真是惊人！尽吃不纳税的饭，真是什么人玩什么鸟。应世必得用智，智者的先决条件——不惑。先问对自己惑不惑？有无止于智？有止的功夫，才能得。止于智，得于智。

岛内政局之所以乱，因坐在屋中讲，而所行皆男盗女娼。读书人之卑鄙，已到"不是人"的境界。天下无不劳而获的事，没智能应世？智勇都无，哪有仁可言？慈济，哪儿有苦就到哪儿。我讲五十年，比不上证严。要会用脑，能不重视自己的事？好好认清问题。无智，能为台谋幸福？要用智。

环境，天时、地利、人和，做事业永不出这三个。非不能也，是不为也，哀莫大于心死。我真关心台湾，但确实到该撤退的时候了！你们用事，绝没有考虑环境，爱怎么做就怎么做。

哪一朝代胜利了，向前朝报复？容乃大。刘邦入咸阳，约法三章。一人做，万人瞧。无情无义，将来被报复。蒋夫人说："没想到这样的不知恩。"这也不是我们能改造的，完全不知"居高思危，满而必溢"。

不要以为你们不能做事，马、宋会用心，你们就丢了心！宋并非世家出身，但至少懂湘风。湖南自清末以来无出汉奸。

成立两岸民间交流协会，背景要清新。搞组织，非纯做买卖，必有所为。

做间谍，必上智之士，"唯圣者能使间"（《孙子·用间》），姜尚在殷，殷就完了。昔日训练一间谍，脑子不知要洗多少次。最近在为你们洗脑。你们每天动过脑？没有用世的智慧能应世？

有机会应好好做才对，应为台湾好好树立文风。为子孙计，绝不能马虎。

正朝夕者视北辰，正嫌疑者视圣人。圣人之所名，天下以为正。今按圣人之言中，本无性善名，而有"善人吾不得见之矣"（《论语·述而》）。**使万民之性皆已能善，善人者何为不见也？观孔子言此之意，以为善难甚当。而孟子以为万民性皆能当之，过矣！**

看孔子、孟子、荀子、董子对性的看法如何？同与不同之处何在？

圣人之性，不可以名性；斗筲之性，又不可以名性。

《论语·子路》:（子贡）曰:"今之从政者何如？"子曰:"噫！斗筲之人，何足算也。"

名性者，中民之性。中民之性，如茧如卵。卵待覆（孵）**二十日，而后能为雏；茧待缫**（sāo，将蚕茧煮过抽出丝）**以涫汤**（涫音guàn，翻滚的水）**，而后能为丝。性待渐于教训，而后能为善。善，**

教训之所然也，非质朴之所能至也，故不谓性。

内必有缺文。

《埤雅》："今鸡鹜孚卵鸡，二十日而化。"

母鸡孵卵，必识时、知机，待二十日，而后能化为雏。

性者宜知名矣，无所待而起，生而所自有也。善所自有，则教训已非性也。是以米出于粟，而粟不可谓米；玉出于璞（璞玉，未琢者），而璞不可谓玉；善出于性，而性不可谓善。

《春秋说题辞》曰："粟助阳扶性，粟之为言续也。粟五变：一变而以阳生为苗，二变而秀为禾，三变而祭，然谓之粟，四变入臼米出甲，五变而蒸饭可食。"

其比多在物者为然，在性者以为不然，何不通于类也？卵之性未能作雏也，茧之性未能作丝也，麻之性未能为缕也，粟之性未能为米也。

《春秋说题辞》曰："麻生于夏。夏，衣物成礼仪，故麻可以为衣。阳成于三，物以化，故麻三变，缕布加也。"

董子不主张性善说。

《春秋》别物之理以正其名，名（当动词）物必各因其真。真其义也，真其情也，乃以为名。名霣石则后其五，退飞则先其六，此皆其真也。圣人于言，无所苟而已矣。

《论语·子路》：子曰："君子名之必可言也，言之必可行也。君子于其言，无所苟而已矣。"

性者，天质之朴也；善者，王教之化也。无其质，则王教不能化；无其王教，则质朴不能善。质而不以善性，其名不正，故不受也。

其立论之主旨何在？如不赞成，要破题。

满心嫉妒的人，什么也不能接受，就恨。不嫉妒，就见贤思齐。

每天净唱独角戏，久而久之，大家都看厌了。没有深度，发表的言语令人泻肚。净作秀，不知当务之为急。何以没有想法、做法？就是做，为生活做，为子孙计。

要学真本领，外面狗打架的事做参考。一个政治家，不可以把心里话都说出。要看住本位，不要做梦。中国的经、史、子、集无一不谈政。

必有志，知道自己要干什么。有志，才能知止。"吾十有五而志于学，三十而立"（《论语·为政》），读大学选科系，非选好职业。忘了一切操之在己，何以要仰赖别人？要别人说好坏，程度也未免太低了！

古人作书的目的，是在留给后人作注用？何以如此糊涂，要点都没有抓住，还算读书人？为《老子》注了六万言，懂得《老子》一书的终极目的？老子骑青牛过关，被关尹子截住，留下五千言，其宗旨何在？对后人有何期许？读《老子》，要得什么好处？要是无所得，能懂"道，可道，非常道；名，可名，非常名"（《老子·第一章》）？

"公羊学"讲什么？我在日本时代抗日，在蒋家时代反蒋，今天反"台独"，脑子与一般人不同，此精神即自"公羊学"来。没脑子的能读懂"公羊学"？要好好努力，人必要有正知正见。你们搞"台独"，就是毁灭，没这个脑子。"虽千万人，吾往矣"（《孟子·公孙丑上》），况两千万小老鼠？"有所不为"（《论语·子路》），有守才足以有为，有守有为。

有志不在年高，在头脑清晰。可惜我没有这个学生，四十岁写《引论》。阮芝生写的《公羊》论文，只是文辞，没有学术生命。如何使脑子特别清楚？要高智慧与修养。研究"公羊学"与《史记》，在学术上可以有所立。如不深究，乃自欺。学术必要有生命。智慧差得太远了！《引论》应人人一本，可知"公羊学"是什么。

"公羊学"要通读全经，前后印证，必得用得上才通。作注的，大骗子。得拿出经书的真精神，马上用上。要做，否则再二千年，仍这么浑！好好面对古圣先贤留下的智慧财。千万别把智慧、时光用于无用武之地。在乎真知，不要自欺。

来台就两个好人：龚德柏（1891—1980）与成舍我（1898—1991）；指知识分子而言。真正的好人，则是大兵，"大"，赞词，无害人的智慧。龚，湘人，留日，极认真，抗日时对中国贡献大，办《救国日报》，得罪陈诚（1898—1965），来台被押。成舍我，在北平造反。陈诚、蒋、宋均被骂，龚来台，被关了十年，无审讯，后陈雪屏（1901—1999）带成舍我将龚请出。老蒋同乡必要给龚下跪。龚要儿子学医救人，其子台大毕业后留美。

成固值得纪念，龚更值得纪念，始终苦斗，没享过一点福。

成办小报，报社就在皮包中，油印出刊；至办世新时，已忘了舍我。今有良知的读书人有几人？必彰隐彰微。

英国撒切尔夫人（1925—2013）表示，其自传说真话，但必死后才出。社会最难得的即真。老子称"真人"，即儒之"至圣"。真人，第一步要"得一"。怎样得一？《春秋》与《大易》均讲"一与元"。

今后要训练会用脑，不能做腐儒。杜甫《江汉》诗说："江汉思归客，乾坤一腐儒。"在专制时代，有清楚头脑的读书人何以不得志？因有权势者不能接受。"博学鸿词科"害尽多少人的良知，代表大浑蛋。

必有所立，才能用智。成立"华夏满族精一基金会"，一生必有一件事要精，入手处"惟精惟一，允执厥中"。有几个精一的东西？董子与何休真传道了！其余皆传盗，六十万字，无一自己发明的，盗人的智慧。

读懂《论语》了？是"传不习乎"，非"传不注乎"。习，鸟数飞也，鸟屡次试验着飞。要真了悟，然后去做。或三次即会，或一百次才会，皆习。传习，是行道。实习，目的在脚踏实地干。"吾日三省吾身"，每一德行，都检讨自己做得彻底与否？这么学这么做，否则《四书》也没读懂。朱子注《四书》，儒家之禅宗，历代帝王用以愚民。

读书人必得有天心，以天心为己心。《易经·复卦》"复其见天地之心乎"，以性智为己智，"率性之谓道"。何以不说"明其天地之心乎"？明，终始，为天之道，亦即自然之道。复，道之机、生之机。以天心为己心，是机。以生机为己心，以率性为己智。

此为实行的入手处。

《大学》"在明明德"，即明"尊生之德"于天下，"在"字是肯定的。尊生之德，即生生不息，为大本；"在新民"，"苟日新，日日新，又日新"，有生命力，非禅宗的；"在止于至善"，即佛的"止观"：定慧双修，无此功夫，什么也成不了。

智慧不进步，怎么做事？人和禽兽相差，几希！明白了，才知怎么做。破坏容易，建设太难！由功业到灾难。讲理，伐不服，王道与霸道。

必要从自己训练起，本身无德，怎么带人？我就懂真理一个，什么都不听。不必防，万里长城没有用。往远看，不必争目前。

怎样组织训练，以达到华夏？全世界人口，四人中就一个中国人，华夏思想绝对办得到。要懂得怎么用智慧，中国人头脑致密！看中国织锦之细致，工人头脑就如此致密。

知止，定得住，人没差多少。我会背书，喝茶，想，快快作笔记，一切自己打理。我喜听程腔。

"惟精惟一"，得精一，有招牌。成就大事业，得"允执厥中"，允，信，诚，"允"的功夫不可缺，"允"字可怕！得静思，下功夫，之后得自己先做。社会上利诱太多，守得住？

《大易》与《春秋》为书院的主经，《诗》《书》《礼》为辅。承奉元宗，开辟长白又一村。人必要有志，有始有卒。做一辈子，即大业盛德。无论干什么，有志就有成。

为文，必要有生命力，即自己能行。同学的文笔不行。领导人，孝、慈、义，三缺一不可。本身不完整，如何领导人？

必练习有机会就讲学。新"夏令营"，又不是训练兵，何不用"坛"？何以不敢有正知正见？孔子讲学即杏坛。求元坛、止得坛，求元得元；位育坛，致中和，天地位，万物育，大人者与天地合其德；奉元坛，奉元行事。求仁坛，为小孩讲学，告诉他找两个好朋友。

划拳，"哥俩好，即仁，你和我好；"八匹马"，八骏图；"六六大顺"，顺利。三个开场白，接下来就是输赢了，输了喝酒。两个、两个……无穷数。时学，真明白，都能用。八骏图，八个最伟大的企图。乡下百姓无法行酒令，是划拳。人智不伪的，从开始就伪。

女人喝花瓣酒，老太太用传花。下人完全靠收小费。我家丫鬟，出外不可以收赏。有世爵的寒门，旁边人限制不超过几人。

有个地方好好讨论问题，由同学讲。必真读书，再讲思想，得有所本。讲学、思想必用脑。博、硕士证书，与书本之分家单。

我立的志，一分都不变。中国至汉成形，胡人想娶刘邦的老婆。给中国振威风的是元、清。那一村，建立泱泱大国，实质，财富；又一村，建立理想的泱泱大国，属于人类的。我整天忙，晚上睡二三个小时，三点半即起。

读书，在改变器质。无所得，器质绝不能改变。今天教授，严格说，连学生也不够，不稳重，自己一点也不修，搞什么为人师表？学文史哲的，不可以掉以轻心。要知每人的动机，好坏不论。好自为之，自己要奋斗。有志者，为己志，可以牺牲一切。一个人活着，必得有所为，活一天做一天。前人种树，后人乘凉。

在台湾，就我成功了，无论什么时代，不改己志。人的忍，是无法抵挡的力量。真假自己能不知？自己解决自己的问题。只要我活得长，你绝干不过我。我现身说法，要你们不要趋炎附势，立身才能行道。《孝经·开宗明义章》"立身行道，扬名于后世，以显父母，孝之终也"，加上"中于事君"，乃汉后思想。要深思熟虑，不可以大而化之即过去，如此，才可以读出精华，即经的真义。

"乾知大始"，一般以乾知道大始。但乾用什么来大始？乾以"知"来大始，缺"知"就不能大始。昔日，说生孩子为"开怀"。花缺知，也不能生种子，借蜜蜂传种，此即神，"妙万物而为言者也"。看中国人的智慧，多么冷静！妙，形容词当动词用。"大明终始"，终始万物的是"明"，而始万物的是"知"。

要赶上时代，必树立学风。世铎精庐（教外国学生），天德黉舍，奉元书院，华夏学菀（苑）。异说横行，无法说出正格的，必要依经解经。

《春秋》在拨乱反正，不懂得拨乱反正之要、之术，白读了。什么乱都得除，要返正。自己有无得正？父母生子，其次要养正，"蒙以养正，圣功也"。自出生，尊生；生了得养，养正。养正，知止而后有得。止于一，即正，得正即得元。

要除今之乱，返于正。《大易》与《春秋》相表里。没学正，怎么返正？养正之入手处，在改变器质。

选一选，挑一挑，不够仔细，要用"拨"。大的可以挑可以选，拨一拨。"剔"，发现小东西，如剔牙，挑剔，挑灯夜读。了解字义，明白这些小动作，才知精髓之所在。

怎么明白一文？要如我所讲。自陈立《公羊义疏》中挑选、拨剔，一句话，可想三天，或是几个月，忽地明白了。有志之士，一个明白就成了。

我在乱世中，绝不改变。焉知将来不成就又一村？前一村，有界与际；又一村，以"元"化界与际，天下一家，一统。《春秋》讲"大一统"，必守住正，"大居正"，守住正不易！养正就能用，第一步守正。能居正，慢慢就一统，要除界与际。元命苞（物丛生），元胞。《春秋元命苞》（纬书之一种，其书已佚，仅存遗编残图），解释《易经》及《春秋》之书，其成果即元胞。天德，天有好生之德，反战，讲《大易》与《春秋》之入手处。古人非无明白者，是承学者太糟。绝不可以掠前人之美，不要都认为是自己发明的。学术是接着讲，非照着讲。你们也必接着我讲，"传不习乎"，"学而时习之"，时习堂。

现为众生讲，非徒为台湾而已。你们要冷静，学实学。

我今天以受孙女气为最大的享受，把我对付她的样子对付我。"六爻发挥，旁通情也"（《易经·乾卦·文言》），该通的通，类情。

人很少是好人，想做好人，得用礼与义，《春秋》者，礼义之大宗也"，多少缺德事，都假美名以行之，"君子不处嫌疑间"，想守住，必用礼与义，"约之以礼，亦可以弗畔矣"（《论语·雍也》）。把自己的格调升高，以承学之志。

读任何书，绝不可马虎，都必经此步骤。"乾知大始，坤作成物"，"至哉坤元，万物资生"，"含弘光大"，含"知、弘、光、大"四德行；"品物咸亨"，都通了。宇宙所有东西，皆经过这些步骤来的。一品锅。"品"与"物"的关系，有物，就有品牌，品德，人品。每字有深的了悟，才能得出道理层次。

每天先审判自己、训练自己，追究办到的方法与步骤。知其所以然，追。现在学人，自外国学新名词，却不知其所以然。

从有人类开始，就有战争，越界就战，碰边就瞪眼，所以要除界与际。但有志也未必成功，孔子在世如丧家之犬。许多事自根上来。想一统，看其障碍何在，自根上入手，成功不必在我。成功在我，则为成功而不择手段。

通三统例。

三统三王，若循连环，周则又始，穷则返本是也。

夏、商、周，三统之道要相通，则有所损益；有所因，则有所损益。"周因于殷礼，所损益可知也"（《论语·为政》），有用者存，无用者去。

随时制法，因事制礼。法令制度，各适其宜；衣服器械，各便其用。

董子《贤良第三策》："三王之道，所祖不同，非其相反，将以捄（'救'的异体字）溢扶衰，所遭之变然也。"

"捄溢扶衰"，"捄"，救也；"溢"，为衰之反面。读书读到自以为是，而有骄气，即溢；人之所以失败，在此。

《贤良第三策》："孔子曰：'亡（无）为而治者，其舜虖（乎）！'

改正朔，易服色，以顺天命而已，其余尽循尧道，何更为哉？故王者有改制之名，亡（无）变道之实。然夏上（尚）忠，殷上（尚）敬，周上（尚）文者，所继之捄，当用此也。"

中国学者讲"虚中"，指自己的体说；"时中"，"君子而时中"（《中庸》），指行事说。因时之变，志、礼，皆以"时"为尚。

"所继之捄"，一机关、团体必有弊，如何补之、救之？必了解其毛病，才能救正之，大小事皆如此。国之弊，各国不同。时之弊，可使所有人皆蒙其害，如石油之弊，必视此时代人之智慧以救弊，此为全世界当务之急。

往远想，就忽略婆婆妈妈的事。最后翻脸，不如开始就给他警惕。信宗教太过，行动就有点鬼，似有约束在，成活死人。道学先生之弊，即鬼，太敬了！

《新唐书·列传·儒林下·啖助》："其言孔子修《春秋》意，以为：'夏政忠，忠之敝野；商人承之以敬，敬之敝鬼；周人承之以文，文之敝僿。救僿莫若忠。夫文者，忠之末也。设教于本，其敝且末；设教于末，敝将奈何？武王、周公承商之敝，不得已用之。周公没，莫知所以改，故其敝甚于二代。孔子伤之曰："虞、夏之道，寡（少）怨于民；商、周之道，不胜其敝！"故曰："后代虽有作者，虞帝不可及已。"盖言唐、虞之化，难行于季（末）世，而夏之忠，当变而致焉。故《春秋》以权辅用，以诚断礼，而以忠道原情云。不拘空名，不尚狷介，从宜捄（救）乱，因时黜陟。古语曰："商变夏，周变商，春秋变周。"而公羊子亦言："乐道尧、舜之道，以拟（俟）后圣。"是知《春秋》用二帝、三王法，以夏为本，不壹守周典明矣。'"

自此，知董子学说之所本处。

满人懂得守中国文化而行之，自明、清版图相较即可知。孔、宋把什么都给人，而今安在哉？

知"捄溢"之道极重要，救有成志而志满者；衰、骄皆足以亡国，由盛而衰，即由溢而衰，由衰而亡。衰时，犹不自觉，危险！因时而变，以变"捄溢扶衰"，国家、个人皆如此。不进则退，有骄气即退步。下修己功夫，第一步即剖己之所短；能克短，长就更长了。把自己研究透彻，才能为自己下方子。

文，美容院讲文之处，文其容、文其貌，"君子不重则不威"（《论语·学而》），庄重，自重（今文家说法），一个自重的人才有威仪。人皆找威仪，但因思想境界而不同，不是文就是好。但人心中皆有一标准。古时女孩文其貌、容其言。会说话，得令人听得舒服，辞气很重要，使人有好感，令人爱听，目的才可达到。必如此修炼自己。人家求你可受气，出去就骂你。"动容貌，斯远暴慢矣；正颜色，斯近信矣；出辞气，斯远鄙倍矣"（《论语·泰伯》），要严格训练自己。

没真心去做事，太"文"，则表面漂亮，没有真心，不诚，以"忠"字救之，尽己之谓忠，事事尽到自己的力量。到任何团体做事，非最好的事让你，人家请你做是看得起你，要你对团体有贡献，必用智慧救其弊。

讲学的皆有毛病，程、朱、阳明皆如此。我们亦如此，将来骂我的必不少。任何人说话皆往脸上贴金，人有自知之明的太少，知人也太少，"一言以为智，一言以为不智"，必要自知。

今天为了骗人，还设专科学校，教技术，开始就走骗人的路子，最后连葬身之地皆无。

孔子在《论语》内有三个阶段，何况常人？

不能叫父母跟你去投降，此为孝；违背父母为不孝，子继父之志、述父之事；继志不易，述事还容易，至少要尽述事之责。

"《春秋》以权辅用"。为达一目的，要走既定的路很难，必行权，以权来辅助我们的用。任何事不可一成不变，而画地自限。办法能超出，才能早日成功。

"以诚断礼"，断礼时，不可师心自用，有成见，或好高骛远，或索隐行怪。深入，知其精义所在，有精深看法必下功夫，有别于常人。

陈太傅（宝琛），无做官，无派系，说话乃能客观。但我们那时不能领会，到领悟时已太晚了，时过境迁。因其经验丰富，对事情的看法深，但非我们当时的年纪、环境所能懂。

《白虎通·三正》曰："王者，必一质一文何？以承天地，顺阴阳。阳之道极则阴道受，阴之道极则阳道受，明二阴二阳不能相继也。"

文质、天地、阴阳，皆符号，表示"不守一而终"。

"承天地，顺阴阳"，社会上就"承、顺"。事必有远因，接着为承，"坤顺承乾""大哉至哉"。

统，道统、政统，不能全变，有统系，就顺。既不能没有承，也不能绝后。相承，有本有源，接着即承。穷则相承，承接；不同，穷则变，变能新。承与变，两回事。

《白虎通·三正》曰："质法天、文法地而已，故天为质，地受而化之，养而成之，故为文。"《尚书大传》曰："王者一质一文，据天地之道。"《礼三正记》曰："'质法天，文法地也。'帝王始起，先质后文者，顺天下之道、本末之义、先后之序也。事莫不先有质性，乃后有文章也。"

质、文，为两种境界，当变必变。文不通，用质；质不通，则用文。"穷则变，变则通，通则久"（《易经·系辞下传》）。故王者必有一质一文，用两套办法应世。有为有守，非死守规矩不放，当以时务为准，到急必变。此不通，用那个，以两套办法应世，乃据天地之道，两仪、阴阳。

法天，包含地，故以天地为质文，指两个原则，不一条道跑到黑。任何一好办法，最后必有毛病。"一文一质"，给人启示大，可得出很多办法。"文质彬彬，然后君子"，结论也。文、质皆有失，救之，才能彬彬。

《白虎通·三教》曰："王者设三教何？承衰救弊，欲民反正道也。三王之有失，故立三教，以相指受。夏人之王教以忠，其失野，救野之失莫如敬。殷人之王教以敬，其失鬼，救鬼之失莫如文。周人之王教以文，其失薄，救薄之失莫如忠。继周尚黑，制与夏同。三者如顺连环，周而复始，穷则反（返）本。"

"质文""三教"：忠、敬、文，皆随时应世也。

有毛病，必立教以救弊。忠，其病也野，朴实乃"知无不言，言无不尽"，故"救野莫若敬"。"敬事而信"，有章法，谨慎小心，中规中矩。

孔子治天下，无法一步使其达太平世，乃分三步骤：据乱世、升平世、太平世。办法：贬天子、退诸侯、讨大夫。

《春秋》曰："王正月。"《传》曰："王者孰谓？谓文王也。曷为先言王而后言正月？王正月也。"

《春秋公羊传·隐公元年》"春，王正月"，《传》曰："王者孰谓？谓文王也。曷何先言王而后言正月？王正月也。何言乎王正月？大一统也。"

《春秋》凡元年，书"王正月"，所以重始也。

"王正月"，新王之正月。孔子"吾其（岂）为东周乎"，不为东周了，必有所为，要立新王之法，"以鲁当新王"，《春秋》王鲁，况。新王，是文德之王，文王，何休曰："法其生，不法其死。"活文王。在尧舜以前，皆以文德治天下，皆为文德之王，尧为文祖。人人皆可以为尧舜，人人皆可以为文王。

何以谓之王正月？

"何言乎王正月？大一统也。"天下大同，大同世。何休曰："统者，始也，总系之辞。"大一统，大一始也。"复奉元统"，元统，元始。

曰：王者必受命而后王。王者必改正朔，易服色，制礼乐，一统于天下，所以明易姓，非继人，通以己受之于天也。王者

受命而王，制此月以应变（从"世及制"到"公天下"），故作科（等；礼，引申义）以奉天地，故谓之"王正月"也。

"受命而后王"，"天听自我民听"，民心，天心，"天明畏，自我民明威"。

"改正朔"，中国用黄帝纪年，或是用孔子纪年？应用黄帝纪年。黄帝被尊奉为"中华始祖"。

"易服色"，中国历代皆有服制。中山服，是受西方影响。民国史这段为中国前所未有，元气都没了，除抗战修几条马路外，完全没有建设。

王阳明（1472—1529）捡了子路的便宜，成其"知行合一"之学。关公成今玉皇大帝，是乾隆帝捧出的，加上《三国演义》一书。可见有智慧，随时都可以捡便宜而成名。但成名不一定成功。今文家讲学，表面是一套，此为人批评之所在。清末戊戌变法（1998）后，今文家学说成为显学，熊十力赶上那个时代。那时师说公开，熊先生以其智慧，配合时代思想的改变，能印证孔老夫子之学，是第一个能将之交代清楚的。今后中国学问，受熊先生的影响必大，也可能是一个目标。

《原儒》是中国思想之所在。隔行如隔山，学究就看不懂熊十力的东西，因为格格不入。方东美反对熊十力，因为他讲西方哲学，而今安在哉？成败在自信，就怕真功夫。只要是西方东西能启发对中国东西的看法，也能立说。

孔子问礼于老子，只证明其"博学、审问、慎思、明辨"。可见和谁学没有关系，成就终是自己的。孔子能"由博反约"，终成"至圣先师"。只要真成，老师也借不到你的光。真实很重要，做人亦如此，不能缺德。当你被人认为缺德，也就完了。

（上课中，突停电。讲堂静默无声，约五分钟后来电，老师继续讲课）不受苦难，不懂得什么重要。看今天糟蹋东西太甚，现在（台湾）南部滴水不下，天谴之日不会来得太晚。谷不生，其他作物也不会长。人净想好的，不想失败，幼稚的思想。应是先想能否负担失败的痛苦，再去做。有患难就有损失，治国之道同于治家。今天中国人，要有"素患难，行乎患难"（《中庸》）的决心，不能一有困难就入外国籍。

儒讲"原心定罪"，同于佛家的"意淫"，心一动，就犯了意淫。"诚于中，形于外"（《大学》）。脸色青，心就青。气色青，因有心机，隐机。气色，不同于面色。中医最高术，在看气色、听呼吸，即"望闻"功夫。所谓"医不三世，不服其药"，今天医生胆大妄为，看了两本书，就敢为人治病。医病很难，为宇宙治病亦如此。"以夏学奥质，寻拯世真文"，必要有专学，术业有专攻。

人活着，不欺人，不找人麻烦。但人家找你时，你要能应付。天天有防人之心，不动干戈，采"冷战"功夫。表情就是冷战，"老实"就是"无用"的别名。没事不找事，有事不怕事，要培养气势。"居使然也"，环境很重要，"居移气，养移体，大哉居乎"（《孟子·尽心上》）！要改造自己，改变自己的气势。给人第一感，可以决定成败。老实是无用的别名，但一副"狡猾"相，没人敢要你，比老实更坏，什么事也不会与你说。人望之，逃之夭夭，也是失败之根，一辈子没人敢相信你。

自己在屋里想没用，社会就是你与我，必找人与你共事，要让人认可了，才会与你合作。做人难！无一好友，证明你可怜；人家认可你，才会与你搭档。孤高自赏，最后成为"剩人"。

除书本外，应学会做事，在任何环境下皆能生存，要做有生命力的事。人就怕不能，只要自己能，就是卖豆腐也会赚钱，"真诚"为不二法门。人必要有所专，就不必赚有数的钱。社会进步，就是"竞争"。

我身边的玉器，都比故宫的好。人都有私心，清室是逊位，并不是"亡国"，依逊位条例，皇室财富是自己的，所以好的东西都被挑走了。我的《王阳明字》，可能是最好、最大的；可能是他中年写的，写得真好。人到名成利就时，所写的字就不行了。日本人喜欢王阳明，曾出高价收买，但我不卖。请人写字要用纸，因为绢最多传一千年，纸则可以永远传下去。中国纸好的永不坏，但要注意不可以受潮。

要两三个月到"故宫"去参观一次，必要细看，现在不看，以后就难。大陆的青铜器，完整的还很多，花纹、刻饰都还完美。

王者改制作科奈何？曰：当十二色（年十二月，每月物色不同），**历**（其）**各法而正色。逆数三而复，绌三之前曰五帝。**

《古今注》："程雅问董仲舒：'自古何谓称三皇五帝？'对曰：'三皇，三才也。五帝，五常也。'"

此为三统的总纲。

"逆数三而复"，都得复。"素患难，行乎患难"，逆；"得志，与民由之"，顺；"不得志，独行其道"（《孟子·滕文公下》），逆。

不论环境好坏，都得达到革命的目的。

帝迭首一色，顺数五而相复，礼乐各以其法象其宜。

《史记·赵世家》："及至三王，随时制法，因事制礼。法度制令各顺其宜，衣服器械各便其用。故礼也不必一道，而便国不必古。圣人之兴也，不相袭而王；夏、殷之衰也，不易礼而灭。"

"礼乐各以其法象其宜"，随时制法，因事制礼。

（上当有脱文）**顺数四而相复，咸作国号，迁宫邑，易官名，制礼作乐。**

凌注："《白虎通》曰'黄帝作宫室，以避寒暑'，宫之言中也。"

故汤受命而王，应天变夏作殷号，时正白统。亲（新）夏故虞（舜），绌唐（尧）谓之帝尧，以神农为赤帝。作宫邑于下洛之阳，名相官曰尹。作《濩乐》，制质礼以奉天。

"应天变夏作殷号"，表明是继之于天，非继之于人。

"新夏故舜，绌唐谓之帝尧，以神农为赤帝"，神农、尧、舜、夏禹……祖宗文化由此推演出来。"因不失其新，亦可宗也"，温故能知新。

"作《濩乐》"，制礼作乐，否则仍用前朝的礼乐。

《繁露》所讲的，都是就其已然的事反正，因为要拨乱反正。

文王受命而王，应天变殷作周号，时正赤统，亲殷故夏，

绌虞谓之帝舜，以轩辕为黄帝，推神农以为九皇，作宫邑于丰，名相官曰宰。作《武乐》，制文礼以奉天。武王受命，作宫邑于鄗（hào，同"镐"），制爵五等，作《象乐》，继文以奉天。周公辅成王受命，作宫邑于洛阳，成文武之制，作《汋（zhuó）乐》以奉天。

殷汤之后称邑，示天之变反命。故天子命无常，唯命是德庆。故《春秋》应天作新王之事（《春秋》托新王受命于鲁），时正黑统。王鲁（以鲁当新王），尚黑，绌夏，亲（新）周，故宋。

凌注："隐元年注：'《春秋》托新王受命于鲁。'"又"何氏作《文谥例》云'三科九旨者，新周故宋，以《春秋》当新王，此一科三旨也'；庄二十八年注'杞，夏后，不称公者，《春秋》黜杞，新周而故宋，以《春秋》当新王'。"

乐宜亲《招武》（"招"，音韶，即舜乐《箫韶九成》。武，当作舞），故以虞录亲（《论语》"乐则韶舞"）；乐（衍文）制（制爵）宜商，合伯、子、男为一等。

"合伯子男为一等"，《白虎通·爵》曰："所以合子男从伯者，王者受命，改文从质，无虚退人之义，故上就伯也。"

通三统，因而不失其新。孔子并不守旧，为邦，"行夏之时，乘殷之辂，服周之冕，乐则《韶舞》"（《论语·卫灵公》），什么合适、合时，便是什么。过时的不要，没用的也不要。

然则其略说奈何？曰：三正以黑统初（下有阙文）。正日月朔于营室，**斗建寅**（斗柄回寅，夏历过年。人统，夏以为正）。**天统气始通化物，物见萌达，其色黑**（夏为人正，色尚黑）。**故朝正服黑，首服藻黑，正路舆质黑，马黑，大节**（符节）**、绥、帻尚黑，旗黑，大宝玉黑**（玄珪）**，郊牲黑，牺牲角卵**（喻小）。

帝王所尚，百姓亦尚之。

"节"，符节，标志，如苏武手中所拿的东西代表皇帝，手拿象征大汉天威，皆不能回拜。

"绥"，印加一带子，挂在身上，其色代表其位。曾（国藩）、李（鸿章）出门皆紫绥，仅次于黄色；平时着紫袍，外加黄马褂，为人间之极品。不可以随便穿，什么官对之皆有礼遇。林则徐则无。

"帻"，百姓工作时，用黑布包头，称帻。清时用蓝、白，有满族人之风。满族人冬天戴帽，当时北京有五分之三的满族人，三分之二为做官之后。白帽，代表土包子，没有接口，戴在脑袋上。

冠于阼（以著代）**，昏礼逆**（亲迎）**于庭**（庙庭）**，丧礼殡于东阶之上。祭牲黑牡，荐**（进贡）**尚肝**（殷祭肝。各祭其所尚之色）。**乐器黑质。法不刑有怀任**（妊）**新产，是月不杀**（王者养微，怀妊新产之月，虽有罪，法所不刑）。**听朔废刑发德，具存二王**（唐虞）**之后也**（尊贤不过二代）。**亲赤统，故日分平明，平明朝正**（夏以斗建寅之月为正，平旦为朔，法物见，色尚黑）。

肝绝对要少吃，颜色不正更不能吃，易带病。什么动物的肝都要小心，肺也是。

大陆家庭一有变故，就有一新对联。大门的对联，代表一个家，横批是四字。

昔日印挂在身上，上有绶，绶下有缕，印顶上刻有饰纽，官印多有纽制。王爷的印是"万民同心"，皇帝则是"无思不服"。

我在台最幸福，心里清，单纯，什么都不必想。我的《陈白沙字》（ 陈献章，1428—1500，明代思想家，世称白沙先生 ），五百年了，出了一小洞，但是以前就出的。死后都送给博物馆，绝不给任何私人。按传统理东西，什么都没有用，留给别人的如是德、能，看不见的东西可以留之千古，传得愈久。用尽政治力量去弄钱，留给子孙的是什么？抽雪茄的烟管，以玛瑙的为好。商玉石雕的印，颜色极美。

顺治帝，是清朝第一个受汉化的皇帝。我这么生活，一定有想法。人的生活愈圣洁，愈感到愉快，是生存的力量，在乎如何调配自己，有如舵手，要做一个好的舵手。能做事，好坏都去做，失败是经验。

我反对中国各民族再抱独立思想，分裂，只不过再多几个附庸而已。孔子用"三统"的办法，除去乱制。革命，必慢慢地"革故取新"。

今天落伍，不在思想，而在胆量，一句话也不敢说。人品低，浑人也！今天的老师，什么话也不敢讲，所以，你们知道的，也不会超过你们智慧的境界。

侵，犹可防备，因在前；袭，则不可防备，因在后。清初入关，圈地，其后废除。政治上就是取势。同治帝虽是慈禧所生，但特别听慈安的话，母子嫌隙因此生。

康有为（1858—1927）的生活奢侈，所好为人知，则人害之。

1927 年 3 月 18 日，康有为因躲避北伐战乱，从上海抵达青岛。3 月 29 日参加同乡宴，宴后呕吐，31 日凌晨 5 时 30 分七窍流血猝死。

正白统奈何？曰：正白统者，历正日月朔于虚，斗建丑（以建丑之月为正）。**天统气始蜕化物，物始芽，其色白，故朝正**（年之始）**服白，首服藻白，正路舆质白，马白，大节、绶、帻尚白，旗白，大宝玉白，郊牲白，牺牲角茧**（刚冒出，极小）。**冠于堂，昏礼逆于堂，丧事殡于楹柱之间**（殷人殡于两楹之间）。**祭牲白牡，荐尚肺。乐器白质。法不刑有身怀任，是月不杀。听朔废刑发德，具存二王之后也。亲黑统，故日分鸣晨，鸣晨朝正。**

孔子，殷人也，思想行为上仍以殷礼为事。

《史记·孔子世家》："夏人殡于东阶，周人于西阶，殷人两柱间。昨暮予梦坐奠两柱之间，予始殷人也。"

《礼记·檀公上》："殷人殡于两楹之间，则与宾主夹之也；周人殡于西阶之上，则犹宾之也。而丘也殷人也。予畴昔之夜，梦坐奠于两楹之间。夫明王不兴，而天下其孰能宗予？予殆将死也。"

正赤统奈何？曰：正赤统者，历正日月朔于牵牛，斗建子。天统气始施化物，物始动，其色赤，故朝正服赤，首服藻赤，正路舆质赤，马赤，大节、绶、帻尚赤，旗赤，大宝玉赤，郊牲骍，牺牲角栗（较茧微大）。**冠于房，昏礼逆于户，丧礼殡于西**

阶之上。祭牲骍牡，荐尚心。乐器赤质。法不刑有身，重（身中有身）怀藏以养微，是月不杀。听朔废刑发德，具存二王（夏殷）之后也。亲白统，故日分夜半，夜半朝正（周以斗建子之月为正，夜半为朔。法物萌，色尚赤）。

一夜连双岁，五更分二年。

改正之义（大义所在），奉元而起（元年，春，王正月）。古之王者受命而王（受之于天，不受之于人），改制（乱制）称号正月，服色定，然后郊告天地及群神，远追祖祢，然后布天下。诸侯庙受（受天子之正朔于庙），以告社稷宗庙山川。然后感应一其司（天下同禀正朔，然后授时有定序，气候有常推）。三统之变，近夷遐方无有，生煞（同"杀"）者独中（礼义）国。

此段，将前三世皆毁掉。

然而三代改正，必以三统天下。曰：三统（忠、质、文）五端（五始），化四方之本也。天始废始施，地必待中，是故三代必居中国。

"始废始施"，即刹刹生新，生生不息，即生即死，即死即生。

法天奉本（元），执端要以统（一统）天下，朝诸侯也。是以朝正义，天子纯统色衣（纯—纯色），诸侯统衣缠缘组。大夫士以冠，参近夷以绥。

真正官服用带，朝服外用组（大带由束腰部分和垂带部分组成，束腰部分以纽襻扣纽系）。

"参近夷以绥"，以其亲近的程度，用"绥"以区别之，可以看出其境界。"升车，必正立执绥"（《论语·乡党》），车门旁挂绥，以利于进入。

遝方各衣（动词，穿）**其服而朝，所以明乎天统之义也。**

怀柔远人政策。

"遝方各衣其服而朝"，各民族皆着各族衣服来朝，有"万国来朝"的滋味；"天统"，天朝大国。

其谓统三正者，曰：正者，正也。统致其气，万物皆应而正，统（始）**正其余皆正。凡岁之要，在正月也。法正之道，正本而末应，正内而外应，动作举错**（"错"同"措"，有所行，有所安止），**靡**（无）**不变化随从，可谓法正也。故君子曰：武王其似正月矣。**

"奉哉人元"，人事之化。元年，"继天奉元，养成万物"，自然之化，"大哉乾元，万物资始，乃统天"。此人人皆其自主的《春秋》之义。

《春秋》曰："杞伯来朝。"王者之后称公，杞何以称伯？《春秋》上绌夏，下存周，以《春秋》当新王。

以《春秋》当新王，往上"存三统"，新周、故宋。第四个除掉，绌夏，杞乃称伯。

《春秋》当新王者奈何？

"《春秋》当新王"，《春秋》即新王，以鲁当新王。孔子有志立新王，周于其意念上已亡国。周为世及制，家天下之制，周乃灭亡。新王，要复于正，《春秋》当新王，目的在拨乱反正。

曰：王者之法，必正号，绌王谓之帝，封其后以小国，使奉祀之。下存二王之后以大国，使服其服，行其礼乐，称客而朝。

《春秋公羊传·隐公三年》何注："王者封二王后，地方百里，爵称公，客待之，而不臣也。《诗》云'有客宿宿，有客信信'是也。"

故同时称帝者五，称王者三，所以昭五端，通三统也。

《春秋公羊传·隐公三年》何注："二月三月，皆有王者，二月，殷之正月也；三月，夏之正月也。王者存二王之后，使统其正朔，服其服色，行其礼乐，所以尊先圣，通三统，师法之义，恭让之礼，于是可得而观之。"

《尚书大传》："王者存二代之后，与己为三，所以通三统，立三正。"

王者存二王之后，与己为三，所以"通三统"，"明天下非一家之有，谨敬谦让之至也"（《白虎通·三正》），王者通三统，明天命所授者博，非独一姓也。因三统，才知有所因，"殷因于夏礼，所损益可知也。周因于殷礼，所损益可知也。其或继周者，虽百世可知也"（《论语·为政》）。

是故周人之王，尚（上）推神农为九皇，而改号轩辕谓之黄帝，因存帝颛顼、帝喾、帝尧之帝号，绌虞而号舜曰帝舜，录五帝以小国（以小国奉祭祀）。下存禹之后于杞，存汤之后于宋，以（地）方百里，爵号公（何休："宋称公者，殷后也"）。皆使服其服，行其礼乐，称先王客而朝。

《礼纬含文嘉》曰："神者，信也；农者，浓也。始作耒耜，教民耕种，美其食，德浓厚若神，故曰神农也。"

《白虎通·号》曰："黄者，中和之色，自然之姓，万世不易。黄帝始作制度，得其中和，万世常存，故称黄帝也。谓之颛顼何？颛者，专也；顼者，正也；能专正天人之道，故谓之颛顼也。谓之帝喾者何也？喾者，极也，言其能施行穷极道德也。谓之尧者何？尧犹峣峣也，至高之貌，清妙高远，优游博衍，众圣之主，百王之长也。谓之舜者何？舜犹舛舛也，言能推信尧道而行之。"

《春秋》作新王之事，变周之制，当正黑统。而殷、周为王者之后，绌夏改号禹谓之帝（帝禹），录其后以小国，故曰："绌夏，存周，以《春秋》当新王。"

《春秋公羊传·哀公十四年》何注："获麟春言狩者，盖据鲁，变周之春以为冬，去周之正，而行夏之时。"

"夏礼吾能言之，杞不足征也；殷礼吾能言之，宋不足征也"（《论语·八佾》）。绌夏，新周，故宋，以《春秋》当新王。孔子活时，就宣判周亡了。

不以杞侯，弗同王者之后也。称子又称伯何？见殊之小国也。

《白虎通·爵》："殷爵三等，谓公、侯、伯也，所以合子、男从伯者何？王者受命，改文从质，无虚退人之义，故上就伯也。"

《春秋公羊传·僖公二十三年》何注："始见称伯，卒犹称子者，微弱，为徐、莒所胁，不能死位。《春秋》伯、子、男一也，辞无所贬。贬称子者，《春秋》黜杞不明，故以其一等贬之，明本非伯，乃公也。"

黄帝之先谥，四帝之后谥，何也？曰：帝号必存五，帝代（代帝）首天之色，号至五而反。周人之王，轩辕直首天黄号，故曰"黄帝"云。帝号尊而谥卑，故四帝后谥也。

《白虎通·谥》："谥者何也？谥之为言引也，引烈行之迹也。""黄帝，先黄后帝何？古者顺死生之称。各持行合而言之。美者在上，黄帝始制法度。得道之中，万世不易。名黄，自然也，后世虽圣，莫能与同也。后世得与天同，亦得称帝，不能立制作之时，故不得复黄也。"

五帝，"黄帝"，黄，谥也，在帝上，故曰"先谥"。"四帝"，帝颛顼、帝喾、帝尧，谥在帝下，故曰"后谥"。唯"黄帝"谥号在前，轩辕谥号曰"黄"。其他皆先称帝，再称谥号。

帝，尊号也，录以小何？曰：远者号尊而地（封地）小，近者号卑而地大，亲疏之义也。

《白虎通·号》：号者，功之表也，所以表功明德，号令臣下者也。德合天地者称帝。

庙号，帝王驾崩后，于太庙立室奉祀，追尊之名号。

清朝最高的称"祖"。"太祖高皇帝"，努尔哈赤（1559—1626）有开国之功；"世祖章皇帝"，福临（1638—1661）入关；"圣祖仁皇帝"，康熙帝（1654—1722）平定三藩，收复台湾。以后皆称"宗"，世宗雍正、高宗乾隆……穆宗光绪。

故王者有不易者，有再而复者，有三而复者，有四而复者，有五而复者，有九而复者，明此，通天地、阴阳、四时、日月、星辰、山川、人伦。

《春秋》新王，三世必复的文王，以文德立天下者。"文王既没，文不在兹乎"，文德之王。

"先王有至德要道"，称"先王"，言外之意指"王"已无。

德侔（平齐）天地者，称皇帝。天佑而子之，号称天子。

《春秋公羊传·成公八年》何注："王者，号也。德合元者称皇。孔子曰：'皇象元，逍遥术，无文字，德明谥。'德合天者称帝，《河》《洛》受瑞可放。仁义合者称王，符瑞应，天下归往。天子者，爵称也，圣人受命，皆天所生，故谓之天子。"

可见其他称"天子"的，皆僭天。《公羊》称"天子僭天"，"僭天不可言也"（《春秋公羊传·隐公五年》何注），贬天子。"天子一位"（《孟子·万章下》），"天子者，爵称也"（《白虎通·爵》），此"非常异议可怪之论"（何休《春秋公羊传序》）。

《周礼·考工记·画缋》曰："土以黄，其象方，天时变。"郑注："古人之象，无天地也。为此记者，见时有之耳。子家驹曰'天子僭天'，意亦是也。"

故圣王生则称天子，崩迁则存为三王，绌灭则为五帝，下至附庸，绌为九皇，下极其为民。有（又）一（同）谓之三（先）代，故虽绝地，庙位、祝牲犹列于郊号，宗于代（岱）宗（封泰山，禅梁父，可得而数者，七十有二）。故曰：声名魂魄施于虚，极寿无疆。

《白虎通·封禅》："封者广也，言禅者，明以成功相传也。梁甫者，太山旁山名，正于梁甫何？以三皇禅于绎绎之山，明己成功而去，有德者居之……太平乃封知告于天，必也于岱宗何？明知易姓也。刻石纪号，知自纪于百王也。"

《白虎通·情性》曰："魂魄者，何谓也？魂犹伝伝也，行不休于外也。主于情。魄者，迫然著人主于性也。魂者，芸也，情以除秽；魄者，白也，性以治内。"

何谓再而复，四而复？《春秋》郑忽何以名？《春秋》曰："伯、子、男一也，辞无所贬。"

《春秋公羊传·庄公十一年》何注："忽称子，则与《春秋》改伯从子辞同，于成君无所贬损，故名也。名者，缘君薨有降，既葬名义也，此非罪贬也。君子不夺人之亲，故使不离子行也。"

人无生而贵者，天子之子曰元士。

何以为一？曰：周爵五等，《春秋》三等。《春秋》何三等？曰：王者（《春秋》之王）之制，一商一夏，一质一文。商质者主天，夏文者主地。《春秋》者主人，故三等也。

《春秋元命苞》曰："王者一质一文，据天地之道也，天质而地文。"

《春秋公羊传·桓公十一年》何注："王者始起，先本天道以治天下，质而亲亲，及其衰敝，其失也，亲亲而不尊；故后王起，法地道以治天下，文而尊尊，及其衰敝，其失也，尊尊而不亲，故复反之于质也。质家爵三等者，法天之有三光也。文家爵五等者，法地之有五行也。合三从子者，制由中也。"

子夏曰 "《春秋》重人"，孟子曰 "民为贵，君为轻，社稷次之"。

主天法商而王，其道佚阳（溢阳，犹盛阳），**亲亲而多仁朴。故立嗣予子，笃母弟**（母弟称弟，母兄称兄），**妾以子贵**（妾子立，则母得为夫人）。

清朝亲王，除铁帽子王外，亦不能世袭。

铁帽子王，是对清代世袭罔替的王爵的俗称，整个清代共有十二位承袭爵位无需降等的"铁帽子王"，其中八位是在清朝开国之初立下战功的皇亲宗室，因为他们功勋卓绝，所以获得世袭罔替的永久封爵，同时还享有配享太庙的殊荣。

只有对国有贡献的皇族才可以封贝勒，依生次决定。封爵，按宗室规矩，无特殊。

清宗室封爵，封授宗室和觉罗，由宗人府掌管。宗室封爵，分为功封、恩封、袭封、考封。袭封次数，各有不同：功封爵位皆世袭罔替；恩封、考封爵位皆以次递降。初封亲王、郡王，死时赐封号；承袭者仍称其祖原封号，死亡，在封号下加一字为谥。

清代封给开国元勋，在关外二十里地内可以打猎跑马。明室因封王太多，封地亦多而吃垮，到处都是小皇帝。

"笃母弟"，同母之弟皆看得很重。历代同母弟无不封王。

"妾以子贵"，清无此制，西太后不称"皇太后"在此。

昏冠之礼，字子以父。

加冠之后，父命字，敬其名。以字行，外人称字。

别眇（微）夫妇，对坐而食。

"别眇夫妇"，夫妇有别，别内外，分工合作。"对坐而食"，夫妇对坐，著平等义。

丧礼别葬，祭礼先膬，夫妻昭穆（左右）别位。

合葬，必有儿子。有子，才能入祖坟，位皆一定。分出去的，即另立小宗。

制爵三等，禄士二品。制郊宫，明堂员，其屋高严侈员。惟祭器员，玉厚九分，白藻（柔采）五丝。衣制大上，首服严员（冠尚高圆形）。鸾舆尊盖，法天列象，垂四鸾（鸾和之声）。乐载鼓（鼓所以检乐），用锡舞（干舞），傩溢（同"佾"）员。先毛血（毛血告幽全之物，贵纯之道）而后用声（声莫重于升歌）。正刑多隐，亲戚多讳。封禅于尚（上）位。

主地法夏而王，其道进阴（阳过则进阴），尊尊而多义节（以义断恩）。故立嗣与孙，笃世子，妾不以子称贵号。昏冠之礼，字子以母。别眇夫妇，同坐而食（共牢而食），丧礼合葬，祭礼（"礼"衍）先亨（烹），妇从夫为昭穆（不别位）。制爵五等，禄士三品。制郊宫、明堂方，其屋卑污（洼）方。祭器方，玉厚八分，白藻四丝。衣制大下，首服卑退（前下后高）。鸾舆卑，法地周象载，垂二鸾。乐设鼓，用纤施傩，傩溢方。先亨而后用声。正刑天法（称天执法，不避亲贵），封坛（禅）于下位。

主天法质而王，其道佚阳，亲亲而多质爱（至亲无文）。故立嗣予子，笃母弟，妾以子贵。昏冠之礼，字子以父。别眇夫妇，对坐而食，丧礼别葬，祭礼先嘉疏，夫妇昭穆别位。制爵三等，禄士二品。制郊宫、明堂，内员外椭，其屋如倚靡（相连不绝）员椭。祭器椭，玉厚七分，白藻三丝。衣长前衽，首服员转（全圆形）。鸾舆尊盖，备（法）天列象，垂四鸾。乐梐（床前几）鼓（植楹以建鼓），用羽（为仪）龠（为声）舞，舞溢椭。先用玉（玉磬）声而后烹。正刑多隐，亲戚多赦（缓追逸贼，亲亲之道也）。封坛于左位。

主地法文而王，其道进阴，尊尊而多礼文。故立嗣予孙，笃世子，妾不以子称贵号。昏冠之礼，字子以母。别眇夫妻，同坐而食，丧礼合葬，祭礼先祖妣，妇从夫为昭穆。制爵五等，禄士三品。制郊宫、明堂，内方外衡（同"横"），其屋习而衡。祭器衡同，作秩机，玉厚六分，白藻三丝。衣长后衽，首服习而垂流（旒）。鸾舆卑，备地周象载，垂二鸾。乐县（悬）鼓，用万舞（干舞），舞溢衡。先烹而后用乐。正刑天法，封坛于右位。

四法修于所故，祖于先帝，故四法如四时然，终而复始，穷则反本。四法之（则）天施符授圣人，王法则性命形乎先祖，大昭乎王君。

故天将授舜，主天法商而王，祖锡姓为姚氏。至舜，形体大上而员首，而明有二童（瞳）子，性长于天文，纯乎孝慈。

天将授禹，主地法夏而王，祖锡姓为姒氏。至禹，生发于背，形体长，长足斯（qí），疾行先左，随以右，劳左佚右也，性长于行，习地明水（禹长于地理，水泉九州，得《括象图》，故尧以为司空）。

天将授汤，主天法质而王，祖锡姓为子氏。谓契母吞玄鸟卵生契，契先（生）发于胸，性长于人伦。至汤，体长专（团），小足，左扁（枯）而右便，劳右佚左也，性长于天光（"光"字疑衍），质易纯仁。

天将授文王，主地法文而王，祖锡姓姬氏。谓后稷母姜原履天之迹而生后稷。后稷长于邰土，播田五谷。至文王，形体博（搏）长，有四乳而大足，性长于地文势。

故帝使禹、皋论姓，知殷之德阳德也，故以子为姓（《三代世表》姓之曰子氏，子者，兹兹益大也）；知周之德阴德也，故以姬为姓

（《三代世表》姓之曰姬氏，姬者，本也。周之德至，以姬为姓，见《乐稽耀嘉》）。

故殷王改文，以男书子，周王以女书姬。故天道各以其类动，非圣人孰能明之？

《易经·序卦》，何等严谨！一事有六十四个步骤，一件即变、易；每一步骤又分为六爻，即六个步骤。能如此虑事，何事不成？

我送扁八个字：轻浮、幸进、急功、祸民。打江山难，守江山更难。杯酒释兵权，为的是长治久安。法度，礼律，铁榜。

民国七年（1918 年），我十三岁，在北京皈依，由班禅主持，住雍和宫。1950 年 1 月 20 日，是我最重要的纪念日，被放到一间石屋里。

人性到底是否嗜杀？动物皆弱肉强食，人性亦如是。荀子讲"性恶"，完全不够分量，因为没再发掘人性的恶是什么，没说透彻，即导之以礼，故其学没能用世。

《荀子·礼论》："人生而有欲，欲而不得，则不能无求。求而无度量分界，则不能不争；争则乱，乱则穷。先王恶其乱也，故制礼义以分之，以养人之欲，给人之求。使欲必不穷于物，物必不屈于欲。两者相持而长，是礼之所起也。"

商鞅学说，表现人性的残酷，故用世。

《商书书·修权》："夫废法度而好私议，则奸臣鬻权以约禄，秩官之吏隐下而渔民。谚曰：'蠹众而木折，隙大而墙坏。'故大臣争于私而不顾其民，则下离上；下离上者，国之隙也。秩官之吏隐下以渔百姓，此民之蠹也。故国有隙蠹而不亡者，天下鲜矣。是故明主任法去私，而国无隙蠹矣。"

古人告诉人家不要好色，自家却有三个姨太太。何不使之导入好色之正轨？何以要说假以掩饰？应本人性去发挥，要懂得如何正视问题。

民主，当按每个人的良知，做利害的结合。人皆好吃好穿，应自喜欢中满足人性。如不让他吃，则造成偷偷吃。喜吃，就应让他吃；吃饱了，就不吃。吃时，也必问人："吃不吃？"此为道德。拨正伪君子，如此活，就很愉快。自人性"发光作盐"，真能尽性，不要套路子。《关雎》"窈窕淑女、君子好逑"，真自人性来，代代有佳人，君子能不好逑？

知"无所不用其极，无入而不自得"，才算明白《中庸》，比子书还要狠，"天命之谓性"，是与生俱来的，不必学，"率性之谓道"。认识自己以后，即能达此二境界。

《春秋》对打坏主意者，叫他"如其意"，同时必"著其恶"。隐为桓立，隐立为君，乃是"权变"，此"借事明义"，《春秋》为况。

伯夷、叔齐反对"以暴易暴"，成为"圣之清者"，然历史上仍代代"以暴易暴"。应研究：你暴，我必制暴；若大家都不忍，时代当无暴君。自思想树立，拯救此一民族。此必要有志、有智。

思想必有本有源，自人性立说。"天命之谓性"，人皆有性智。但后觉者易受外诱之私，必经"文智"——即先人之智，故必加上"明明德"的功夫。以文智启发，而恢复性智。

做事，一有变动，必要追本溯源，不完全人云亦云。诛其可诛，赏其可赏，此《春秋》之决事。

行权有道，乃是"自贬损以行权"（《春秋公羊传·桓公十一年》传文），人生即牺牲。"权之所设，舍死亡无所设"，权不可以随便用，非求绝处逢生，不可以轻用。行权，也得有道道，必有方法、术。

"《春秋》伯子男，一也"，何休曰："合三从子者，制由中也。"孔子"《春秋》之制"，由中也。

《春秋》"得麟乃作"（《春秋公羊传·哀公十四年》何注），作于哀公十四年春，"孔子成《春秋》而乱臣贼子惧"（《孟子·滕文公下》。孔子逝于哀公十六年四月己丑。

《春秋》"终乎哀公十四年"，何注："绝笔于春……春者，岁之始，能常法其始，则无不终竟。"孔子的遗嘱："制《春秋》之义，以俟后圣。以君子之为，亦有乐乎此也。"（《春秋公羊传·哀公十四年》《传》）读《春秋》，当重《春秋》之义，"其义，则丘窃取之"（《孟子·离娄下》）。

一事没成功，有远、近因，知道，才知第二步要怎么做，而不会有失，故曰"以性智解套"。"以欲智失败"，因为贪功。

要练达，不能等吃亏。话不在多少，人千万不能失策。一句话，叫你终生难忘！

学智慧，有魄力，才能为台湾谋幸福。奉元书院学生必具备两个条件：有德、有脑。谈判如同谈恋爱，第一次见面都不说真的。会谈，是"王家之讼"，其代表主于才。"才者在职"，而非看听话与否。天天谈，十年也未必成。如好好训练人才，三年绝对有成。得有才，再充实之。有才，可以随机应变，脑子得活。

要有耐力，才能稳、狠。将来成功的，也许是你们这一代。一厢情愿，得吃大亏。"不可独"，以智慧言。慎始诚终，"作事谋始"(《易经·讼卦》)，以智谋始。

宗教，能使人定于一，乃可以前知。佛"戒、定、慧"，儒"定、静、安、虑、得"。我坐车时念咒，心不烦，意不乱。练定住，非嘴说，必脚踏实地行，才能受用。

有块璧，但得有个蔺相如。你们至少捧璧，不要白送人。发挥璧的价值，必要有智慧，得老谋深算。

岁末，次年的过家企划即应拟好，量入再支出。自小事，就应有企划，养成每天行动都有企划，以此作为审计、考核。什么都不浪费，一切都在企划之内。

好自为之，不要忽略自己的能，圣人成能，百姓与能，人人皆能，皆自求，皆自得也。

贰

养生等篇

今年（1998 年）是北大百年纪念。

北京大学，前身京师大学堂，1898 年戊戌变法，在孙家鼐主持下，在北京创立。最初校址在北京市景山东街（原马神庙）和沙滩（故宫东北）红楼（现北京五四大街 29 号）等处，是中国第一所国立综合性大学，也是当时中国最高教育行政机关。辛亥革命后，1912 年改为北京大学，作为新文化运动的中心和五四运动的策源地。1917年，蔡元培出任北大校长，他循思想自由原则，取相容并包主义，对北大进行了卓有成效的改革，促进了思想解放和学术繁荣。

昔人都读过《四书》，赵普"半部《论语》治天下"，其实一文一句话，就可悟出许多道理，要活用。讲，没有用；得做，自己做。人家成功，你在旁喝彩有用？看怎么解决台湾问题。启示：去做。

为生（父母）不能为人，为人者天也。人之为人本于天，天亦人之曾祖父也。此人之所以乃于上类天也。

"为生"，为父母。"为人"，为天。"为人者天"，即做人者天。中国人无说谁造人，是想的，并非金科玉律。

人"上类天"，人同天一样，孟子称"天民"（《孟子·万章上》）。中国人讲天民，与天子同辈，父天母地。自此，看中国人怎么想事。

耶稣"唾面自干"，乃受压迫的民族怎么想事。日据时代比唾面自干还可怜，我的亲身经历。一思想的构成，必受环境的影响。在台的人怎么想问题？我们要怎么解决？思想，构想怎么解决。

古人怎么想，于今天合乎科学否，是两回事。不必照着古人想，而是应接着想。学术是跑接力的，要接棒。思想实现出来即文化，有了成果。中国吃面条的方法，就不止一百种。你们吃过好吃的？日本饭如上供的，吃起来没滋味。日本偷去中国很多东西，就没偷去吃的文化。吃的文化真正代表一个民族。中国饺子就有一百多种，苏州的小吃有名，西安则是面食。中国在吃上有深的思维，台北几个冒牌的就很不错了。南京董糖，是孝子想出其母爱吃的糖。

自欲上想，嗜欲深，天机浅。在台湾有两个欲：一、不要死，欲生，衣食住行；二、要太平，欲安。自欲生、欲安去构想。

我不反对宗教，但不接受迷信，人之为道。不懂人生即出家，等懂了，怎么活下去？真不想？骗人！教主有想法，聪明，能转识成智，妙智慧。

人之形体，化天数而成；

《人副天数第五十六》：“天地之精所以生物者，莫贵于人。人受命乎天也，故超然有以倚。物疢（chèn）疾莫能为仁义，唯人独能为仁义；物疢疾莫能偶天地，唯人独能偶天地。人有三百六十节，偶天之数也；形体骨肉，偶地之厚也。上有耳目聪明，日月之象也；体有空窍理脉，川谷之象也；心有哀乐喜怒，神气之类也。观人之体一，何高物之甚，而类于天也。”

人之血气，化天志而仁；

《天地阴阳第八十一》：“明阴阳、入出、实虚之处，所以观天之志……天志仁，其道也义。”

《墨子》有《天志篇》。

《墨子·天志》：“我有天志，譬若轮人之有规，匠人之有矩，轮匠执其规矩，以度天下之方圜。”“故子墨子置天之以为仪法……天之志者，义之经也。”

天子，继天之志，述天之事。天之志是什么？天无私覆，天道尚公，“天地之大德曰生”（《易经·系辞下传》），天有好生之德，生而不有。故“作之君，作之师，为配天”。《春秋》，天子之事也”，即天志。孔子曰：“知我者，其惟《春秋》乎！罪我者，其

惟《春秋》乎！"（《孟子·滕文公下》）《春秋》为孔子之志，故孔子曰："知我者，其天乎！"（《论语·宪问》）

"化天志而仁"，化天之志，然后才能仁，仁者爱人而无不爱。"安仁者，天下一人"，一视同仁，民胞物与，同元共生。

人之德行，化天理而义；

《基义第五十三》："仁义制度之数，尽取之天。""益其用而损其妨，有时损少而益多，有时损多而益少，少而不至绝，多而不至溢。"

人之好恶，化天之暖清；人之喜怒，化天之寒暑；人之受命，化天之四时。

"人之受命"，有诞生、长养、壮而成、老而死。

"化天之四时"，春、夏、秋、冬，一时中分孟、仲、季，也有用伯、仲、叔。四时乘以三，即十二个月。

人生有喜怒哀乐之答，春秋冬夏之类也。

《春秋公羊传·隐公元年》何注："昏斗指东方曰春，指南方曰夏，指西方曰秋，指北方曰冬。"

喜，春之答（反应）也；怒，秋之答也；乐，夏之答也；哀，冬之答也。天之副在乎人，人之情性有由天者矣。故曰受，由天之号（谓）也。

此篇在教你们怎么想，以此"况"之……怎么求生、求安。

尊生，体；卫生，用。生，衣、食、住、行皆在内。

"人之情性"，根据人的欲印证，在欲上就不觉肉麻，不属于欲的就感觉麻烦。日本人有欲，但不够精思，第二次世界大战死多少人？到底是成功，还是失败？

中国不然，作风不同，总是遇事致密，且做任何事都有特色，即代表性。有智慧，能生出特色。

何以没能成事？太浪费了，每天想几件正经事？什么时候坐在那儿好好想问题？

照古人想，成金科玉律不行。应是接着想，受启发。

《五行对第三十八》："父授子受，乃天之道也。"

"受"，"父授子受，乃天之道也"。"父授子受"，师父弟子，昔日师道尊，老师像样。我如为台湾人，师大应改组，台湾最大的失败就是为人师者。台湾之所以有今天，完全是台湾人造成的，并非不爱台，而是愚，就缺一根筋。

当年，我与我的姐妹月俸一样，我常不够用，要向姐借贷。我母亲下令，不许放贷；到舅家，舅舅也不给一毛钱。台湾人对孩子金钱之大方，孩子忘了抢钱是犯罪。我总喊，今皆兑现了。这八年，毁至此。如无先时之识，无法领导社会。我倡"孝友家庭"，即有先见之明。

为人主也，道莫明省身之天，如天出之也。使其出也，答天之出四时，而必忠其受也，则尧舜之治（太平世）无以加。

"忠其受"，忠其所受之性，"在天曰命，在人曰性，在身曰心"。一个人做事，必忠于自己的心，即无愧于心，"人之视己，如见其肺肝然"。你们有无忠爱？我教得如何认真，都接受过来了？天天如何积极实行了？忠我之所授，即忠己之受。照我所讲去做，父授子受。忠己受，是实行家。你们回家要想。

是可生可杀，而不可使为乱。故曰："非道不行，非法不言。"此之谓也。

《礼记·表记》："可贵可贱，可富可贫，可生可杀，而不可使为乱。"

王作荣（1919—2013）写《壮志未酬》，他能发豪语，因已得癌症，而且他是读书人，尚懂得到末期修己。我这么老，犹训练自己，看顽石是否能点头？

大家好好考虑"生与安"，不要净等人摆弄。我这一辈子就不服输，但早晚得输给阎王。

《传》曰：唯天子受命于天，天下受命于天子，一国则受命于君。君命顺，则民有顺命；君命逆，则民有逆命。故曰："一人有庆（善），兆民赖之。"此之谓也。

《尚书·周书·吕刑》："一人有庆，兆民赖之。"《左传·闵公元年》："天子曰兆民，诸侯曰万民也。"

"君命逆，则民有逆命"，"其所令反其所好，而民不从"（《大学》）。顺天，天有多种解释。"天"与"道"二字，最难了，无高深境界亦无法知。

《传》曰：政有三端：父子不亲，则致其爱慈；大臣不和，则敬顺其礼；百姓不安，则力其孝弟。孝弟者，所以安百姓也。力者，勉行之，身以化之。

"君子务本，本立而道生"（《论语·学而》），孝悌为仁之本，本立而道生。

"慈孝义、智仁勇"，我倡"孝友家庭"。中国的"礼"绝不同于西方，对每个对象都有不同的礼，有所分别。知多少不重要，行多少太重要。真爱台湾，必自根上，每个家庭从"教育"开始。想国家好，必要好好造就主妇。但看得对，谁接受了？不忠于受。再不警醒，再过一年，就不堪闻问了。

"力者，勉行之"，事在勉强，努力，勉强而行之。"身以化之"，身体力行，使自己成为道的化身，让人一见有"文质彬彬"的感觉。

"受"与"力"，有深意。苏注："'力'字，为董子言学之旨，故曰：'无王教则质朴不能善。'又曰：'事在勉强。'"

天地之数，不能独以寒暑成岁，必有春夏秋冬。圣人之道，不能独以威势成政，必有教化。故曰：先之以博爱，教以仁也；难得者，君子不贵，教以义也。

"不能独以威势成政"，要有礼，才有教化之功。国民党毛病在专讲威势。

"先之以博爱，教以仁也"，仁者爱人，而无不爱。

"难得者，君子不贵"，君子不贵难得之物；"教以义"，"义者，宜也"，君子爱财，取之有道。

虽天子必有尊也，教以孝也；必有先（兄）也，教以弟也。此威势之不足独恃，而教化之功不大乎！

《孝经·感应》："故虽天子，必有尊也，言有父也；必有先也，言有兄也。"

"弟子入则孝，出则弟，谨而信，泛爱众，而亲仁"，"君子务本，本立而道生。孝弟也者其为仁之本与！"（《论语·学而》）

《传》曰：天生之，地载之，圣人教之。君者，民之心也；民者，君之体也。心之所好，体必安之；君之所好，民必从之。

"天覆地载"，天覆之，地载之，圣人治之。"载之"，含义多，无物不载，没有分别心，载皇宫也载厕所。

"君者，民之心也；民者，君之体也"，君民一体，同心。

"心之所好，体必安之"，与民同好恶，与人为善，"善与人同"（《孟子·公孙丑上》），与天下同归于仁。

"君之所好，民必从之"，"上好下甚"（《孟子·滕文公上》）也。

故君民者，贵孝弟而好礼义，重仁廉而轻财利。躬亲职此于上，而万民听（治），生善于下矣。故曰："先王见教之可以化民也。"此之谓也。

此话并不全。

《孝经·三才》："先王见教之可以化民也，是故先之以博爱，而民莫遗其亲，陈之德义，而民兴行。先之以敬让，而民不争；

导之以礼乐，而民和睦；示之以好恶，而民知禁。"

"导之以礼乐"，有礼才有教化之功，"立于礼，成于乐"（《论语·泰伯》）。让，为礼之实，"为国以礼，其言不让，是故哂之"（《论语·先进》），"野哉由也"（《论语·子路》），孔子骂子路。

"舜有天下，选于众，举皋陶，不仁者远矣；汤有天下，选于众，举伊尹，不仁者远矣"（《论语·颜渊》），"举直错诸枉"（《论语·为政》），用直者教化枉者，使不仁之人远离不仁之事，成教化之功。

社会事无一人独成的，兼容并包才显出特色。

来台就两种人，只有阿兵哥是好人，被逼来的。同学应自现在开始努力，何以要叫人蹂躏？

读什么书？受的不忠，唯一所长即嫉妒。每天争，哪有好人？

我有原则，绝不给子孙一分钱，他应有谋生之智。有钱必助弱势。

衣服容貌者，所以悦目也；声音应对者，所以悦耳也；好恶去就者，所以悦心也。故君子衣服中（中于礼）**而容貌恭，则目悦矣；言理应对逊**（谦顺）**，则耳悦矣；好仁厚而恶浅薄，就善人而远僻鄙，则心悦矣。故曰："行思可乐，容止可观。"**（《孝经·圣治》）**此之谓也。**

《说苑·修文》："君子衣服中，容貌得，则民之目悦矣；言语顺，应对给，则民之耳悦矣；就仁去不仁，则民之心悦矣。"又："君子衣服中而容貌得，接其服而象其德，故望玉貌而行能，有所定矣。"

"衣服容貌者，所以悦目也"，"衣服中"，中于礼，；"容貌恭"，貌，指全体；容，指脖子以上。衣服、容貌，一切必要合乎规矩。

"动容貌，斯远暴慢矣"，现在的穿着，男不男、女不女。街上拧着吃，如同打点滴，究竟美在哪里？现在男人真有雅量，勉强得爱。昔日女子穿衣，一看就知是不是大姑娘。女人没结婚绝不开脸。你们没赶上衣食都像人样的时代，人的行为绝对中礼中伦。

"声音应对者，所以悦耳也"，昔日小学，学洒扫应对。"言理应对逊"，谦顺；"则耳悦"，"出辞气，斯远鄙倍矣"，女孩子说话，得像个女人。以前女子说话，一听即有女人声。今天有些女子……完全不堪入目。

我来台，就没动过心。当太太？烧饭，都不要你在眼前烧。没有一个家像家，真不像话！昔日女人，一切有分寸。人要是没有义，还是人？没有人的行为，怎将他当人看？我常说：看一家的厨房，即知其女主人的程度。

"好恶去就者，所以悦心也"，求己心之所悦。"好仁厚而恶浅薄"，青年人最大的忌讳，就是浅薄。"就善人而远僻鄙"，率性，远离偏执鄙陋。

今后所求，为"生与安"，即福利。必要详究，有通盘的计划，要使人感到不但说得实在，而且有智慧。

一解严，我就去以前被关过的地方照相。当年，国民党认为我去山地办学校，思想有问题。我一生我行我素。修台东的铁花路、胡铁花开台纪念馆，胡适一满意，我也得到不少便宜。按己志做事，有开创性，不求官亦不求利，走自己的路。我在台，无一亲人。

　　我一生没碰上如台湾之乱。在台湾，有许多事要做。要好好爱台湾，不应考虑利与害，要做的事太多，就做，建设你们自己。年轻何以不做事？在哪儿都能行己志，不要留恋都市，在山沟也可为，就在乎志。

爵氏字例。

《汉书·王贡两龚鲍传》贡禹疏曰：："亡（无）义而有财者显于世，欺谩而善书者尊于朝，俗皆曰：'何以孝弟为？多财而光荣。何以礼义为？史书而仕宦。何以谨慎为？勇猛而临官。'……谓居官而置富者为雄桀，处奸而得利者为壮士。兄劝其弟，父勉其子，俗之坏败，乃至于是。"故董子痛切言之。胡思敬云：此篇与《孟子》"养其小体为小人，养其大体为大人"，相发明。

《孟子·告子上》曰："从其大体为大人，从其小小人。""大人者，与天地合其德"，天爵自尊吾自贵。"此天之所与我者，先立乎其大者，先立乎其大者，则其小者弗能夺也。此为大人而已矣"（《孟子·告子上》），即先存己之心，立己心，在身曰心，心之所主曰志，"养心莫善于寡欲"（《孟子·尽心下》）。

"身之养重于义"，以之当设身处地做事的方法。保持玉洁冰清之身、志。会追女友，就会办事。超量的圣洁，最有利用价值。

以什么来化世？"显德行"。怎么来的？"事明义"。此章悟明白，要主动化民、化世、化俗。没德，不能化世。

天之生人也，使之生义与利。利以养其体，义以养其心。

"使之生义与利"，谁使？天，亦即元。"义"与"利"自何来？元。元为体，义为用。《易·乾》曰"利，义之和也"。《易经》讲利，是"能以美利利天下，不言所利"；《论语》"子罕言利"，少言私利，而多言美利。

孟子讲"义利之辨"，"上下交征利，而国危矣"（《孟子·梁惠王上》）。

《论语》中并无"仁、义"并言；《孟子》始标出仁义，《孟子·梁惠王上》说"亦有仁义而已矣""未有仁而遗其亲也，未有义而后其君者"。《尽心上》曰："仁义而已矣。杀一无罪，非仁也；非其有而取之，非义也。居恶在？仁是也。路恶在？义是也。居仁由义，大人之事备矣。"

"义"与"利"之辨，元为体，义为用。

"义以养其心"，拿一切合乎义，善的行为来养我们的心，良知、良心，《孟子·告子上》曰："理义之悦我心，犹刍豢之悦我口。"

"利以养其体"，无利则骨瘦如柴。"义以养其心"，养心非空的，"日行一善"就是养心，是对别人有利，非对自己。

好好培养自己，现已是"天将降大任"，责无旁贷。

心不得义不能乐，体不得利不能安。义者心之养也，利者体之养也。

"心不得义不能乐"，不得义，不能利于别人；"正义不谋利"，一切行为对别人有利，自己真能乐。

"体不得其利不能安"，体之利，包括食衣住行。"利用安身"，安身，过标准的生活。

人生来就具天性，啥也不懂就懂吃，利己。小孩不舒服就哭，乃为利而哭。人与生俱来的第一个感觉，即利。"利"是什么东西？看董子与孟子所谈的"义利"。

《易经》一开始就讲利，"能以美利利天下，不言所利大矣哉"。孔子以义利为一个，"利者，义之和也"，内圣、外王一体，"合内外之道也"（《中庸》）。以元为本，孔子的"义利观"，义与利是与生俱来的。"义者，宜也"，顺气；不顺气，不义。人每天都在义与利中。

人的真利是什么？"利以养其体，义以养其心。"要吃奶，利己。尿布湿了哭，要利己。

圣人贵通天下之志，才能除天下之患。

体莫贵于心，故养莫重于义。义之养生人大于利，何以知之？今人有大义而甚无利，虽贫与贱，尚荣其（己）行，以自好（hǎo）而乐生，原宪、曾（曾子）、闵（闵子骞）之属是也。

《新语·本行》："贱而好德者尊，贫而有义者荣。"

"体莫贵于心"，在身体中没有比心重要的；"故养莫重于义"，精神饱暖者最健康。甘地没钱、没地位，其行为"以自好而乐生"。

"为富不仁"(《孟子·滕文公上》)，仁者不富。昔日大陆的大地主即此例。东北的穷孩子，出自移民户。人必要好好塑造自己，台湾这几年的经验，已够你们用。"义之养生人大于利"，即"养心"比"养体"重要。

"荣己行"，不在贫贱富贵；"虽贫与贱"，不影响做好事。"贫而乐，富而好礼"(《论语·学而》)。一个人不懂荣己行，岂不是不知耻？应以德荣行。

得识时，能用时；超时不行，"过犹不及"(《论语·先进》)，失策。《易》"时之用大矣哉"！不要净讲空灵，印证一下。

人甚有利而大无义，虽甚富且贵，则羞辱大恶。恶深，祸患重，非立死其罪者，即旋伤殃忧尔，莫能以乐生而终其身，刑戮夭折之民是也。

"利"与"义"有别，"性"与"情"亦有别。《论语》说"子罕言利"，但于《易》则先言"利"，"能以美利利天下，不言所利大矣哉！"可见"利"并不坏，而是视如何使用。

社会有恶人，亦有圣人。看一人奸诈，但他亦有好友，"仁者见之谓之仁，知(智)者见之谓之知"(《易经·系辞上传》)，"不识其人，则视其友"，物以类聚，所以要"慎交"。说我"骂人"？我骂的是"人"？无人的行为，不是人。骂"和尚"？不是穿袈裟就是和尚。

"辨义利"与"谈义利"不同，已抹上颜色了，才要"辨"。

其实，义与利，本质都是好的。《易》"能以美利利天下，不言所利大矣哉"！基本问题、观念弄清了，事来，即可以分清。"六十而耳顺"（《论语·为政》），事一经过，即知是非。

要注意文章的要点，非讲文字，而是思想，思想明白，则放诸四海而皆准。21世纪应是人性的世纪，还要战争？人没有尽人的责任，就因为忽略了人性。饭好吃，得多少"义之和也"。人应活得多彩多姿，要看是否正。如出发点都有"心之所系"，有目的就不会美了。

体要养得好，都得多彩多姿。五味，义之和；五色，合乎正，不会令人目盲，视"正"与"不正"。不必苦守得如何、如何，而是视正与否。正很重要，蒙时就要养正，"蒙以养正，圣功也"（《易经·蒙卦》）。今天自幼儿园起，无一教"做人"，只教"得分"。

轻则卑鄙龌龊，重则短命。要"无忝所生"。人身有残疾，还足以有为。"心残"之人，就是心死之人，"哀莫大于心死"（《庄子·田子方》）！相貌堂堂，自私，半点好事也不做，即"刑戮夭折之民"。每天以"良知"审判，自己审判自己，心理多苦！既是与草木同朽，又何必出卖良知？既在学校教书，又何必拉什么派系？不能光宗耀祖，至少要"无忝所生"。

今天要转危为安，怎么做？下药有效，即"知病"者。"人穷志短，马瘦毛长"。今人富且贵，不荣己行，愈富贵愈不要脸。什么时代皆有超时的口号。"莫能以乐生而终其身"，轻则卑鄙龌龊，不知耻之为何物，那就完了！

夫人有义者，虽贫能自乐也；而大无义者，虽富莫能自存。

"有义"，有善行，能于人有助。"虽贫能自乐"，"贤哉回也！一箪食，一瓢饮，在陋巷，人不堪其忧，回也不改其乐。贤哉回也！"（《论语·雍也》）"贫与贱，是人之所恶也，不以其道去之，不去也。"（《论语·里仁》）"贫而乐"（《论语·学而》），虽贫，能乐天之道，行健，自强不息。山东人卖馒头。乐道，为医贫之不二法门，《易·乾》"天行健，君子以自强不息"。

"大无义者"，作恶多端者，"虽富莫能自存"。利、厚财，皆比不上义。何以义如此重要？何以贫贱还能自荣其行？靠什么力量？义养心。有养心的功夫，才能胜过贫与贱，"养心莫善于寡欲"。

以德荣其行，所以一部《大学》自"正心"开始。正心，义以养其心；心正，成功了。心是什么东西？即性。《中庸》"在天曰命，在人曰性，在身曰心"，"率性之谓道"，"道也者，不可须臾离也"，命、性、心，三位一体。

这些篇好好理悟，绝对用得上。同学会必要有责任，否则永不能成事。"道不同，不相为谋"（《论语·卫灵公》），不必勉强。一个团体想有力量，得志同道合。没有担当不能成事，有担当也必要有环境。

张良成功了，从赤松子游，不必预备棺材，有"拾草履"的耐力。黄石公看其为可造之才，再试其是否有骄气。张良能治时。

人要成功，得把自己降到零度以下。会讲就完了，自己要去做。

文章不难，行难！文化，没有因文而化，是"实行"出来的，非靠"讲"。受中国之文而化了，本身就是中国文化。"行有余力，则以学文"（《论语·学而》），理论。

李不知为台湾留下多少小说材料。这块土真不知将何之？台湾人真是变化莫测，到底在想些什么？要将台湾带至何处？

孝慈以外，为义。同胞之义，一奶同胞不合，"大无义者"。父亲不走正路，儿子步入歧途。张安乐父为名大学教授，出身南京书香门第，母亲曾任教北一女。

张安乐，早期台湾江湖人物，绰号"白狼"，籍贯江苏南京，竹联帮创帮元老，曾担任"总护法"，中年时与友人共同投资成立韬略集团经商，后成立"中华统一促进党"，担任党总裁，主张"一国两制、和平统一"。

1984 年，张安乐出面指控国民党当局派陈启礼等人刺杀美国作家刘江南，并且意图将杀手灭口，自此颇负盛名。同年被检控犯罪，在美国服刑。回台后，1996 年前往大陆经商，后遭台北地方法院以"违反《组织犯罪防制条例》"通缉。2013 年 6 月 29 日，结束长达 17 年滞留大陆返回台湾，并宣传其政治立场。

上下无一不乱，从知识分子到一般人皆如此。如何处理？不能以文化天下，台湾至此，为人师的能不负责？何以风气败坏至此？要深思：一个人有成就，就能济天下。有成就，很不容易。刘邦与项羽，同盟弟兄。人的成就，是靠智慧，非靠武力。培智，内圣外王的功夫。一个人无威仪，则无法惊动别人。

吾以此实（验）义之养生人，大于利而厚于财（比财还重要）也。

《杨子·修身篇》："公仪子、董仲舒之才之劭也，使见善不明，用心不刚，俦克尔？（司马光注：谁能如此舍利而取义也）"

《朱子语类》云："仲舒所立甚高，后世之所以不如古人者，以道义功利关不透耳。"

"义大于利，厚于财"，义比财还重要，看不见，日用之。"百姓日用而不知，故君子之道鲜矣"（《易经·系辞上传》）。

民不能知而常反之，皆忘义而殉利，去理而走邪，以贼（害）其身而祸其家。此非其自为计（计利）不忠也，则其知（智）之所不能明也。

一般人好利忘义，"人为财死，鸟为食亡"。"害己身而祸己家"，玩火自焚，贻祸子孙。

"君子之道，造端乎夫妇"，夫妇以义合，"夫妇有义，而后父子有亲"（《礼记·昏义》）今天有几人是"人"？就是"装人"。我不与装人者扯。人最重要的是什么？以道殉身，不以道殉人。以道殉身，我就是道的化身、道的标准。以道殉人，自己没有主张，一切都跟着有权势者走。助人为恶，最是可恶！此"人"与"装人"之分。

以道殉己，说"老师本身就是中国文化"，拍马拍得好。熊十力自以为是孔子后第一人，所以他是旧儒的传人，并非新儒。必要下功夫，文，辞达而已矣，贵乎能达意。"人生"与"生人"，意境不同。

没有信，都失败了，"朋友信之"（《论语·公冶长》）。说一人很有信义，"信"特别重要，"主忠信"。"男无情，女无义"，"有始有卒"办不到，不做人亦不说。毛病不能去，就算位多高亦浑。何以读了三五年书，智慧一点都没有进步？说话犹像初一生，是非莫辨，不知何时能立？孔子"三十而立"，自"志于学"到"立"，已经过十五年。"立身行道，扬名于后世，以显父母，孝之终也"，立身即威仪，不苟言，不苟笑，不叫人看不起。

昔堂上喊"威武"，示做官的不可懈怠。学威仪最重要，到哪儿得像个样子。看自己到哪儿，人看你是否像个科员？每天要严格管束自己的一言一笑。真有志，亦得养威仪。

要训练自己、管理自己，塑造自己像个人。是你叫别人瞧不起自己的，"君子不重则不威"（《论语·学而》），何以不自重？每天嬉皮笑脸的。《四书》得好好读明白，知要知得透彻。

在迷中求！今台湾天天搞什么？能不令人惊心？

"明"，子张问明，子曰："浸润之谮，肤受之愬，不行焉，可谓明也已矣。"（《论语·颜渊》）不听信谣言，谣言止于智者，"道听而涂说，德之弃也"（《论语·阳货》）。

必要有预测之智，才能防未然。对事，无论时怎么变，也应知其表面下的深度。必得想，要有多少假设，才能做事。小事亦然，不能单看表面而已。

任何事，必得有所为。人必有所为，假设多少个所为。防未然，预知于先之智。用什么来预知于先？说"这个人吹牛"，即说他有预测之智，知更高一层的吹牛。好狗不露齿，露齿的没有好狗，人能守口特别难。以接触美国为"新人物"，我以为是"卖国苗子"。苗子，自小就培养。

最近，感慨时事，乃讲《繁露》。

真理就一个，天天如警言。得病乱投医，迎佛牙有用？单国玺说："太平还在政治改革。"宗教就是宗教，不能当道理讲。德行可不同，有德可以兴、可以群，失德则百姓怨。将来，对台湾地区最有贡献者如为书院学生，那我就不白干五十年。

今握枣与错金（手饰），**以示婴儿，婴儿必取枣而不取金也。握一斤金与千万之珠**（价值千万），**以示野人**（一般百姓），**野人必取金而不取珠也。故物之于人**（一般百姓），**小者易知也，其于大者难见**（知）**也。**

《释名》："人始生曰婴儿，胸前曰婴，抱之婴前乳养之也。"

凌注："以金银饰物，曰错。《食货志》有错刀，直五千。契刀无镂，而错刀用金镂之，故名错也。"

《吕氏春秋·孟冬纪·异宝》："其知弥精，其所取弥精；其知弥觕（粗），其所取弥觕。"

自己"所见"要特别慎重，人"所知"太少，"学而时习之"太重要了。

积习成俗，家中有小孩，应使之自小养成好习惯，则不令能自行。有小孩，拿小孩当宠物，进步多快！《朱子治家格言》"黎明即起，洒扫庭除，要内外整洁"，黎明起，即整理整理。

女孩结婚后，真正的一家之主，家的好坏操之在女子。昔人有中国的旧道德。不作秀，就是实际，必自本身着手。台湾想要好，必先求女人有德。真不知十年后，台湾的样子如何？检讨自己，去自己的"懒"，否则不要结婚，免得再败坏多少代。我都说真话，无一句假话。为人师的自己不明白，盲人瞎马，太可怕！正知正见，太难！

自然发自内心，无半点勉强。"见义不为，无勇也"(《论语·为政》)，希望同学真能"实行"。改变社会风气，是每个人的责任，教书的要好好教书。每个月拟几个题目进修，如论一论《论语》"身体发肤受之父母，不敢毁伤，孝之始也"章。

中国古书提"道"，乃"天下为公"。大公无私，才封三公。"率性之谓道"，顺性而行就是道。能尊重别人，才能化人。有行动的表现，才能化天下。

天下观，天下文化。何谓天下文化？奉元，用；天下文化，体。入手处何在？

今利之于人小，而义之于人大，无怪民之皆趋利而不趋（趋向之）**义也，固其所暗**（昧）**也。**

《潜夫论·遏利》："知利之可娱己也，不知其积必有祸也。前人以病，后人以竞，庶民之愚，而衰暗之至也。"

"君子喻于义，小人喻于利"，"君子怀德，小人怀土；君子怀刑（型），小人怀惠"(《论语·里仁》)。自己"所重"，要特别慎重。

"固其所昧也"，净以己之"所知"来衡量宇宙。欺世盗名，完全没有想造就自己，对时了解不深刻。

我看你们做事，计划事情，全无头绪，不知入手处，结果怎会好？太粗心大意，始易而终错误。小事不细心，大事怎能细心？微能重视，大处焉能不注意？人所知太少，尤其到社会接触愈广，方知自己所知太少，感到"书到用时方恨少"。

"穷上反下"(《易经·剥卦》)，穷上必返下，"革，去故"(《易经·杂卦传》），第一步"去故"。"去故"，由故而生新。因而不失其新，为治学之主旨。要新学，但个人的新法不同。有智慧，接受不同，结论亦不同。有时环境能使你接受你不喜欢的。

《春秋》称《元经》。奉元讲行事，奉元行事。现要立宗，奉元宗，再造文化。造，语句不好；创发，称发明家，"不悱不发"（《论语·述而》）。

圣人事明义，以照耀其所暗，故民不陷。《诗》云："示我显德行。"此之谓也。

《韩诗外传·卷三》："昔之君子，道（导）其百姓不使迷，是以威厉而刑措不用也。故形其仁义，谨其教道，使民目晰焉而见之，使民耳晰焉而闻之，使民心晰焉而知之，则道不迷，而民志不惑矣。《诗》曰：'示我显德行。'"

"事明义"，"回虽不敏，请事斯语"（《论语·先进》）之"事"。"明"是什么？"大学之道，在明明德"（《大学》），明德，终始之道，生生不息，行，外王。所有东西生生不息，皆是明之德，成就外王之业。"明义"，尚未行；"明德"，行了。圣人何以和常人不同？"圣人事明义"。

"照耀其所暗"，人各有所暗之处，如我们就不懂得所谓科学，不敢面对现实，不以明义照己之所暗。

百姓有所欲，故陷，陷于祸，陷阱。怎么做，才可使民不陷？"示我显德行"。"示"，摆着让人看。人人不陷，岂不是人人皆有士君子之行？则人人皆可以为尧舜，天下平乃可期。

每天要主动，没事找事做。每天连个小星星的光都没有，微不足道，又怎能影响别人？有显德行，大家学，百姓能不陷于罪。得天天"事明义"，以照耀民之所暗，民才不陷，而无弑亲、奸女的行为。"群居终日，言不及义"（《论语·卫灵公》），废物也。要学会怎么做事，做事必要有智慧。

一般人皆知事明，而不知事明之义。事非经过不知难，乃因体验过。《繁露》如不深入，很难明其理。"吾道一以贯之"，必到境界、年龄才能理解。我读《四书》两百遍以上，至今还不懂。读书的目的要用，而非考古、考据，必要求真正明白。

一般人第一感为事明，其实真的成分少，十之八九皆虚伪之言。必经过才知难，再去做事，此为事明之义。时间积累，年纪老了，知道愈多，心里笑笑！学就有术，脚踏实地去学，真体悟，去做事。到一个境界难，成事很难。以经验印证一切。

"示"，摆着让人看。"示我显德行"，"中正以观天下"（《易经·观卦》）。"其身正，不令而行；其身不正，虽令不从"（《论语·子路》），"君子之德，风；小人之德，草。草上之风，必偃"（《论语·颜渊》）。

以"示我显德行"观念做事，无虚假则成功机会大。占便宜，私心窃喜，就完了！台湾本身不大懂礼俗，多为"流亡户"。礼法最重莫过于丧礼。台湾之所以到今天，师范不能不负责任，愈没学问的人，愈成"学阀"。

礼俗、文化，自日常生活演变出来，必要有提示的人。中国礼俗应好好保存，显出中国人的民族性。日本人结婚，十之八九用其礼俗，韩国亦如此，就是台湾什么都没有。一个东西败坏很快，而树立一风气很难。今天恢复中国礼俗不太容易，真知的已经不多了。

以前一进门，祖宗画像挂在厅堂，供子孙追忆、怀念。牧猪奴之子懂得什么？根本不知礼。想恢复礼，必自上面实行起，因为"上好下甚"（《孟子·滕文公上》）。蒋介石讲一辈子的阳明学，草山也改成阳明山，但死时棺内却无一套《王阳明全集》。声色货利，皆欲。真正领导社会者，于欲上必要有所牺牲。人皆有所短，必要去其短。嗜欲深者，其天机浅。想容易，但实行难，事非经过不知难。

无论一个民族或一个人，不能完全活在一念之中，必活在有"治时"的智慧中才可以。"因时制宜"只能做老二，是被动的。超级大国必治时，智慧走在时代的前头，个人亦如是。天天活在幻想中无用，必要活在"治时"的智慧中。想要有治时的智慧，就必须多读书，《孙吴兵法》《太公六韬》《韩非子》《荀子》皆必读书，而且要好好读，学就有术。无得天独厚的事，全在于"学"。

你的想法与人不同，最后有自己的立场。都与人同，想争一席之地不易。

先王显德（实际行为）**以示民，民乐而歌之以为诗，说**（悦）**而化之以为俗。故不令而自行，不禁而自止，从上之意，不待使**（支使）**之，若自然矣。故曰：圣人天地动、四时化者，非有他**（tuō）**也，其见**（现）**义大故能动，动故能化，化故能大行，化大行故法不犯，法不犯故刑不用，刑不用则尧、舜之功德。此大治之道也，先圣传授而复也。**

《论衡·儒增》:"儒书称:尧、舜之德,至优至大,天下太平。"

"显德以示民",完全是实际行为,以身作则,非以口惠示民,更不能口惠而实不至。

《诗》可以兴、观、群、怨。"悦而化之以为俗",民俗,因上行下效,上好下甚。

在位者显德行以示民,民乐而歌之以为诗,《诗·周颂·闵予小子之什·敬之》:

敬之敬之,天维显思(语气助词),命不易哉。(天命保之不易,当慎敬天命。)

无曰高高在上,陟降厥士(事),日监(视)在兹。维予小子,不聪敬止(语气助词)。(如神在上,在左右,日日监视:小子不聪明、敬慎?)

日就月将(日有所成,月有所进),学有缉熙(显扬)于光明。(当深造以道,日进于光明。)

佛(弼)时(是)仔肩(任),示我显德行。(任重而道远,示导显德行。)

郑玄注:"示道(导)我以显明之德行。"以是《诗》自励也。

"君子之德,风;小人之德,草。草上之风,必偃",风行草偃,风化,化民成俗,"不令而自行,不禁而自止";"若自然",不"人之为道"。

"其见义大故能动",所表现出的"义"特别大,乃能"动"天下。

"化故能大行"，不令而自行，风化，化民成俗。"天何言哉？四时行焉，万物生焉。天何言哉？"（《论语·阳货》）

"尧舜之功德"，"无为而治者，其舜也与？夫何为哉？恭己正南面而已矣"（《论语·卫灵公》），人人皆可以为尧舜，人人皆可修尧舜之功德。

"先圣传授而复"，明德，终而复始，生生不息，故要为往圣继绝学，为万世开太平。

故孔子曰："谁能出不由户？何莫由斯道也！"

凌注："出，谓出室也。凡宫室之制，外为堂，内为室；室之南壁，东为户，西为牖，凡所以通出入者，堂前则有门，堂后则有闱。入者以向堂为至，故或可以不由门。出者以室为始，故不能不由户。"

出入由户，人人皆行，"率性之谓道"，"道也者，不可须臾离也，可离非道也"。

今不示显德行，民暗于义不能照（昭于天下），**迷于道不能解。固欲大**（太）**严憯**（憯刻），**必以正之**（齐以刑法），**直残贼天民，而薄主德耳，其势不行。**

"天民"，"予，天民之先觉者也"。天民、天子，民与子无别，德配天地。"天民"，民贵，是中国人最伟大的观念，把人看得多高！一个民族的伟大，完全在其文化思想。

中华文化必得再造，要好好奋斗。奴隶社会才要争民主、争人权。中国社会观不同，天民、天爵、天德、天禄、天吏。天吏，替天办事者，意义深。《孟子·公孙丑上》："无敌于天下者，天吏也。"

既是天民，何以要作践自己？人性皆可走上正路，世界大同。《春秋》往往以一字表义，"一字之褒，荣于华衮；一字之贬，严于斧钺"。

"直残贼天民，而薄主德耳"，骂人，将要道薄了！"贼仁者谓之贼，贼义者谓之残"，害仁害义，残贼。"残贼之人，谓之一夫。闻诛一夫纣矣，未闻弑君也"（《孟子·梁惠王下》），"一夫"，一小子。只知"诛一小子纣"，没听说是"弑君"。君，群之首，一团体的领导者。君以德言，无德如何领导一群人？

"示显德行"，问自己左右有几个朋友？以什么做领袖？无德不立。自己不能发展组织，别人会叫你领导？成立学会，志同道合在一起，修德讲学。不熟，见面能谈真话？没那个能，就不能办事。你们完全不懂自己做什么。

你们真下功夫，奉元书院就无白丁。喝茶、玩味，将许多问题立体化。坐着，慢慢悟，深求。不但有内圣功夫，亦可成就外王之业，影响百姓不陷，家成为孝友家庭。

我天天坐着想，每句话皆立体，能实行的。你们要练习会读书，才能有成就。都读过，还著书，称我的学生，明白了？读书要活泼，洗完澡后，玩书。我不立时间表，天民也。心不能清如水，所以社会浑，浑人太多！

仲尼曰："国有道，虽加刑，无刑也（无可刑之人）**；国无道，虽杀之，不可胜**（杀不胜杀）**也。"其所谓有道、无道者，示之以**

显德行与不示尔。

弑亲、奸女，是人的社会？孝慈都没了，还谈得上义？又倡"第六伦"，完全不学无术，不懂中国文化。

不是讲文章，在唤起你们的迷。你们天天在迷中求，还自以为了不起，实际上是知之不明。人最糊涂的，即"迷中求"。能"迷中悟"者，太少了。自己多平凡，一无所能，再不努力……

皆实际的行为，并非空的，不是讲书，在"行"。讲书，书讲完就算了；讲学，要你学。你们有余力要讲学，为人类好，不只为自己好而已。

"示我显德行"，足以为法，百姓能"见贤思齐"。如每天能做些有益于人的事，心就不失了。"义以养其心"，以义的行为培养己心，没有一点为别人着想不行，要显德以示民。念完此章，再看《易经》观卦。

文人忙一辈子，净说空话，完全不务实际，吃饭没事干，说"清风不识字"，因此兴文字狱。许多事必要衡量，非犯了罪皆可杀，要原心定罪。1949 年、1950 年刚来台，吓昏了眼，看什么皆可疑，草木皆兵。不能陷人于罪，公门好修行，有机会就应救人，要"哀矜而勿喜"（《论语·子张》）。

日据时代，用法约束民，但终无成。中国这几十年，受外国人的气太多了。人要争气，皆咎由自取，"人必自侮，然后人侮之"（《孟子·离娄上》）。古人不懂科学，净受气。"知耻近乎勇"（《中庸》），是是非非应自己做，好好做，以良心做。

这几年谈政，在使你们提高警觉。想求安定，必得有安定之术。陈有前途，台湾地区绝无前途，正因其轻狂，人要打扁。台湾的安定，必操之知识分子手中。活学问，知而必能行。

现在网络何以出那么多问题？小孩想什么也不告诉家人，出问题了才知。现在是人的社会？问题何以会发生？人受挫后，能悟不易，许多人至死不悟。自以为超级聪明，将宝贵时光都用在私斗上。人生彻底干，都不易，况中人乎？为师的必说真话，却说我嫉妒。我五十年，怎么知怎么行，五十年历历在目，绝不上任何地方演讲，绝不写歌功颂德的文章。

佛光山讲得好，行得差。法鼓山圣严，口才差，但修为高于佛光山。慈济世俗化，下一代不一定好，但不影响证严本人。尧本身好，儿子不好。证严行得正、走得正，有行德。每天遇事，要主动，即修行德。不可天天在屋中吹牛。

如真明白，就应静心，干自己应干的事。

知我天天搞些什么？如不知，焉能帮得上忙？汲汲营营，为营生营利？何以比你们还奋斗还努力？除自知外，还要知人。你天天搞些什么？为流氓站台，能不自愧？完全贼己身而害己家。昧，日头没了。

做生意，将本求利，以劳力换得钱者最伟大。军队是讨不服的，征者，正不正也，省掉各国的军费。均与联，看《周官》与《原儒》。联合国添一"均"字，则天下平了。可出一本杂志，专门监督此一机构，但必具备全人类的知识。"人人亲其亲、长其长，而天下平"（《孟子·离娄上》），孝慈义，为众生而努力，绝不违背自己。

走路要注意，腰要挺起，改变气质并非空话。不要天天进补、吃药，身体自然不失常，自强健。有所补，必有所损。养生，用"阴阳"两个符号。针灸、看病、配药，均讲阴阳。

阋墙之斗，足以养奸。做事都有目的，最可怕最卑鄙！万祸之源。中间可使一切手段，以达目的；历程出了问题——时间久、空间大，没定力，就贼己身、祸己家。凡夫就做凡夫的事。如为达目的斗而伤品败德，只留下业随身。自己的动机自己明白，卑鄙，贾祸之源。人真明白，太少了！我在屋中坐五十年。

每天做事、修身，都得主动。何以不知每天应做什么？不要争一时之名，自欺，如沈刚伯、李宗侗。正知正见最重要，否则无超俗的成就。当令人物，做"太傅"的黎东方（1907—1998），而今安在哉？

没有超俗之见，绝无超俗的成就。《当代》中台大教授文章，不知所云。傅斯年（1896—1950），大炮，御用文人，在台被郭国基（1900—1970）炮死。用尽方法造一时之美名，随着时间就流逝了！

想有成就，要有正知正见、超俗之见。非常苦，没耐力办不到。我一辈子不改变方针，干到底。要下功夫，不可以自欺。站得住，太难！太难！得超凡，才能入圣。没有超凡见识，就随波逐流，向妖姬（养汉老婆）磕头。在校争名夺利，一句话都不让，拉学生到家泡茶、包饺子。

我读半辈子书，当然关心文化。今天七十岁以下的，有好好读中国书？得重整、复兴。找老的造就小的，中间有五十年的空档。必要念兹在兹。

"传不习乎？"习了，即传承。看《汉学师承记》。读书，得有师，并非造谣。传承，谁来传？没有读书，写的文章，别人能读？成功，必要有所牺牲；好名，就难以成就。时令学人，而今安在哉？要下真功夫。真读书，比开矿还难。陈寅恪（1890—1969）是什么家庭背景？书香门第。刘师培（1884—1919）家，五代传《左传》。你们连千字都不识，还想成为学人？一代领袖人物，要在那个领域有创造、发明。台湾教育走错路，愈弄愈乱。

　　必要有超人的定力，不可以见异就思迁，一条道跑到黑就成了！必知道自己要做什么，然后才能深入。找行家，天下事绝无巧得的。名人无创新，如梁任公（梁启超，1873—1929）也过去了。龚德柏、成舍我这么好的人，又有几个人记得了？可见站得住多难！程、朱站上千年。

本传作江都王。《汉书·董仲舒传》："对既毕，天子以仲舒为江都相，事易王。易王，帝兄，素骄，好勇。仲舒以礼义匡正，王敬重焉。"

"对"，长辈问，己对答。长官问，亦曰对。

董仲舒，任江都相。《汉书·百官公卿表》："景帝中五年，令诸侯王不得复治国，天子为置吏，改丞相曰相。"清王爷旁领班的称师傅；怕称相，易养成谋篡心。

台湾奉元书院交给台籍同学，必要有量。志同道合，才能做事。"道不同，不相为谋"（《论语·卫灵公》）。人皆有志，不能伸志，当然悲哀，"赵孟贵之，赵孟贱之"。

命令相曰：大夫蠡（范蠡）、**大夫种**（文种）、**大夫庸**（泄庸）、**大夫睪**（皋如）、**大夫车成**（苦成），**越王与此五大夫谋伐吴，遂灭之，雪会稽之耻，卒为霸主。范蠡去之**（离开），**种死之**（自杀）。

寡人以此二大夫者为皆贤。

《越绝书》云："昔者，范蠡其始居楚，曰范伯。自谓衰贱，未尝世禄，故自菲薄。饮食则甘天下之无味，居则安天下之贱位。复被发佯狂，不与于世。"

《风俗通义》曰："在越为范蠡，在齐为鸱夷子皮（范蠡别名），言其神圣能兴王霸之业，变化无常。"

《史记·越王句践世家》："当是时，越兵横行于江、淮东，诸侯毕贺，号称霸王。范蠡遂去，自齐遗大夫种书曰：'蜚鸟尽，良弓藏；狡兔死，走狗烹。越王为人长颈鸟喙，可与共患难，不可与共乐。子何不去？'种见书，称病不朝。人或谗种且作乱，越王乃赐种剑曰：'子教寡人伐吴七术，寡人用其三而败吴，其四在子，子为我从先王试之。'种遂自杀。"

"飞鸟尽，良弓藏；狡兔死，走狗烹。"凭自己良心做事，不要为"一家春"去做，做完，他必致你于亡。清知中国文化，将设计者皆留之，但也无泄露。历代将设计者皆杀之。

越国成功，第一功臣是西施。没比男人再没出息的，对敌人没办法了，用美人计，最悲哀！有一说，西施怀夫差的种，不被句践所容，沉江自尽。如有人性，不应逼死西施。做忠臣的下场，文种。胜利的皇帝变了。

能干的都得失业，所以要讲这些。如此大贡献者，都没人容，何况廖？书读明白，就知怎么活。吊廖，嚎正，嚎对了，故曰廖嚎正。张良最聪明，有报国之志，不等肿，在消时就走，造谣"从赤松子游"，留下老命。韩信赖着不走，终被设计，死于女人之手。人世，过河拆桥，还要猫哭耗子。真成就事业，得有环境。

遇事何必哭？文种小弟。比干谏而死，纣王的堂叔，说"圣人之心有七窍"，挖比干的心。读完历史，知了，不是不做事，而是要怎么做事。学老和尚，要叫顽石点头，在惊醒你们的迷梦。

岳飞以何罪名被杀？莫须有。志同道合除王八蛋。一个有大志者，不可涉入任何政治圈，绝对达不到目的。成事，绝不能假借他人势力，得自己造势。不能乘势，更不能借势。

孔子曰："殷有三仁。"今有越王之贤，与蠡、种之能，此三人者，寡人亦以为越有三仁。其于君何如？桓公决疑于管仲，寡人决疑于君。

《论语·微子》："微子去之，箕子为之奴，比干谏而死。孔子曰：'殷有三仁焉。'"

"桓公决疑于管仲"，好好玩味"管仲相桓公，不死公子纠"。

孔子说"微管仲，吾其被发左衽矣"：一、不能对管仲有微辞；二、没有对管仲有微辞。评"乃其仁，乃其仁"，其思想意义如何？以此证明孔子思想是进步的。

孔子在《论语》有三个历程：一、"郁郁乎文哉！吾从周"；二、"久矣！不复梦见周公"；三、"吾其（岂）为东周乎！"

历代帝王所强调的"忠义"，是周公的忠于一人。要改变对"忠"的观念，自孔子批评管仲可知。是忠于人，即群众。"九合诸侯，不以兵车"，没有战争，就不会造成寡妇孤儿。

学术不是讲的，是实行的。"世卿非礼也"，孔家却世袭罔替。孔子讲孝悌，孔家何不迎嫡？明时打官司，诉讼不断；清时，分南北二宗。孔德懋《孔府内宅轶事》。孔门之后，根本不懂孝悌，还夺嫡。如真有孔教，应迎嫡。任何思想不去行，完全没有用。

必须把思想变成文化，使人受其化。我知其不可为，但活着时必须说人话。每天不谈正经事，就斗权斗力，争名夺利。人家是智扁，他却是水扁，不知哪个老师取的？多明白，好好修己之德。

儒家书无一句废话。《法华经》无几个要义。《普门品》，我念多次，也无对住。唯《金刚经》无神秘话，不可以声音求我，不可以色相见如来。

《金刚经·法身非相分第二十六》："尔时，世尊而说偈言：若以色见我，以音声求我，是人行邪道，不能见如来。"

牙真否，不重要，脑子要会想。佛牙就灵？迷人才说迷话。各有所用，星云想以此骗大家，却被骂成是政治和尚。证严是观音，真能观世音。和尚斗得厉害，没有工夫去成佛。义工批评志工。其实，"志"比"义"重要，无志能够行义？"士尚志"（《孟子·尽心上》）。

要用脑子想有意义的事。信，狗牙亦成佛牙。不能"群居终日，言不及义"（《论语·卫灵公》）。《论语》深读，含无量义。人有点有真意的笑，都不易。

仲舒伏地再拜，对曰：仲舒智褊而学浅，不足以决之。虽然，王有问于臣，臣不敢不悉以对，礼也。臣仲舒闻：昔者，鲁君问于柳下惠曰："我欲攻齐，何如？"柳下惠对曰："不可。"退而有忧色，曰："吾闻之也，谋伐国者，不问于仁人也。此何为至于我？"

《论语·卫灵公》："臧文仲其窃位者与？知柳下惠之贤，而不与立也。"孔子以柳下惠为贤者，《孟子·万章下》："柳下惠，不羞污君，不辞小官。进不隐贤，必以其道。遗佚而不怨，厄穷而不悯。与乡人处，由由然不忍去也。'尔为尔，我为我，虽袒裼裸裎于我侧，尔焉能浼我哉？'故闻柳下惠之风者，鄙夫宽，薄夫敦。"称其为"圣之和者"。柳下惠"直道而事人"，最后去官隐遁，成为"逸民"。

但见（被）问而尚羞之，而况乃与（参与）为诈以伐吴乎？其不宜明矣。以此观之，越本无一仁，而安得三仁？

此段完全用别人的话，把自己的思发挥出来。

会看一问题，才知怎么答问题。一般人皆庸人之见。对高雄事件，那八人皆不能应对。

解脱之术：人都说自己好不行，借别人话谈话题，把自己腾出来。遇到问题，不要用你我，以第三者演一遍，来解决问题。

仁人者，正其道不谋其利，修其理不急其功，致无为而习俗大化，可谓仁圣矣。三王是也。

"正其道不谋其利"，做一件事，皆有一定方法，应按此方法去做，则其结果必有利，何必再去谋利？按道行，则利必得。有人天天讲正道，而再谈及结果，此为笨人。

"修其理不急其功"，按此道之理去做，按部就班，就不用急其功。古时修工程无赶工者，赶工为自毁。

《汉书·董仲舒传》："正其谊（义），不谋其利；明其道，不计其功。"按自己本性行事，不计利不利。良知，"率性之谓道"。秦桧、文天祥，当时与历史的评价如何？自己做得对，自然天成。谋事在人，成事在天。

了解现代史、现在事，最能得利。中山先生何以失败？他的事业，勉强维持三十八年；写了《三民主义》《建国方略》《建国大纲》，如此努力，何以还失败？好好研究。中国有今天，谁是支撑者？只知道读历史方向，不知道真东西。毛泽东每句话，何以能一呼百诺？皆百姓欲做而未做，故能一拍即合。

英文好，辞能达意？辞必达意，好好读外语。人必力争上游。

每次都有其文，但十几年仍那个味，没有进步。伟大与否，完全在自己，不要空想。走得正，行得一定正。开始对了，结果成功一定好。这几年，必训练成几个智者。

辜振甫最有智慧，"二二八"事件时被抓，犹宁静读英文字典；林熊祥觉得他有修养，将外甥女许配他。本、源，是一家两枝。板桥林家，没功名，是捐官；雾峰林家，有事功，封将军。许多事，要实际研究，有所启示。

有突变，才能学事。过这个村，绝没这个店，你们要好好学。

《春秋》之义，贵信而贱诈。诈人而胜之，虽有功，君子弗为也。是以仲尼之门（门下），五尺童子，言羞称五伯（霸），为其诈以成功，苟为而已也（非名正言顺），故不足称于大君子之门。五伯者，比于他诸侯为贤者，比于仁贤，何贤之有？譬犹珷玞（wǔ fū，似玉之石）比于美玉也。臣仲舒伏地再拜以闻。

"《春秋》之义，贵信而贱诈"，但据乱世不行。据乱世，"内其国，而外诸夏"，如今天之局，懂得礼义者不能不有机心。

"贵信而贱诈"，不要有私心，要做正常的事。社会尚诈贱信，互不信任，不正常之局。但兵不厌诈，要视事而定。人世，对好人用善道，对恶人则否。修德，不主动对别人不好，但必有应敌能力，谁来我怎么对付你。不占人便宜，但也不吃人亏。

今天社会，土匪社会，不吃人，但不能让人吃你。没有理由，都说有理由，老对人让不可，要先礼后兵。我活至今，都是打来的。没有事不找事，有事不怕事，愈躲事愈多，但不能仗势欺人。怕事，事情天天来。我母亲说："宁可养子叫人骂，不可养子叫人吓。"见谁都怕，人就欺负你。必要树威，不树威，人必欺负你。江山是打出来的。我这一生，不知打了多少仗。社会上，是坎坷不平的，先礼后兵。但必自己站得住，不扯闲。不能退缩，必有威仪，训练自己有应世的本能。

读书要细读，把别人的高招引用出来。主旨、立场完全相反，完全用别人的话，表达己见，其君接受。《通鉴辑览》，智慧之书；眉批，有经验的人才能批出。

积习成俗。错误是一回事，但人皆可自错误中走过来。法，不是人人皆怕，杀不胜杀。

最好办事，发自至诚，千万不要耍自己的小诈，宁可叫人感你笨，也不要叫人感你"愚而诈"。年轻愚而诈，前途没了，没人相信你。

白狼应好好检讨自己，何以祸延儿子？其子长得周正，却横死，值得吗？自己必要正。"蒙以养正"，自"止于至善"入手。"知止而后有定"，知止，正。我不厌其详地讲，是在训练你们用头脑。

何不组青年会访大陆？何以必做方外人？混饭的，台湾无一人相信你。你们真做，我连顾问都不敢当。人人都有所为，不要越俎代庖。

《孟子·梁惠王上》："仲尼之徒，无道桓、文之事者，是以后世无传焉。"孟子"道性善，言必称尧舜"，此其所以成为亚圣。

君子之分界，最好是"大君子"；贤人之分界，最高为"仁贤"，犹未入圣。应有几个发心，好好读书，行圣人之道。

孔庙称"圣庙"，清奏折写"上闻"。

董子完全借别人话表达己意，借题发挥。人幽默，也很重要，观念上可以升华。人生真是戏，多唱几个角，很有意思。精神最重要，要振作起来，有活力去闯、去做。

遇事，必要找名律师，有良知的，不能找关系律师。太年轻，没经验，抓不到要点，应找有经验的。要点抓住，一句话就能打住。

台湾哪有学人？台湾的文字学到底谁好？不识字，如何研究学问？必要访每科的最高手，请出来教。鲁实先（1913—1977），文字学。成惕轩（1911—1989），韵文。尉素秋（任卓宣夫人），词。

要发掘高手，有学问可以传授。都没人，你也不成才。一能，就可传下。

遇事不必哭，事情发生了，应哈哈大笑，运气好碰上了。真有志，绝不可以设限。你成功，绝对有人破坏。被骂，因你障碍了别人。要有人的行为，必举贤、荐贤。"人之有技，若己有之；人之彦圣，其心好之"（《大学》），一举一动，即见一个人能用否。知人特别难！

一粒鼠粪坏了一锅粥。一团体发生一事，即马上知此一团体如何。"实不能容"（《大学》），我屡试不爽，但都失败了。绝不嫉妒，尽量提携。团体不许嫉妒，嫉妒者不要别人发展。养群德，特别不易！为己，也得好好努力，你们喜欢与否，也得生于斯、长于斯。回大陆，环境已变，得有立身之地。要与大陆发生关系，在有落脚处、立足地。

要进去了，慢慢都能进去，有一路可循。"出入必由户，何莫由斯道也？"我费尽心血，恐你们未必用得上。读书的目的，就是要改变器质。现是打补针、维生素。每发生一事，讲一章，真是枉费心机！

《天道施》丢不少，但当金句读已不得了，每句皆有价值。

董子一代纯儒。今天读书人之下贱！东抄西抄。《繁露》并非作注解，等于泛论《春秋》。

天道施，地道化，人道义。

天之德，乾能生；地之德，坤能化。天有施之能，地就有化之功，化包括受与含。

"天道施"，乾施，"云行雨施，品物流行"（《易经·乾卦》）；"地道化"，坤受，"含弘光大，品物咸亨"（《易经·坤卦》），生化万物，因坤顺承天。"乾道变化，各正性命。保合太和，乃利贞"（《易经·乾卦》）。"人道义"，人之道，必兼有天地之道，既能施亦能化。男施女化，故宜于天地之德，与天地参矣！

佛教讲布施。施，给了不要回。"天道施"，老子说"生而不有，为而不恃"，孟子说"万物皆备于我"。何以法天、则天？今天没有中国思想，所以变成猫、狗。"立天之道，曰阴与阳；立地之道，曰柔与刚；立人之道，曰仁与义"（《易经·说卦传》），天道阴阳，地道柔刚，人道仁义。天道怎么施？人生不单有吃喝而已，天老爷不饿死瞎家雀。

董子以《大易》之道为本，成此文。《易·乾》："大哉乾元，万物资始，乃统天。云行雨施，品物流形。大明始终，六位时成，时乘六龙以御天。乾道变化，各正性命。保合太和，乃利贞。首出庶物，万国咸宁。"此宇宙从开始，到最完美的结果。《易·坤》："至哉坤元，万物资生，乃顺承天。坤厚载物，德合无疆。含弘光大，品物咸亨。"

参考《学》《庸》。"人道义"，"义者，宜也"，人之所为必合于义，"率性之谓道"（《中庸》），"见义不为，无勇也"（《论语·为政》）。朋友之道，"朋友先施之"（《中庸》），必牺牲自己，才能达到。能立人，必先立己，懂先施之道，己立立人，己达达人，则与天地参矣！人多一分牺牲，就多一分施与，才多一分成就。

奉元，讲天道，要印证。此篇将中国思想皆包括在内。

何以画八卦？通德类情，"以通神明之德，以类万物之情"（《易经·系辞下传》）。一切幸福皆操之在己，要智周万物，道济天下，裁成天地之道，辅相万物之宜。

小孩未发育健全即出家，造孽！何以一个人的社会会变成如此？初中生杀人杀八十多刀，我活这么久，第一次碰到。现非怨谁的问题，而是如何挽救？读书人应是人类的良心。要把知识变成生活，"夫孝，德之本也，教之所由生也"（《孝经·开宗明义》），孝都没了，还有什么教？本就完了！今能尽点人的责任，已是不易。

天道施第八十二

629

"天命之谓性，率性之谓道，修道之谓教"，道是什么？表现人性的就是孝，人不能尽孝，就是没有人性。你们孝否？如连你们都没有孝，社会到今天是必然的。孝，报本。本身不做，社会怎能不乱？知识分子都忘本了，还以小家庭为美。小家庭，就是不孝。慢慢传染，太可怕了！知道，开始去做。

圣人见端而知本，精之至也；

"端"，不等于始，用也，"通神明之德，类万物之情"。"见端知本"，见端，进而识其全貌。圣人的境界，"执两用中"，必知两端，才能知本，见端而知本。因为"物有本末，事有终始，知所先后，则近道矣"（《大学》），"忠恕，违道不远"（《中庸》），能慎始诚终，才不虎头蛇尾。

"见端而知本"，即有先见之明，不为私欲害之，以良知、性智用事。嗜欲，塞人之聪明智慧。至纯而不杂、精一的境界了，则事情一发生，见样，即能窥其全貌。深悟此段，可得治事之要。

君子与小人之别，君子存良知，小人去良知，私欲害之。每天脑筋不灵光，因为凡事总把自己摆在第一位。读多少书，完全不会见大，因一个"私"字，而操之过急。应是"成功不必在我"，一切事之成，皆顺其自然。有成就者，皆能达到"忘我"境界，甘地成为圣雄，即视自己是零。

今天年轻人最大的毛病，就是整个自私，谈不到一点公。吃什么奶长什么肉；伤品败德的心理，最是可怕，终无不为矣！一个"私"字，害尽天下苍生！以此求证廿五史。争阴阳之利，还谈什么？是人的外貌，却无人的行为。人的成就，完全在自己造就，读多少书，没有用，贵乎去行。

过俭省的生活，但必用时则必花，应给别人的都给。该花钱就花，不管自己有没有好处，过精神生活。我生活简单，吃饺子喝饺子汤。该用则用，不该用的一分都不能用。有钱，必用于有用之处，用其所当用。别人花我的钱，我总觉得很高兴，流亡学生、满洲学生。当年过年，至少有三十人，站着吃；现在，学生都有太太了，过年也难找，也无一人请吃饭。该做就做，不必净为自己想。至少造就不少人，有海外留学的，每月给一点钱。老的还不错，愈年轻的愈不行。我自己月花三四千。一个人必做应做之事，不求回报。只要对方有成就，也能对后人有贡献。千万不要太自私，人有亏损，天有补报。

"精之至也"，真举世无双。精，"刚健中正，纯粹精"（《易经·乾卦·文言》）。精，纯一不二，诚也，"不二其心"为精的入手处。至精，"无有远近幽深，遂知来物。非天下之至精，其孰能与于此"（《易经·系辞上传》）？

别人的事，与他无关，到事情发生时，束手无策，乃庸夫也。应自己事、别人事，都没有二心，只要事来，即能应付。志在必得，就没有主意。按事理处事，有二心，就有私心。医生为人看病，动不动就开刀，但遇到自己太太则慎重。不二其心，没有分别心，就事论事。

"一"，专一不二。"诚者，天之道"，一点二皆无。人法天，就得"诚之者"，因"诚之者，人之道"。人皆有私心，有成就者能有几人？甘地身上只一块布，人以为极穷，但实为天下之至富。净为己，最后人都做不了，如孔、宋。有抱负，想发财，又想做上帝，天下没有这种事。私心少一分，就多一分成就。有志是一回事，不能行其志，就悲哀！"真者，精诚之至也。不精不诚，不能动人"（《庄子·渔父》），"精诚所至，金石为开"（《论衡·感虚》）。

你有什么本钱要这个能？"天命之谓性"，体；性生万法，用。训练你们有脑，只有当官欲望，就没脑子。谁给你的性？天道，"天命之谓性"。"道也者，不可须臾离也"（《中庸》），不离道，才能成事。道既离了，要怎么收回？无能收回，即废物。

教什么？学什么？"善教者，使人继其志"（《礼记·学记》），教天道，学"大"。《大学》"大学之道，在明明德"，不忘本，要感恩，知何以如此光辉。使人知"终始万物"的明德，生生不息之德，教天下人惜物。其次要进步。进步得靠人，所以要"新民"。知"止于至善"，提升自己的境界。其后，最重要的一件大事是什么？知止。"知止而后有定"。何谓至善？至圣，至，前面必有一标准，你这么大，我就达到你这个大；你有多大，我就追上你那个大。原一边高，最后一样，齐了。元，"元者，善之长也"，"止于至善"，有一善的标准在，必到止于善了，才停止。"大哉乾元，至哉坤元"，"秉大至之要道"。中国学问，一以贯之。

中国人读书，最低境界要希圣希贤。孔子没有白活，成为至圣，即追上圣人了。亚圣，没有圣。述圣，接着，没到圣。宗圣，归往。孔子弟子皆狂狷，没到圣。复圣，"复其见天地之心乎"，故为中行。

"及其老也，血气既衰，戒之在得"（《论语·季氏》），老年人戒之在得，此"得"包括很多。将已就木，还投机？偷鸡不着，蚀把米。投机一辈子，到时候，也该停止了。人千万不可不自知，不自知能自量?

"君子疾没世而名不称焉"(《论语·卫灵公》),名实不相副。好名者必作伪,"本立而道生"。一个能尽孝的人,马上恢复人性的尊严。必从本身做起。

得一而应万,类之治也。

苏注:"正其理,则万事一也。"

《淮南子·俶真训》:"夫道有经纪条贯,得一之道,连千枝万叶。"

《荀子·儒效》:"平正和民之善,亿万之众而搏若一人。""以浅持博,以今持古,以一持万。苟仁义之类也,虽在鸟兽之中,若别白黑。"

"大哉乾元,万物资始,乃统天"。"唯圣人能属万物于一,而系之元也",以一持万,因其懂得"类之治也"。先类之,结果就治之。做事不懂"伦""类",绝不能成功。"以类相从"(《荀子·正论》),知类类之,整齐,即治之了。

用什么能类之?如丝线搅在一起,如何使之不乱?类之时,无论如何乱,必自"理间"入手。茂而有间,树叶无论怎么茂,叶间仍有空间。天下事亦同,细看皆有间。理繁自间,只要有间,就有下手处。游刃有余,优游自在。一堆中必有缝,缝、间、距离为下手处,自缝下手理之,即理间;理后,乃知粗细大小,再类之,此时整齐了,就是治之。

治国、平天下,最后天下治了。一类类弄好,乃"得一而应万"。做事,把自己愈置后,成功的机会愈大,"后其身而身先"

（《老子·第七章》），老子即知此。

《易》讲"通德类情"，万物之情都类好了，即"类之治也"。能讲，但对国家人类，以至于儿女，都无作用，还谈什么？教授除上课外，不想国家民族社会，妙不妙？

今天在台，以"复性"为第一要义。到人不人、鬼不鬼的时代，还谈什么其他？自己应好好整理自己，包括思想与事情两方面，不必整理别人。成天往外跑，有什么好看的？一开始就伪不行，不能骗自己的心，心之贼要先除之。智慧是慢慢培养的，自整理自己培智。有勇无谋，不能成事，；胆大心粗，一事无成。自以为是，人亦看不起你，多少采纳别人意见，也比匹夫之勇来得好，"匹夫之勇，敌一人者也"（《孟子·梁惠王下》）。

伏羲作八卦，"以通神明之德，以类万物之情"，得一而应万，见端而知本。"同归而殊涂，一致而百虑"（《易经·系辞下传》），殊途同归，百虑一致。儒家思想，必先了解"一"，太一，太极，"大哉乾元，万物资始，乃统天"，故"得一能应万，类之治也"。"一"是纲，"类"是目。精至、类治，能精至，故能识源，把事情一类类地处理得恰到好处。

做事粗心大意，不深思熟虑，掉以轻心，把别人都当傻瓜，结果一出手，就吃了闷棍，最后，乱了脚步。开始，就不按步骤走，愈陷愈深，想求成功，难上加难。人就是糊涂，利令智昏。做事，必按部就班，否则一开始掉以轻心，就种下失败之因。以公心处事，旁观者清，一生没有成功，但也没有失败。人生必有成败，由失败中检讨，才有未来的成功。

本不动，末都能乱，"树欲静而风不止"（《韩诗外传》），已投入大海的波浪中，想静，已经办不到了。"世海茫茫，升沉殊易；前途如何，在乎自励。"世事之不平，就是浪，一浪又一浪，一波未平一波又起。一字不识，还幸福；有知识，世事浪花令你无法不感触而掷笔三叹。

"唯上知（智）与下愚不移"。知识分子真是痛苦，既如此，应使痛苦有代价，必要有正知正见、正是正非，做社会的中流砥柱，才是安定力。面无表情，不助人为恶。有知识，必对得起自己的知识，"古之学者为己，今之学者为人"（《论语·宪问》）。接受开始的责任，就必有始有终，"有始有卒者，其唯圣人乎"（《论语·子张》）？

何以离开道了？因不知止，故而离道。只要我喜欢，有什么不可？不知止于何处。怎么复这个道？"知所先后，则近道矣"，知止，而后有定静安虑得，得，每个人所求不一样，连天地都得求得。天地，也是元的儿子。怎么知道？"大哉乾元，万物资始，乃统天"，天也包括在内。"天得一以清"，人"得一"，得了，不能再睡卧龙岗，得应世，对付对付，骗伪君子刘备。得什么，都成功。

不知类，能类物？你代表什么来的？来干什么？说千言万语，在告诉你们：先修养，要有自知之明。知彼知己，百战百胜。

处世，也不要强求。乱伦，伦理何在？一步走不对，什么荣宠都没了。余某某，人称"汉奸院士"，人耍小技术，就是不诚。

动其本者不知静其末，受其始者不能辞其终。

《庄子·人间世》："其作始也简，其将毕也必巨。"

"静其末"，才有永久的成功。动本易，静末难。本要动时，就得想静末的方法。末未能静，本焉能静？能静末，才能动本。"动其本者不知静其末"，动"本"时，就得懂静"末"之道。在做一事之前，先知如何收拾残局，有此智慧，再开始动本，否则，只知妄想，就完了。

"受其始者不能辞其终"，受"始"了，就不能不管结果，"终"得受，要"有终"，不可以说：结果我不管。跑接力，实是最坏的运动。始，明的功夫，"大明终始"，终而复始，生生不息。

不要以为我所言，乃老生常谈，只求混混。天下没有难办的事，没有好事坏事，只是你智慧够不够。今天国家大事，其实极简单，不要以为大得不易了解，其实是一群小孩在玩泥娃娃，不能奉为金科玉律。今天是三等人物支配世界，只要一等人物出，就通吃。

心之贼，最是难去，欲壑难填，嗜欲深者，天机浅。时势造英雄，做人类的英雄，"棋胜"，人生就是下棋，看得平淡，功利心就淡。

今天不是"空言"，已经"见之于行事"，没有一边会等着挨打，必得到最后才得结果。你们的世界知识太少，不下功夫，怎么行？怎能应世？

利者，盗之本也；妄者，乱之始也。

《史记·孟子荀卿列传》："利，诚乱之始也。"

"利者，盗之本也"，天天求利，"上下交征利，而国危矣"，乃动盗之本。天天取利于民，树妄于民，欲民之静，而不可得矣！以相欺为能事，以争利为本分。

"妄者，乱之始也"，天天于虚妄中求生存，立身之道已立不住了。一妄，日久天长，就以为是真的，为受乱之始。人千万不能天天有自妄之心，自欺！怎么乱的东西也有间，从中下手。

一个人太重利做事，乃缺少真的功夫，因有盗心生。有多少人谈恋爱是怀盗心的？"《关雎》，乐而不淫，哀而不伤"（《论语·八佾》），哀乐过分，皆伤性也。人与人的关系，那么简单，就是利与害。最近的事，乃自利开始。大家都说假，谁也不怕谁，"妄者，乱之始也"。

许多事必自本入手，不可以怀盗心。多少人把最好的事怀盗心处理，利之所在，盗就来了。"人之视己，如见其肺肝然！"

夫受乱之始，动盗之本，而欲民之静，不可得也。

苏注："知治之语，故施政务正其本，民气常求其静。"

上下交征利，"而欲民之静"，可得乎？最近，有几事不是自争利发生的？"物有本末，事有终始"，既有本末、终始，"知所先后，则近道矣"，必要知其所以本末、终始之先后，则虽未能完全复性，亦近于复性、复道了。

明白，一个即足，社会不允许两个英雄存在。"道也者，不可须臾离也，可离非道也"，不知止于道，乃离了。应知止，才能复于道，是学人。根本没离开道，是真人，童真。

"是故君子戒慎乎其所不睹，恐惧乎其所不闻。莫见乎隐，莫显乎微，故君子慎其独也"（《中庸》），此"独"绝非独居。"慎独"，中国思想最重要的一步功夫。

"性"与"独"有何不同？性，不知不闻；独，能知能闻。"人莫知其子之恶"，人家都知，就自己独不知不闻。

"求知"功夫太少，而"自豪"功夫太多，结果就如无根之水。何谓无根之水？水龙头之水即是。但是无根之水，也是自有根之水来的。

想做事，必先造就人才。谁来接我的班？接班人第一个条件得言行一致。有人斯有财，证严以五毛起家。怎么为台湾人谋福利？成立同学会，拉帮是有责任的。"儒，人之所需"，做人所需的事，办得到？就从自家做起。

理悟太难！"天上天下，唯我独尊"，"我"为通辞，万物皆备于"我"。"公"，乃大公无私。过年祭拜天公，存多少感恩的心？

为台湾谋福利，得有致密的头脑，要恢复台湾的安宁，扯闲乃无知无识。

"中国人"分成多少境界、层次，《中庸》"喜怒哀乐之未发，谓之中；发而皆中节，谓之和……致中和，天地位焉，万物育焉"，此奉元思想的实用观。"中和"的境界是什么？性，万能的。与生俱来的智慧，称"性智"。

不可以无病呻吟，中国学问皆实学也，好好下真功夫，用心做学问。21世纪，不必看人脸色说话，可以正视中国思想。

怪人就是怪人。我的孙子说："爷，怎么不和我说话？"天天与我斗智。

我家的宋版书，被当冥纸烧掉了。现在要到民间搜书。

放浪形骸之外，得回头，先"知止"。下什么功夫？"至"。知至至之。有一点距离，也不是至。至，是功夫。知止，得天天拼命，达到那个善。希圣，下至的功夫，达至圣。每个字，都得如此下功夫，没有空的。

愿为学，自己命题，三年小成。承一个学的系统，并非易事。要有志，嗜欲浅，天机才能深。什么都喜好，还想成学？要以书中智慧用世。天天审判自己，不要自欺。对自己耍术，太愚！中国今天，所有学问皆成绝学，谁有志谁接。以皮锡瑞《经学历史》《经学通论》作为参考。

我任何事都得看到。你们这么年轻，何以没有好奇心？皆功夫，不在聪明与否。聪明过度的傻子，不追根究底绝不能成事。

不要天天原谅自己，享受亦得有享受之道。自吃，可以看出一个人的文化，你们完全不懂人的行为。一方水土，一方人。不能忘本。

故君子非礼而不言（戒妄），**非礼而不动**（行）。**好色而无礼则流，饮食而无礼则争，流争则乱。夫礼，体情而防乱者也。**

苏注："'体情'二字，最得作礼之意，学者不知此义，遂有以礼度为束缚，而迫性命之情者矣。《艺文类聚》三十八、《御览》五百二十四并引董生书曰：'理者，天所为也；文者，人所为，谓之礼。礼者，因人情以为节文，以救其乱也。夫堤者，水之防也；礼者，人之防也。刑防其末，礼防其本也。'疑是此处脱文。"

讲如何应付环境，"非礼不言，非礼不动"。"克己复礼"（《论语·颜渊》），非礼勿视、勿听、勿言、勿动，"约之以礼，亦可以弗畔矣夫"。

有美之处，人皆好，喜看戏！礼，体情而防乱者也。从"类"懂得"体"，更仔细，更温情。

"好色而无礼则流"，"色"，形形色色，"食色，性也"，本是好的，但用"不中礼"，不合礼，偏了就坏，《礼记·乐记》"乐胜则流"。

"饮食而无礼则争"，饮食而无礼，如狗争食，吃相难看。"礼之初，始诸饮食"（《礼记·礼运》），礼法开始于饮食，知饮食之道。昔日吃饭，长幼尊卑有序，礼也。

"流争则乱"，流，即"不中礼"（《礼记·孔子闲居》："敬而不中礼，谓之野；恭而不中礼，谓之给；勇而不中礼，谓之逆"）。争，争夺、互不相让。社会之所以乱在流、争。

"致中和"，中和之为用，性即情、情即性。泛情就坏！体人之情立礼，才能防乱。不可以师心用事，于下意识中将自己置于前头。

现在年轻人不懂得有责任感，连和自己有关系的人都如此，依此，能救国救民？要有团体责任感，享权利也应尽义务。

没有"施"的心，应深求一步。同一屋中受课，彼此不打招呼，那中国如此大，岂不是一片散沙？我没受新教育，但讲群德。"仁者，无不爱也"，连对仆人都不许过火、发脾气。不正常的观念，在社团做事，只想求名求利，不想做好事。

"人有礼则安，无礼则危"（《礼记·曲礼》）。街上形形色色，无以礼节制，则欲壑难填。

"礼义也者，人之大端"（《礼记·礼运》），"唯圣人为知礼之不可以已也"（《礼记·内则》）。体情防乱，拨乱反正，此儒家高于其他宗教之处，最高的手段。

许多为政者不懂"体情"，完全本己立法，"人之为道而远人"就坏！家庭个人皆必体情防乱，不能天天打牌以为业。失常情，没有不乱的。和尚立的礼，不体情乃乱，倡"绝欲"。儒家"节欲、寡欲"则不乱，因体情立礼，故能防乱。

"体情而防乱"，家必建立制度，树立家风，从自己开始，以身作则，持己功夫必要够，"刑（型）于寡妻，至于兄弟"，做家人的模范，并不影响感情，相敬如宾。齐家最难，能得妻子的称赞，就成功了！能齐家，就能为政，"以御于家邦"。"子孙虽愚，经书不可不读"（《朱子治家格言》），孩子多读书，气质必然不同。不必天天告诉他怎么做。

民（一般人）之情，不能制其欲，使之度礼。

《管子·心术篇》："礼者，因人之情，缘义之理，而为之节文者也。故礼者，谓有理也。理也者，明分以谕义之意也。故礼出乎义，义出乎理，理因乎宜者也。"

此处深入看，是知人、做事的层次。于礼上度己之错误，"约之以礼"。

我小时，拿碗筷、汤匙，均有一定的规矩，每一举动都有规矩。今天已经将美的风俗变得野蛮，败坏至此！体今日之情，必得下手。今天可真得用重典，言出法随，绝不能改变。

我想常做好人，可是都碰到恶僧。我宁可下地狱，叫小和尚都还俗。何以要自欺欺人？

目视正色，耳听正声，口食正味，身行正道，非夺之情（七情六欲）**也，所以安其情也。**

苏注："色声味，皆情也，导之以正，所以安之，不夺其情，而使之束缚拘苦，无泰然之乐。"

有刺激性的东西，都不是正味。

儒家是想尽方法安民情，使之视正色、听正声、食正味、行正道，并非夺民之情也。夺情，旧社会父母去世，按规矩，必要服三年孝，国家有大事则夺情，但仍需穿素服，不能着官服。

和尚夺情，结果？应顺自然"安其情"。将外边的欲看得太重，则为物所役。"君子食无求饱"（《论语·学而》），天天食求饱美，即将外物看得太重，必受外物的支配，如喝咖啡必求名牌。役于物，为物所支配，自己的大本尽失。

台湾什么都有，但皆一个味，什么都不像。吃是门大学问，可意会不可言传。

人何以愈大愈不纯洁？经济能力没到时，要修自己。人要坏，四十开外。四五十不坏，就不坏。四十岁后坏的人，一辈子就起不来了。物之感人无穷，人之好恶无节，物至而人化物，因物以类聚。

什么是"正"的标准？世风何以变得如此厉害？初中生争风

吃醋杀人。我们认为正，他们不认为是标准，能够接受？他那么想，对你的说法反感。

观音是男是女？乃人的看法，观音无所谓男女。本身无形，有形是我们的观念。

了解得愈多，才愈有力量。无深悟，无法体情。说有相为相，得看对象。佛得修多少年，会说多少语言？求的人，愚夫愚妇。不反对有信仰，但反对迷信。是贪而有所求。我每天上香，喝茶配香味。

《周易折中》，是就是，非就非，怎可折中？代表人为，并非自然的，"人之为道而远人"。

21 世纪往前走，已脱离人为的约束，应好好正视中国思想是什么、理悟中国学问是什么，不必再固守以前的传统。不论经书伪与否，也不能空想，故依经解经。用与生俱来之智，衡量古人之智。"长白又一村"，可非空穴来风。求仁而得仁，又何怨？不懂元，又如何奉元？

变谓之情，虽特异物，性亦然者，故曰内也。变情之变，谓之外。故虽以情，然不为性说。

苏注："人生有食色嗜欲，则变而之情矣。然未始不根于性，虽特异之物，亦莫不然，故性为内。"

苏注："变情之变，则物也，虽由情迁，已失其本性，故云'不为性说'。"

"喜怒哀乐之未发，谓之中"，性，内也。

喜怒哀乐之发，情，外也，受外诱之私，则失其本性，"不为性说"。"发而皆中节，谓之和"，情即性。

善人，"不践迹，亦不入于室"（《论语·先进》），自师其性。"善人，吾不得而见之"（《论语·述而》)，孔子并无"道性善"。

故曰：外物之动性，若神之不守（守舍）也。

苏注："外物重，而我为役，则我为物动矣，此性与神之不能守也。"

"外物之动性"，《礼记·乐记》："物之感人无穷，人之好恶无节，则是物至而人化物。"为物所役，役于物。

中，性；和，情。神不守舍。"性""情""神"的关系如何？

积习渐靡，物之微者也。

苏注："物之感人，由于至微，渐移渐积，乃至汩没而不可反，故君子慎微。"

《荀子·儒效篇》："居楚而楚，居越而越，居夏而夏，是非天性也，积靡使然也。"

积习太深，谁的话都不听。"积习渐靡"，积习不去，则渐糜烂。"物之微者也"，物，包含人、事、物。"微"，小也，莫因恶小而为之，重视微，防微杜渐，否则积习渐靡。

我重视出身苦的人，廖学广是矿工之子，张瑞猛在孤儿院长大。廖学广在"立法院"，有若无；忙了数年，又回原点。自张现在脸的焦枯，即看出其环境。已成形，最后都挂零了，到底犯了什么毛病？同学都如此，还有什么希望？怎么做事才有分寸？

其入人不知，习忘乃为常，常然若性，不可不察也。

《大戴礼记·保傅》："少成若性，习惯之为常。"

《荀子·儒效篇》："习俗移志，安久移质。"

"习忘乃为常，常然若性"，习成若天性，安之若性。"其入人不知"，习以为常，积习成俗。

"不可不察也"，不可不好好研究其所以。要慎习，"学而时习之"，习那个学。

《荀子·解蔽》："导之以理，养之以清，物莫之倾，则足以定是非、决嫌疑矣。"

要"定是非，决嫌疑"，必"导之以理，养之以清"。似是而非，就是嫌疑事，无至高智慧，难决。君子不处嫌疑间，决嫌疑是最微的，看时事，必要有此智，才能棋先一着，机先。

对事不能识机先，就不能善后。人家低，幸灾乐祸，但如自己不能往前进步也不行，应乘机迎头赶上。

《繁露》不全，但仍比《孟子》有价值。要反复了悟，不要快，一段段当金句读。

静想，把人世这台戏看得没意义，人情太薄。今天，任何一人不给任何一人一点尊严，昔人处处给人留余地，有德。今天要求朋友怎样，那就要求过度了。现在的人，没有人性。我教你们做人，希望你们有人样。你们的责任重，台湾不能再坏下去。大本都没了，何况其他？快快从头做起，但也非一日之功。

三节四寿，老师、师母、太公、太母。人与人的关系，《论语·学而》："入则孝，出则弟。"在台湾，谁与谁都没有关系，或自求多福，或自求多祸。如要生儿生女，与你都有关系。

思想不清，净是拿自己玩命，智慧齐了，就是疯、痴。孔子弟子，除颜回为中行者外，都是狂狷之士，"狂者进取，狷者有所不为"。但有守亦足以有为。

时代变，不会永不好，否极泰来。何时否去泰来？中国受大气，自香港始；到收回香港，已经过一百五十年了。

中英第一次鸦片战争，清朝战败，于 1842 年签订《南京条约》，将香港岛（连同鸭脷洲和附近岛屿）割让予英国。第二次鸦片战争，清廷再败于英法联军，1860 年签订《北京条约》，将九龙半岛界限街以南割让予英国。1898 年签订《展拓香港界址专条》，租借"新界"，包括新九龙及两百三十多个离岛，为期 99 年。

1982 年起，中华人民共和国政府开始就香港前途问题，与英国政府展开谈判，拒绝承认《展拓香港界址专条》等所有相关不平等条约，只承认香港受英国管理，而非英国属地，并要求英国将香港岛和九龙连同新界一并交还。1984 年 12 月 19 日，中英双方最终签订了《中英联合声明》，决定自 1997 年 7 月 1 日起，中华人民共和国成立香港特别行政区，对香港行使主权和治权。

纯知（智）**轻思则虑达，节欲顺行则伦得。**

苏注："思不过节，故曰轻思，孔子所谓再斯可也。"

纯知之美，重在"纯知"二字。"纯"，精一不二。有"纯知"，乃能通行无阻。"轻思"，乃加强"纯知"，赞美"纯知"的功夫。"轻思"，必自"纯知"来，即良知、性智。不能纯其知，即使重思也没有用。

"夫礼，体情而防乱者也"，不懂情，又如何类情？不体情，怎么类情？《易》为智海，是性智。性就是情，但"中和"与"性情"，并非一事。

怎么处理事情？想一问题，不想利害，纯智，不掺杂自己。不想自己，就轻思。思不过节，"再，斯可矣"（《论语·公冶长》），想多了，就存私。

"思"与"虑"，有何区别？"思"，心田，"心作良田百世耕"，"思之思之，鬼神通之"。"虑"，"人无远虑，必有近忧"（《论语·卫灵公》），"言中伦，行中虑"（《论语·微子》），"虑患也深"（《孟子·尽心上》），虑深通敏，敏则有功。想通，办事绝对中肯，不会语无伦次。

不可逆行，要顺行。为达目的不择手段，即逆行，乃多欲所致。顺节欲之功行事，则得其类，有伦有序。能节欲行事，才能得其伦；不能节欲，伤品败德。不能于色欲上节制，绝不能成功，邪门！纯洁之德极重要，圣德！任穿朋友衣，不占朋友妻。无糊涂能成就德业者，如军阀祸国殃民有之。

以谏争儞（娴）静为宅（守），以礼义为道则文德。

"谏诤"，直言以悟人，是就是，非就非，不合理则谏诤。人必谏诤自己、约束自己，因人很难不从物。"儞静为宅"，居身于娴静，自讼，以动静为所守。

"以礼义为道则文德"，以礼义为道，"率性之谓道"，圣人不受外诱之私，能顺性而为之。尧为文祖。"文德"，文王之德，经纬天地之德，有德业。

曾文正收复南京后，心感寂寞，奴才为他找一解闷者。彭玉麟（1816—1890）劝他，不要不重视自己的历史，曾马上明白。梁任公评："此文正之所以为文正也。"必要懂得谏诤，能够自讼，意淫也不可。对错误，人说，马上能改。成就事业，圣洁特别重要。

庸人不能成就非凡事业，有伟业者自幼即特立独行。非凡才能成就非凡的事业，常人只是社会的点缀品。

是故，至诚遗物而不与变，躬（本身）宽无争而不以与俗推，众强弗能入。

《淮南子·齐俗训》："人性欲平，嗜欲害之，惟圣人能遗物而反己。"又《原道训》："达于道，外与物化，而内不失其情。"

汉淮南王刘安谋反，机密泄露，自杀而死。武帝保存《淮南鸿烈》，对其恭敬有加。但文章作得好，能做到？说不重要，贵乎能行。

"至诚"，可以前知；"遗物"，不为外物所诱。

《管子·心术篇》："圣人之道，若存若亡，援而用之，没世不亡。与物变而不化，应物而不移，日用之而不化。"又《内业篇》："圣人与时变而不化，从物而不移，能正能静，然后能定。"

"躬宽"，宽才能容众，"宽裕温柔，足以有容也"（《中庸》），"仁者无敌"。

一个领袖不是万能，但能用万人。曾文正的成就，成于幕僚，找明白的人。对一事略闻略知，要找详知详闻者。要有领袖的躬宽，宽能容，容乃大。领袖不必万能，必要有"溥天之下，莫非王土；率土之滨，莫非王臣"的气魄。读书在变化器质，做什么要像什么。

"天爵自尊吾自贵"，天爵非上天给的，乃自尊自贵来的，"得其天爵，而人爵随之"。一般人则"得其人爵，而弃其天爵"，道德、行为，最后一败涂地。人自小事引导至堕落，交友不慎。由事之微者，最后不可救药。人事、事事、物事，偶一不慎，不能自拔。聪明过度的人最愚。

"躬宽无争"，不要将小事放在心上，看不顺眼的瞪几眼。见人好，心里不舒服，嫉妒，卑劣。如何治此病？宽能容。"不与俗推"，不与俗升沉，不偶俗。人常与世俗相推演。净争衣服，境界绝超不过此。

"众强弗能入"，外面事虽有引诱，但我的心不动，无法侵入我的意念。物欲之引诱，无法侵入我的心。

每天读书要有计划、有耐力、有目标。哪类书看多少页，有一定。每天读多少，有一定进度，知识才能丰富。《资治通鉴》，就看以什么目的读。其次，要多浏览。读书，一定要作笔记。喜外交，看《战国策》有关苏秦、张仪的文章。今天外交，无法术可言。读书，非讲哲学，要知道怎么用。学了，以时事印证。知识分子如与老百姓说一类话，又怎么区别？要知文章要点之所在。

蜩蜕（tiáo tuì）浊秽之中，含得命施（天命天施）之理。与万物迁徙而不自失者，圣人之心也。

苏注："虽在污秽之中，而常含存其天理。"
《管子·心术》："圣人裁物，不为物使。"

"蜩蜕"，蝉脱皮；"含得命施之理"，其皮还是天命之所在。人在社会自清可，不可因其脏而不待，应自己"含得命施之理"。"天命之谓性"，有天命之性在自己心中，"率性之谓道"。

"与万物迁徙而不自失"，能应世之万事，而不失己之天爵，即心有所主，此"圣人之心也"。"求仁而得仁，又何怨？"

中医以蝉蜕为药方，因其含天命之理，即还有存在的价值。因此，不可说什么东西过去了，就作废，如我们的旧文化，至少应视之为蝉蜕而用之。

没有左右，只有真是真非。练习公正，自前后、左右看一问题，绝不可以盲从。读书人是社会的安定力，就如同天平，不可以感情用事，也不可以昧着良心说话，真是非必得真智者。

一个人最低最下贱的，就是有私心。一个"私"字，害尽天下苍生，无公是公非。

"与万物迁徙而不自失"，不失己之所守。与世浮沉，社会有什么就来什么，只是俗人，不能成事业。"不自失"，不自失天命之施，故"和而不流，强哉矫"（《中庸》），强中之强！《春秋》之道，"大人之所重，小人之所轻"（《玉英第四》），在此。

何以没有事业前途？不懂得学，就净骄傲。不学，焉有智慧应世（事）？不知学，根本不懂自己不懂。我虽不厌其详地讲，但发挥不了作用。无论出身多苦，一翻身就忘了。

名者，所以别物也。亲者重，疏者轻；尊者文，卑者质；近者详，远者略。

《管子·心术》：名者，圣人之所以纪（记）万物也。

《管子》整理得很好，必要多浏览。

都是人，有小人、君子、贤人、圣人、大人。名，在乎自己的表现，不在于父母。我的老师，皆饱学之士。

《法华经》"末法恶比丘"，我改成"恶僧"。

"亲者重"，父母最亲，而谁重之？重之，即孝。"疏者轻"，手足之亲，何以不如酒肉朋友？看东西，不能单看表面，不能发挥作用。真懂得轻重，则什么都能成功，知所轻重、亲疏、远近、是非。

《春秋》重卑者之质，不重尊者之文。《春秋》赞美卑，因其纯朴，与今天的"尊卑观"不同。可见《春秋》的"尊卑"，完全无阶级观。《春秋》的尊卑观，完全不同于乱制的尊卑观。《繁露》与《春秋公羊传》中，有许多讲乱制，是在提醒我们：天下之治，起于衰乱之中。

"尊者文"，经纬天地曰文，文德表现灿烂而尊，政治家之德曰文德、政绩。"卑者质"，卑者还存其质朴，本色。"文胜质，则史"，读书人已经文了，若不"文质彬彬"，就会有虚伪出来。

昔衣食住行，皆有一定的，以礼文之，什么官穿什么品级的服饰。思想、行为皆懂得文，好坏都是"尊者文"，得注意。懂得谦卑下士，为质。殷尚质，周尚文。自殷至周，文化进步多少？

"近者详，远者略"，知处理近的人、事，近悦远来。"舜好问而好察迩言"，以知远。

每天看报，划出每天的大局。眼前事必明白，知近、知现实问题。任何事情发展，皆有一定的轨道可循。看历史，注重现实，许多事名变质未变。看书看报，必自其中得方法，愈看愈知道读书的方法，由近及远。

自己近的都处不来，远者就不来。夫妇如处不好，其他还能谈？连太太都骗，最没良心的。昔日七出，约束女人之德。夫妇之近，情义能失，算"人"？

我年轻，我父亲即告：不孝之人不可交。昔日做人有分寸在此。怕别人看不起，情与义特别重要。"不识其人，则视其友"。真正聪明人，必择而后交，交了就得认了。不可交而后择，宁可吃亏。

自然律，近悦远来，处人之道、处世之不二法门。处朋友，处老师。了解台湾的人，无与之为友。做人如此，还想有朋友？没人受你骗。

有无研究自己能做什么？要有用。以为全世界都要向台湾学习，没读三部书，要去大陆讲学？

治安不好，百姓都受威胁。真话——"治安不良"，十年政绩。

文辞不隐情（实），明情不遗文。人心从之而不逆（违逆），古今通贯而不乱，名之义也。

苏注："虽加文辞，而不隐其实，所谓'文予而实不予'也。纪实而不遗其文，所谓'定哀多微辞'，不书昭公娶同姓，而书'孟子卒'之类是也。"

孔广森《公羊通义》："微辞者，意有所托而辞不显，唯察其微者，乃能知之。"

"文辞不隐情"，"文"与"辞"的区别何在？"辞，达而已矣"，"微辞"，隐而不显之辞。

"明情不遗文"，"文质彬彬，然后君子"。

《古文辞类纂》所选文章深，可以读《续古文辞类纂》，较为浅。学旧文，简练。《陋室铭》（唐刘禹锡），字少，意足。

山不在高，有仙则名。水不在深，有龙则灵。斯是陋室，惟吾德馨。苔痕上阶绿，草色入帘青。谈笑有鸿儒，往来无白丁。可以调素琴，阅金经。无丝竹之乱耳，无案牍之劳形。南阳诸葛庐，西蜀子云亭。孔子云："何陋之有？"

"人心从之而不逆"，如何调节七情六欲，很重要。役于物，吃面包，非黑面包不吃，成为物之奴。

"古今通贯而不乱"，要以古人智慧启发自己的智慧。能用人智慧，其智必超人一等。

常用字没明白，能用上？"通"，从这到那。通车，通人，通航，通德，通事，疏通。达到自己的目的、所求。不通，未达自己的所求。《易经·系辞下传·第二章》"通神明之德"，未见有一注解通了。"贯"，上下串在一起。万贯家私，贯通。孔方兄穿起，称"一贯钱"，有一定数。

"大清通宝"使用至民国十三年（1924）。我活得长，什么都经过。恨外国人，受过外国人的气，做过亡国奴。没比日本人再残酷的，错用武士道。我喜日本乡村、小吃，但来台五十年绝不去。

最可恨的尤其是汉奸。孙逸仙医院将来必改名，幸早做准备，知台湾早晚得统一。

1988 年"孙逸仙治癌中心医院"成立，1997 年改名"和信治癌中心医院"。

中国把"道"看成活的。中国的名详细，"畜""仔"无含糊，头脑清晰。

畜，《说文》："田畜也。"已被人类驯服豢养的家畜。仔，幼小的动物，羊仔，牛仔，猪仔。

董子论性，近乎性恶，立礼义以约束人。荀子亦如是。但如人性恶，又怎知要用礼义约束？又怎么发明礼？不同于孟子讲"良知良能"。个人之感悟不同，思想有别。

《孟子·尽心上》："人之所不学而能者，其良能也；所不虑而知者，其良知也。孩提之童，无不知爱其亲者；及其长也，无不知敬其兄也。亲亲，仁也；敬长，义也。无他，达之天下也。"

一般人的信仰——思想、宗教，往往未以理智分析，但经分析后的信，才是真信。"道不远人，人之为道而远人"，思想家、宗教家皆人之为道，但一般人不深思，迷信之。

由旧时代到今天，中国起伏动荡超过前代，应有大思想家出。中山先生思想如好好奉行，必有好的影响，但有权有势者又掺入阳明学，而造成混乱。中山先生受外国启示，以中国方式形成，但真信仰者无权势。

钱玄同（1887—1939）有大抱负，知中国病根深，想自根挖，自"疑古"开始，目的在把传统偶像摧毁，再重建新思想。但未发生大作用，中国就乱了，可惜！

一个思想家绝不能离开时代，根上就必受时代影响。我小时，北洋割据时代，思想受影响；张作霖（1875—1928）在东北独霸，又是一个思想；1930 年，张学良入山海关，东北易帜，北方随之一变，华北已有几个政府，无形中中国受蹂躏。外敌入侵，百姓受苦。东北之变，实际环境变迁大。

乱世，救死唯恐不赡，百姓完全无保障，托天之福而活，奚暇治礼义哉？哪有工夫研究思想？光知救死，没有重视何以有此苦境？追其源，想办法解决，天天救死。住租借地，故无成就。真正思想家未考虑自己的生死存亡，重要在对国家民族有贡献。

到美国放炮，那地方有自由？到那里讲中国思想，讲给谁听？混生活也。树立思想的人不考虑环境，把自己孕育在苦难环境中，能适应环境。不能在象牙塔中，没沉沦才能救人，沉沦不能自救。费希特于枪林弹雨中犹能讲课，此一精神救了德国。

约翰·戈特利布·费希特（Johann Gottlieb Fichte，1762—1814），德国哲学家。1806 年，第四次反法同盟结成，德法战争爆发，费希特担负起宣扬爱国主义的任务。1807 年，他回到法军占领的柏林，发表了著名的《对德意志民族的演讲》（*Addresses to the German Nation*），同时倡议建立柏林大学。1810 年，柏林大学建立，费希特担任第一任校长。1813 年柏林保卫战爆发，城中挤满伤员，瘟疫流行，费希特感染斑疹伤寒，于 1814 年 1 月去世。

光懂自己的，不懂外国的，不能孕育出卓越、远大的思想家。一个思想的产生，与环境、背景有莫大的关系，必于此环境、背景中孕育出。不必分，人类想到的，都得知道。有抱负者应面对苦难，回来与百姓同甘共苦，行教重于言教。大言圣人之道，家中却男盗女娼。不是会讲才是思想家，甘地思想运于行为，智慧由苦堆中得来。

今天的中国，已不是五十年前的中国了。德术智慧，自患难中来；孤臣孽子，在苦难的环境中磨炼出智慧。

《孟子·尽心上》："人之有德慧术知（智）者，恒存乎疢疾。独孤臣孽子，其操心也危，其虑患也深，故达。"

思想家绝不是从外国回来的，必得在此环境中混出来，在行为上表现出来，才是思想家。台湾学生的活动，就是打工、摆地摊，想法简单，做事幼稚，将来怎么应付日益复杂的环境？

男女，犹道也。

"男女"，公母、阴阳，两性。"犹道"，多妙！

"一阴一阳之谓道"（《易经·系辞上传》），管理"阴"与"阳"的就是道，道，有生机，乃成阴阳，即男女。"男女，犹道也"，"犹"，似也，似道，极为尊贵。天民，天德，天心。昔日女子视自己特别尊贵，绝不乱来，天爵自尊吾自贵。

"男有分，女有归"（《礼记·礼运》），说"我的另一半"，男女各一半，女的那一半来归，一半加一半，故曰"夫妇一体"。"妻者，齐也"（《白虎通·嫁娶》），平等，无轻视观。重男轻女，是受外来宗教的影响。要用中国的文化思路对付外人，不被牵着走。

我不吃油面，闻就要吐，但喜吃米粉、鱼丸子。粥，配萝卜煎蛋，油不可太多。人最易留恋过去，我喜纯台湾味。人必恋旧，不可以忘本，数典忘祖，绝对要懂得自根本办事。"率性之谓道"，是活的。人都有好恶，"好恶，犹道也"。

应有耐力地读书，读书贵乎有得，得自实行来的。知与行必得合一，"子路有闻，未之能行，唯恐有（又）闻"（《论语·公冶长》），为"知行合一"的祖师爷。道，不是迷信，死的，而是活的。生生之谓道，"结婚，犹道也"。

人生别言礼义，名号之由人事起也。

"名号之由人事起"，有人事才有名号，如民法、刑法，是在解决问题。要没有人事，哪有礼、法、伦？性生万法。

解决问题，必有"法""名"。昔日约法三章，现法律多如牛毛，犹不能解决问题。

不顺天道（人性），**谓之不义。察天人之分，观**（不当"看"）**道命之异，可以知礼之说矣。**

不听父母的话，乱伦。

"道命之异"何在？遇事冷静，能失败？既不懂察，也不懂分。"道命"，一而二，"天命之谓性，率性之谓道"，根本是一个东西，异何在？

什么叫"礼"？天理之节文也。以礼制情，约之以礼，则情之发即礼，礼之发亦情，情即性，性即情。

要学会命名。练习用脑，非讲文章。"近取诸身，远取诸物"（《易经·系辞下传》)，想出道理，才会进步。

我固然是少数民族，但绝不会如你们"少"得单纯。你们认识千字了？昔日中国人上学前，先读"三百千千万"（《三字经》《百家姓》《千家诗》《千字文》《万事不求人》合称)，可以应世。《千家诗》，形容诗之杂。《万事不求人》，求己；书信，《秋水轩尺牍》《雪鸿轩尺牍》，雅。

见善者不能无好（hǎo)，**见不善者不能无恶**（è)，**好**（hào)**恶**（wù)**去就，不能坚守，故有人道。**

苏注："好恶任情，则有流争之失，故明人道、制礼义以范之。"

好、恶，读不同音，两个层次。

以天道看人事，真是"人心惟危"。人最起码要不助人为恶，直接、间接助人为恶，离义、人道甚远。做事于自己有利，对人无利亦不仁。自己能审判自己，别人不能。做事，自己心能坦然才是义，《中庸》"义者，宜也"，宜于道，人之所必为。

人活着，就儒家而言，是为别人活，非为自己活，故"力恶（wù）其不出于身也，不必为（wèi）己"（《礼记·礼运》）。然今天，见利不忘义的有几人？

人道者，人之所由乐而不乱，复而不厌（足）者。

"乐而不乱"，"乐而不淫"，不过分。耐得了寂寞、孤独，不想入非非者有几人？有良知者，天天"理"与"欲"斗争；无良知者，就淫。

"复而不厌"，人道上无真是非、真好恶。人之道，同于天之道，生生不息，复而不厌。

最近发生几件事，要深思如何解决？问题发生在什么地方、怎么解决？理事，有一定的规章。社会之教育与文化水准。一个人的智慧，对事情的看法，谁也改变不了。就是我的儿子也约束不了。我不明白，要问一问其心态。错与否，交由历史裁判。结果，自己负责。

必要有谋，绝不可以有勇无谋。愈低调，"忍"就是成事无比的力量。燕雀安知鸿鹄志？必要有志的忍，否则为窝囊废。知识分子要解决时代问题，没做官才不偏不倚，可以将智慧贡献给时代。一介平民所写的意见，不在要官、牟利。

万物载名而生，圣人因其象而命之。然而不可易也，皆有义从也，故正名以明义也。

"载名而生"，生来即带来，圣人因其象而命名。作奸犯科，为圣为贤，都因载名而生。有人一看就不是好东西，因有那个相。许多事一看就可明白。

"食色，性也"，是人就有人的需要，如无知识、无受教，则与动物无别。哑巴、聋子的性问题，怎么解决？非只一二人而已，此即问题。必"内无怨女，外无旷夫"（《孟子·梁惠王下》)，才不会出问题。

知识分子非装腔作势，男盗女娼，净是"色庄"（出自《论语·先进》，指伪君子）。如何使国家没怨恨、没反抗？人就知"食色"，要找出答案。聋哑人的性欲问题，要怎么解决？其脑子根本无人的知识，但是有动物的冲动。"通神明之德，类万物之情"怎么做？现在读书，是在解决问题。

教育程度最重要，但在未受教之前，要怎么解决问题？人是万物之灵，至少懂得约束自己；约束不住，懂得偷情。此亦知识、学问。是人，就不要存一"伪"字，没有罪孽感，就活得快乐，要存"真"去"伪"。要将所学用在事上，不要空扯。净抄书，虐待狂。除吃以外，什么都不会。"食色"，天命的，不是他要的，必要解决。

物也者，洪（大）名也，皆名（通名）也。而物有私名，此物也，非夫（彼）物。

《荀子·正名》："故万物虽众，有时而欲无举之，故谓之物；物也者，大共名（皆名）也。推而共之，共则有共，至于无共然后止。有时而欲遍举之，故谓之鸟兽。鸟兽也者，大别名（私名）也。推而别之，别则有别，至于无别然后止。"

故曰：万物动而不形者，意也；形而不易者，德也；乐而不乱，复而不厌者（生生不息），**道也。**

凌注："道，生天地之先；德，道之用也。《管子》曰：'虚无无形，谓之道；化育万物，谓之德。'"

"动而不形者，意也"，意，心音，在心曰意，正心诚意。

"形而不易者，德也"，德，永久不变的。"日月至焉而已矣"（《论语·雍也》），不能算德。"不恒其德，或承之羞"（《易经·恒卦》）。

"乐而不乱"，不易。喜好而不乱，乃至高之境。

"复而不厌"，生生不息！

董子论性，近乎性恶，不赞成性善。孔子曰："性相近也，习相远也。"（《论语·阳货》）不明白其究竟主张性善或性恶。

《中庸》曰"天命之谓性，率性之谓道，修道之谓教"，性与情，两者必分清，但甚难。"己所不欲，勿施于人"，是性的表现；将自己的快乐，建筑在别人的痛苦上，则是情的表现。

"国之将兴，求之于人；国之将亡，求之于神"，一个人如真正读书了，绝不惑于私欲。要有真智慧去判断，千万不可以自迷。能不自迷，才能将智慧升华到最高境。

宗教不能疑，智慧则贵乎疑。以什么传家、学什么派，备受拘束，思想跳不出，不能超越。不必感情上守哪家家法，生命有穷而智慧无穷。今天特别需要有智慧的人来处理人类的问题，不只是中国的问题。研究自己的处境，不自迷，不是阿 Q。知识分子绝不能有奶就是娘。

熊十力说，宗教至少必停止两百年，对中国才有利。中国受传统的约束太久，必须要跳出，想办法解脱，为国家为民族，要理智、智慧地想。想有超人的事业，必要有超人的智慧。过去的就过去了，重要的是要处理未来。思想、智慧要蓬勃，生命才有活力。社会上最可怕的是腐儒，没有生命力。不是索隐行怪、标新立异，是纯智慧的产物。《繁露》特别冷静，在启发人的智慧。

用纯理智想问题，不要背着感情的包袱。孟母、岳母、欧母，将生命寄托于第二代，使之生生不息。过智慧生活，纯理性，是脱出感情包袱的守节。欧阳修《泷冈阡表》"盖有待也"，含无尽的盼望！

读书，在乎有智者取之。没有希望，就是等死。一个人要自己决定自己的人生，才有力量。举自己之所好，拒自己之所恶，巩固人的信心与善行。学什么，不是继承什么，时代已过。什么都不能混，一就是一，二就是二。

先秦对"仁"，乃是积极的行为表现。孔子称管仲"乃其仁，乃其仁"，称伯夷叔齐"求仁得仁，又何怨"。此后对仁，则是一种态度。古谓"圣人贵除天下之患"，汉后则以圣人如老禅。发人深省！先秦时代虽为乱制，但是思想自由，仍存古道。至秦汉以后，则无生人之气，故贻患后人。

对一事的看法不同，有意见，还自以为捷足先登。究竟怎么用智慧？许多人有智慧，但是"私智"。应将要解决的问题做第一义。如一出手就小丑，那搞一辈子是"老丑"。理事不易。

一个人要自量：你代表谁？你领导谁？要领导台湾人，台湾人还以为世界要向他学。人自量太难，因为不自知。先求自知，别自以为高明，最后不得好死。到哪儿，必得了解环境。好自为之，咎由自取。聪明过度的人，就是最笨的人。问问题，要旁敲，不要直接问，会闪开。要声东击西。应使对方不打自招。

要鸡鸣狗盗时，鸡鸣狗盗之徒就有用。人人都有用。坏人比圣人有用，假话叫人揭穿了，脸一点也不红。必要心有所主，否则，应世不是做汉奸，就是出卖自己的人格。

一个嫉妒的人，是最下贱的。学大，无所不容。没到此境界，即小人。不要骄傲，连个鸡也比不上。做买卖的，知缺货，才去办货。你们就天天知足常乐，今天所需专门知识有多少？北京的酱，不下五十多种。了解对方的习惯？知自己缺什么，就要去求；求就有得，才能应世。求仁得仁，又何怨？

"大孩子"的称号，害惨了你们！昔人在你们这个年纪，早做县太爷了。对付人，得有技，要求技。做事，把事放在第一位。人都好，无技与术，你得不到。应自己学真本事，时机一过即难成。自古就有抄书的，如《吕氏春秋》。

要懂当务之为急。外国语，必要学好到一个境界。有比面包更急的事，努力谋生：尊生、卫生、荣生。学生，意义深，生不易。了悟深了，才能用深。我为教你们，多读很多书，想将《五经》与许多东西串在一起，马上有用。

得自己去想，看了解者怎么说。看思想的构成，而非讲文字。《大学》，大人之学，与"小学"相对。孔子"仁者不忧"（《论语·宪问》），不忧己私；范仲淹"先天下之忧而忧，后天下之乐而乐"（《岳阳楼记》）。传世不在多，两句话即传世。

天下的东西有定数，"有所积重，则有所空虚"（《度制第二十七》），得均，"均无贫"（《论语·季氏》）。处事，谁积重，就杀之。以智慧诈财，故曰可杀。孔子一上台，即杀少正卯。

思想看完后，觉得言之有理，完全理智，不纯感情用事。练习怎么动脑，并非一成不变。

人要有思想，但非全为自己想。今年（1998年）北大一百周年纪念，北大学生为了西藏，在西藏待十至二十多年，有爱国心。

"天明畏自我民明威"，天视自我民视，天听自我民听。不能拿古人的东西用于今天，而是要重视古人的"想"与"行"，不在"写"或"讲"。

天有和有德，有平有威，有相受之意，有为政之理，不可不审也。

"有和有德，有平有威"，和平、德威，是怎么来的？"行而不易者，德也"，"日月至焉而已矣"，谈不到德。"乐而不淫"，难！至高之境。年轻人要学会用脑，训练吃苦，"仁者先难而后获"（《论语·雍也》），"玉不琢，不成器；人不学，不知道"（《礼记·学记》）。

都要搞政治，久未登门的同学来谈。我说："夜里十点来访，你一定有备而来。"谈及社会之乱，我问："怎么管今天的乱？"

无治世之道准备，没有万全准备，焉能不乱？只会制造笑话，旁边配几个御用活宝，对时代完全没有贡献。吃文化饭，可是没思想、没内容。

"相受之意"，授受、教授、受业。人相处更相受，太阳并不总在一家红。

"为政"，"有为政之理"；处世，"有相受之意"。什么事，必两头都得好处，"执其两端，用其中于民"。

春者，天之和也；夏者，天之德也；秋者，天之平也；冬者，天之威也。天之序，必先和然后发德，必先平然后发威。

则天，法天，"天有和有德，有平有威"。多看多玩味。中国人视天为活的，是生活的泉源。自什么观念来的则天？通神明之德，类万物之情。

希望同学《大易》与《春秋》并读。讲《春秋》前，必看《原儒》。写书的，不一定懂书。清以后，中国学人讲中国文化的，唯熊十力一人。梁漱溟，思想旧；马一浮，讲传统，一成不变的程朱之学。

老祖宗何以画八卦？通德类情。通神明之德。那责任是什么？"在明明德"。人生，"在明明德，在新民，在止于至善"。你们生在升平世，太平世等着你们来建设。明德，生生不息，终而复始，永不结束。"在新民，在止于至善"，止于一，正，得一了。"天得一以清，地得一以宁"，自此，可见"则天"观念的由来。神之德，妙万物；明之德，大明终始。"妙"的境界高于"造"。一个"妙"字，什么都具备了。

基督教《圣经》，是穷秀才翻译的。宋（美龄）家是传教士，证明是穷人出身。

"在明明德"，向世人宣传，使之明白生生不息之德。老祖宗没有迷信观，一开始即报本，感恩有祖师庙，向各行各业的祖师感恩。大禹是水神，有遗德在民。

下雨天，我看《法华经》，表孝思，没敢笑。中国思想，宽宏大量。

此可以见：不和，不可以发庆赏之德；不平，不可以发刑罚之威。又可以见：德生于和，威生于平也。不和无德，不平无威，天之道也，达者以此见之矣。

"庆""赏"，两件事，无私意存在。

"夏学"并非空的，如何使之成为实用之学？第一步要向天下人明明德，"在明明德，在新民，在止于至善"。"通神明之德"与《大学》的关系如何？

我说的，是笔记，传习录。你们应写小文，心得。读书，必有心得，心得不同，因为看事物的角度不一样。必要学会用卡片，笔记是杂货店，一点也用不上。一个问题写一张卡，一周整理一次，分类，多了，就可以写小文章。

两千年后的我们，多么笨！还抱着前人的臭脚不放。智慧的演变怎么来的？必要懂华夏思想的渊源。是另辟天地，并非无病呻吟。有雄心，21 世纪开创华夏文化的本义。

《易》为智海，将宇宙间于几个字内净包括无遗。智周万物的结果，"道济天下"。裁成天地之道，辅相万物之宜，下类的功夫。万物有情，要下"类"的功夫，"类万物之情"。得什么结果？和平。不类，就不和；类了，就没高也没低，都"平"了。一部《大学》，最后成"天下平"的文化。自《易经》一两句话，演变至治国、平天下。

八骏图——格、致、诚、正、修、齐、治、平。"物格而后知至"，平天下，为入手处；天下平，是结果。平，天下富了，什么都不缺了。平天下，初步功夫；目的，在天下平。

怎么去实行？《中庸》治国之策，以此构思想出办法。《中庸》"天命之谓性，率性之谓道，修道之谓教。道也者，不可须臾离也，可离非道也"，"喜怒哀乐之未发，谓之中；发而皆中节，谓之和"。此即治世之策、治世之术。细读《学》《庸》，如真有悟力，马上就能应世。

奉元，体；天下，用。"唯圣人能属万物于一，而系之以元"，必将此思想用于人事上。中国书，不要当独立单位，并非金科玉律，是要看古人怎么想，看中国思想的渊源。

"平天下"与"天下平"，在"平"字之不同，前为动词，后为名词。"格物致知"，"物格而后知至"，致知→知至，一"知"双转。一个字的功夫不同。我此一讲法，自古未有，百分之百的对。

读书得如算命，每个字都不放过。有《十三经不二字》，我每天看一页，反复找问题。肯下功夫，成就自然不同。

唐时思想统一，而有《五经正义》。读书人要活，焉敢说真话？什么书都有"正义"，时也。朱子"一念之差"，现许多年轻人"一点之差，终身之累"。

我虽有所愉而喜，必先和心，以求其当（dàng），然后发庆赏，以立其德。

遇事时，怎么表情？先和心，以求其当；发庆赏，以立其德。"和心"，喜怒哀乐发而皆中节，情与性相合。"庆、赏"，两件事，无私意存焉。

每天有正经事，有系统地想，人生更有趣味。不能乱想，使自己陷入苦境。应有系统地想，每天都有新境界。不能天天昏头昏脑，昏于私情私欲中，否则将来如生变故，就难以求生。脑子不转弯，反应慢。

惯子如杀子。应教小孩自己奋斗，自己有生存的能力，自苦难中训练。人没有饿死的，人的适应力强，到什么环境，都能适应。享过福，于苦难环境中，思所以变，适应之。军事训练，必要名实相副。单国玺在花莲吃甘薯，现在是红衣主教。昔日非要角，都不能在台北。

我批评人，是要提醒：非自己能胜，就没法取胜。净捡杂碎，不懂深思。人无远虑，必有近忧。培植人才为第一要义。

虽有所忿而怒，必先平心以求其政，然后发刑罚以立其威。

你是什么东西，怎可乱发怒？"衣食足，然后知荣辱"，必先平了，然后发威。"均无贫，和无寡"（《论语·季氏》），大家在精神上有同一满足，就无怨。仁，二人相偶。配偶，不分上下高低，完全是平的。

为政最要，民信之，"自古皆有死，民无信不立"（《论语·颜渊》）。百姓不信，就唱独角戏。做任何事，看自己的"公"心如何，不必别人评，应自知是否有欺心？别以为大家都看你，自己的感觉最重要。"诚于中，形于外"，由眼神看出人真诚与否，立不住，便无法成事。

此乃人的伦理问题，不是新旧。社会的变迁，我来台五十年，感觉甚深。刚来台时，妇有妇德、男有男德。在台北，夫妇同行，犹错一肩，不敢牵手。今天女孩，穿得少，认为是光宗耀祖。五十年何以相差如此？何以堕落至此？家庭完全是丐帮，三餐外食。何以自守分、有人性的社会演变至此？因为失序。序，包含太多，如伦。看今天的小馆子，每天扔的东西有多少？

我这一支，无出丢脸的子孙，家中规定剩菜不可混在一起，工人下班可以带回家尽孝。不费力，但有尊敬心。稍有尊敬心，剩菜就不必喂猪，可将没用的化成有用。买东西，要先虑及不多花钱，不充足。

穷人必要有群力，"小德川流，大德敦化"（《中庸》），必要大家都有修养。证严有钱，犹不改昔日生活，吃施主饭。人的修为不易，修的是心。正心，心正。智周万物，物格而后知至。

所讲的既是策，也是略，更是术。智、仁、勇，三达德，由天子至百姓，都必修养到此境界。人生真是不容易，你们尚未经验至此境界。

"动容貌，斯远暴慢矣；正颜色，斯近信矣；出辞气，斯远鄙倍矣"（《论语·泰伯》）。没有基本的修养，随时都露马脚。旧家庭，有一定的素养，自小就学规矩，遇事时，怎么表情，愉悦之色，都得表现恰当，不能刺激别人。笑，必要恰到好处，有素养。

能常若是（三月不违仁）者，谓之天德；行天德者，谓之圣人。

"天德"，天德尚公、好生，好生必尊生，天无私覆。

"天德黉舍"，确有期许；但现在进步，"奉元书院"又高一个境界，"民吾同胞，物吾与也"，元胞。"必也正名乎"，许多必确定一个名词，否则，名不正则言不顺。将来要成立"元胞⋯⋯"环保，应是所有的动物皆在内，称元胞，则什么都做。

人活着，都得死，佛亦圆寂，那何以不在这段时间好好地演这出戏？要有思想，有担当。学古人对事的思维，看我们现在应怎么想？遇事，按中国文化思维，鬼就摸不到门路。学人家，绝不如原装货。

建设国家，必振兴本土文化。今天学人，全以西方架构讲中国文化，错误！自清末以来，中国文化成为混血。今天有些地方虽不满意，但总比受外国气好。

我在光复后坐牢，心里绝不能存有"汉奸"思想。政权终会过去，但民族不会过去，国家永远存在。在坎险中，犹能站住，因有所尚、有主张。可以杀身，不可以杀思想。人穷志不穷。绝不可因一时的"私"心，而成为后世子孙之忧。

仁者不忧己私，先天下之忧而忧。"尧以不得舜为己忧，舜以不得禹、皋陶为己忧"，"至禹而德衰"，必忧在此。"为天下得人者，谓之仁"（《孟子·滕文公上》），"得天下英才而教之"（《孟子·尽心上》），但"为天下得人难"，故有"才难"（《论语·泰伯》）之叹！难在识人，有识人之智不易！我重视《人物志》在此。

要突破一般的讲法。押宝，一个就够了。对民族有责任，不能学政客，如贩夫走卒，一举一动即可知，不必与之扯。你们每天不知修德，专修为盗，盗名盗利，到手还自豪。一个人无志，天天钻尖取巧，连妓女都不如。

我自五四过来。今天得正，正觉。头脑要清楚，环境会变迁。蒋家专用外国思想，结果步步落人后。现正需要整理中国文化，建设以思想为要。就要自己争气，自己造就自己。自奉元（根上）开始，筑基，成就在你们身上。21世纪，应是中国文化的世纪。奉元，接着熊十力。

为人主者，居至德之位，操杀生之势，以变化民。民之从主也，如草木之应四时（草上之风，必偃）**也。喜怒当寒暑，威德当冬夏。冬夏者，威德之合也；寒暑者，喜怒之偶**（配）**也。喜怒之有时而当发，寒暑亦有时而当出，其理一也。**

"以变化民"，随时、随势化民，一切"不可为典要，唯变所适"。要因而不失其新，如一出手就低，完了！

看你是谁，你们都可为人主。

"草木之应四时"，"草上之风，必偃"（《论语·颜渊》）。当然要变，昨天与今天都不同。

"喜怒之偶"，有喜就有怒，相配。"有时而当发"，喜怒哀乐必发，"发而皆中节，谓之和"，恰到好处。

当喜而不喜，犹当暑而不暑；当怒而不怒，犹当寒而不寒也；当德而不德，犹当夏而不夏也；当威而不威，犹当冬而不

冬也。喜怒威德之不可以不直处而发也，如寒暑冬夏之不可不当其时而出也。（似有脱文）故谨善恶之端。

自己必要收敛自己的精气神。由声音即知其人是否守身如玉，今人没到五十，就完蛋了。

对你们的前途担忧，台湾有谭嗣同？台湾人无志，一切都"利"字当头。"所求乎上，所成乎中"，况求乎下下？

正视自己，你们比范仲淹富太多了。不要认为自己不如别人，不论出身贵贱，在于自己努力与否，就在一个"诚"字。有一个就成，就是半个也比没有强。半个，功没完成，就结束了。

"喜怒威德之不可以不直处而发"，"威德"，得能冷能热，有收有放，如同驾驭良马般。"直处而发"，碰到这个味，就发了。直，喜怒哀乐发而皆中节，"人之生也直"。

"寒暑冬夏之不可不当其时而出"，"当其时而出"，"夫子时然后言，人不厌其言"，"使乎！使乎！"（《论语·宪问》）骗得圣人都得赞美。张旭成说话的怪样，死乎！死乎！

里根纪念馆落成，而里根已经不能出来了，人生啊！人生！

1994 年 11 月 5 日，里根（Ronald Wilson Reagan，1911—2004），宣布被诊断出罹患老年痴呆症，此后他过着与世隔绝的生活。1998 年 5 月，华府里根纪念馆揭幕，坐落地点距白宫不远。只是老年痴呆症太严重的里根本人已无法参加揭幕盛会。

"当其时"，有时当，"当其可之谓时"（《礼记·学记》）。读书，每个字都要清清楚楚。骗"老婆"容易，娶个"妻"可就难了！"妻者，齐也"，"当其可"，恰到好处，此为修为，最难！

名医是医，未必有实。不要有自卑感，是最大的障碍。不要自欺，先学不自欺，好好努力。你们一无所是，一封信也写不通，自己每天"自考"最重要。

（有脱文）何以效其然也？《春秋》采善不遗小，掇（整治）恶不遗大，讳（避讳）而不隐（隐瞒），罪而不忽。明察以是非，正理（当理）以褒贬。

"掇恶不遗大"，大恶也得书，隐就失实。

"讳而不隐"，有避讳但不隐瞒，"子为父隐，父为子隐，直在其中矣"（《论语·子张》），礼，《春秋》为尊者讳，为亲者讳。

"罪而不忽"，责罪过但不轻忽，罚当其罪。

"正理以褒贬"，一字之褒，荣于华衮；一字之贬，严于斧钺。

喜怒之发，威德之处，无不皆中其应，可以参寒暑冬夏之不失其时已。故曰圣人配天。

"喜怒之发，威德之处，无不皆中其应"，"故庆赏罚刑有不行于其正处者，《春秋》讥之"；"可以参寒暑冬夏"，"庆赏罚刑，与春夏秋冬，以类相应也，如合符"（《四时之副第五十五》）。"不失其时"，发而皆中节。

"配天"，"与天地合其德"，"与天地参矣"。

至少要读十遍，才懂据此去悟别的事。

中国人就"崇古"，好古观念造成"父作子述"，无论政治、思想，就跳不出范畴。

"疑古"，有开创之风。钱玄同（1887—1939）开疑古之风，下了多少功夫，创造思想的第一步，辨古史，使人生疑，甚至更名"疑古玄同"。1923年《古史辨》第一册，由胡适、钱玄同、顾颉刚，以"疑古辨伪"为特征的史学、经学研究讨论编集而成。不必"尊古"，就必接受变，新思想将产生。但环境不允许，时局变迁，割据一方，别的思想进不去。将来在苦难中有许多想法，就是思想。解决问题，必有思想，必有入手处，扎根，注入新思想。其子钱三强（1913—1992），是有名的物理学家。钱绝非胡适之流，有思想，有抱负，由疑古而辨古，要注入新思想，但时局变，乃没冲出去。

顾颉刚（1883—1980）用几十年功夫，整理崔述的《崔东壁遗书》，以疑古非从自己开始，求旁证，找助角。自己有所建树，也必得找助角，否则人以为你是索隐行怪。王充《论衡》是最早反古的，有思想。开创思想，必要看这类书。

古人之所以不疑，乃"乱制"下定住的，钦定，朱子书哪有思想？灵活自己的脑子，"圣之时者"，今天应有今天的思想，但也得经千锤百炼的锻炼才行。经千锤百炼，慢慢陶冶。

不要自私，跑接力，成功不必在我。不必棒子一定交给谁，接的人常是你不认识的人。必指定继承人，"委之非人"必灭亡。亲炙弟子不一定能传，私淑弟子多半能传。老师把弟子教出思想，没有的事，是自己的智慧。

思想家除了智慧以外，还要有"体验"才能扎根，不能空发。用古人的智慧，启发我们的智慧，产生今天的大智慧。思想，不是抄袭古人的智慧，不是袭古，也不是盗古。圣时，治世、立说不能违时，忽略了时。

人皆眷念过去，记得清楚。今天必要懂用时，善用智慧。圣之时者，有时，合乎今天的智慧。过去就过去了，不必留念。

中国问题，应由中国人解决，必要切实际想，去体验，不能脱身事外。空理与实事配合，"载之空言，不如见之于行事之深切著明"。

一时的冲动，牛马都有，但不能针砭时弊，解决问题。建树思想要理智，不是冲动。思想与冲动，两回事。理智的才为中国所庆幸。老生常谈没什么用，自己受苦而已，于国家民族没什么作用。

诸侯，"利建侯"（《易经·屯卦》："宜建侯而不宁"），国家是自"利建侯"来的。一个人不能成就事业，必得拉帮，要群策群力。

《易·屯》"云雷，屯。君子以经纶"，侯，经纶之人。

侯，王者之斥候，不只一个，故称"诸侯"。今"桩脚"亦诸侯，控制敌人的情报。知敌，非用嘴说说就完了。立诸侯，在知敌。得找专家，侯的责任重大，在第一防线上。

人就嫉妒，没做事前，先防敌人怎么破坏。斥候非一，有许许多多，故曰诸侯。如何优待诸侯？

《白虎通·封公侯》：必复封诸侯何？重民之至也。善恶比而易故知，故择贤而封之，使治其民，以著其德，极其才。上以尊天子，备辅蕃；下以子养百姓，施行其道。开贤者之路，谦不自专，故列土封贤，因而象之，象贤重民也。

遇一件事：一、研究怎么做，用谁去做。二、得防患，就得用斥候。办外交，后面必有重兵。

社会上出事，往往本末倒置，胡来。我做一辈子事，天天有谬论。

生育养长，成而更生，终而复始，其事所以利（以美利利之）**活民者无已。天虽不言，其欲赡足之意可见也。**

"育"，母亲生小孩，小孩得头朝下。"生""育""养""长"，四个步骤。

"成而更生，终而复始"，终始之道，生生不息。

"其事"，万物生长养育；"所以利活民"，"万物皆备于我"，能以美利利天下。

祖宗的智慧想明白，比《静思语》有作用。读有用书，摘金句，要小孩专吸收精华。用白话讲，必要讲得通神才有用。

法天，"天何言哉？四时行焉，百物生焉，天何言哉？""天虽不言，其欲赡足之意可见也"。

古之圣人，见天意之厚于人也，故南面而君（领导）**天下，必以兼利之。**

《荀子·非十二子》："一天下，财（裁）万物，长养人民，兼利天下，通达之属莫不从服，六说者立息，十二子者迁化，则圣人之得势（势）者，舜禹是也。"

"兼利"，互惠，民敬君，君利民，君民一体，同一重要。"长养人民，兼利天下"。"百姓足，君孰与不足？百姓不足，君孰与

足？"（《论语·颜渊》）

为其远者，目不能见；其隐者，耳不能闻。于是千里之外，割地分民，而建国立君，使为天子视所不见，听所不闻，朝夕召而问之也。

"视所不见，听所不闻"，所以要用千里眼、顺风耳，以明远、广听，因为要知敌。

要有组织、头脑、问题。去了解问题，非解决问题，就没有利害；解决问题，就有利害；有利害，就有虚假。

"割地分民"，布施其民、天下，表不私其民、不私其土。"建国立君"，立诸候，各有所守，各为其利。

立场没明白，做事就不懂。种有问题，不知自己要做什么、为什么。面对天下人，必得懂得天下人，眼里不能有颜色，才能成其大。"君子不器"，水清无大鱼，要有容德。人没有绝对的善恶。

"戒心"是一回事，但有"分别心"就完了。最简单的分别，就有一半对立。你说人家不配，反过来人家就说你不配。想做领袖，不可以有分别心。

没价值乱做事是愚人。不要自己成见特多，要迁就别人，反过来人亦迁就你，人皆有个性。看清事情，不要路愈走愈窄。太天真了，净将有用精神浪费于无用之处。应按"人"的样子正常发展，想做"超人"就坏。

放宽心胸，则天的目的在成己之大，"至大无外"。角度不同，所见有别。如自以为比别人强，就不会努力，因自己有了界限。自以为不如别人，就该有所警惕。比不上别人就是耻辱，有羞

耻心，耻不若人，"知耻近乎勇"，"无耻之耻，无耻矣！"（《孟子·尽心上》）

因天所出的是至明之道，所有的一切我们都知其类，如不知其类而用，就没有大成就。"尧则天"，后儒借此标题来约束天子必则天，使天子由天之道，而有所警惕。因乱制之不德，启发民智，知乱制之黜己。

"以鲁当新王"，所以周天子称"天王"。说鲁为新王，并没有贬称周天子。

诸侯之为言，犹诸候也。

《白虎通·封公侯》："王者即位，先封贤者，忧人之急也。故列土为疆，非为诸侯；张官设府，非为卿大夫，皆为民也。《易》曰：'利建侯。'此言因所利故立之。"

"诸侯"，很多的斥候，伺察民隐。谁有组织能力，谁就成为领袖。搞组织，得懂得用诸侯。

中国思想惜在无人实践，可据此以建立王道乐土。"足食足兵，民信之矣"（《论语·颜渊》），以此养天下，精神上的充足"足"够了。现最缺的是足。是"兼利"，并非利己，多伟大的思想！慈济帮人，但忘了被帮者都失去了尊严，施比受更有福。非谁帮谁、谁救济谁，而是有兼利。

至少要用于修身、齐家。人生最美的就是有个安乐窝，建立在择偶、择业上。必要有好太太，妇德最重要。无一健全的家，这一生就白生了！夫妇以义合，人生完全建立在一个"义"上，基督教讲义人。盲目结婚真是"发昏"，想扔又扔不下。人要活下去，至少要建立一个安乐窝。社会有几个安静的家？大本不立，不行。

人活，必要活得愉快，必要用智慧，"君子之道，造端乎夫妇"。昔人不快乐，因为老婆太多，只有人欲之乐。其次，要有个好的职业，用以养家。

有组织力，懂得部署诸侯者，才能知敌。不说话，敌无法知。社会即"敌我"，亦即"人我"。自己做的事，连太太在内也不使她知，有此一修养，敌人用多少诸侯，也无可奈何。你做的事，叫别人无所不知，必然失败。

仁，二人相偶；配偶，变成怨偶，乃离婚。有多大的能力，就发挥多大的作用。知人最为重要，一子摆错，满盘皆输。"知人"为第一要义。

必要动，不动不能化。三五个同学，同学加上朋友，成立学会，一个人发挥不了作用。人的成就不同，不必勉强。

政治、家政，家为国之基。今天哪个家像家了？破坏容易，而建设难。

循天之道第七十七

《繁露》丢很多，可惜！

《循天之道》讲"养身"之道、"天之道"的脉络。

智慧非可以科学化验。中国的天文学，是坐着想出的。

循天之道，以养其身，谓之道也。

董子明白"元"，将"道"讲成形而下，故曰"循天之道，以养其身，谓之道也"。不能养身、不能用不是道。

"率性之谓道"，"道也者，不可须臾离也，可离非道也"，一会儿都不可离，是日用所在，但"百姓日用而不知"(《易经·系辞上传》)，中国学问"道，可道，非常道"(《老子·第一章》)，"由隐之显"，溯到最后，不知自己从哪儿来，要往哪儿去。社会上你骗我，我骗你。应体悟人生，才知重视人生。体悟，用到生活上，即活学问。

则天、法天，最要即循天。"率性之谓道"，循性，性生万法。

譬如掘井，如及泉，则可以取之不尽、用之不竭；未及泉，则形同废井。

《庄子·让王》曰："道之真，以治身。"有本、有根、有源，故言之成理。信仰可以道治身，故说话实在。

你们将来没有喜欢不喜欢。因为没有毅力，没有"至死不变，强哉矫"的精神。要怎么御寇？"利用御寇上下顺也"（《易经·蒙卦》），顺以自保也。要你们捷足先登，你们至死不悟。连中国字都不认识，还想领导世界？

人生知识不丰、学问不高，能是革命家？做梦！我们主张"厚生"，叫百姓有幸福。

抗日战争（国际上又称"日本侵华战争"，即 1937 年 7 月 7 日—1945 年 8 月 15 日；2017 年修改为"十四年抗战"，即 1931 年 9 月 18 日—1945 年 8 月 15 日），收复台湾，台湾流汗流血了？故宫文物在此，台湾即是中国的。不要再有非分之想，应有智捷足先登。

以《乾坤衍》《引论》作入门，然后"追元"。做学问，并非抄书，学的系统。讲学与抄书不同。讲内圣外王，即知即行。"奉元"必要好好下功夫。

我到此岸即是渡众，但你们得学位后就不再努力了。事在人为，修行在个人。喊五十年，无一头脑清楚者，就乱搞。何以无自见之明，一点都不开窍？

天有两和，以成二中 (仲)，岁立其中，用之无穷。

俞樾："两和谓春分、秋分；二中，谓冬至、夏至。"

是故，北方之中用合阴，而物始动于下；南方之中用合阳，而养始美于上。其动于下者，不得东方之和不能生，中（仲）春是也；其养于上者，不得西方之和不能成，中（仲）秋是也。然则天地之美恶（wū）在？在两和之处，二中之所来归而遂（成）其为也。

是故，东方生而西方成，东方和生北方之所起，西方和成南方之所养长。起之，不至于和之所不能生；养长之，不至于和之所不能成。成于和，生必和也；始于中，止必中也。中者，天地之所终始也；而和者，天地之所生成也。

"喜怒哀乐之未发，谓之中；发而皆中节，谓之和。中也者，天下之大本也；和也者，天下之达道也"。

夫德莫大于和，而道莫正于中。中者，天地之美（下疑夺一字）达理也，圣人之所保守也。《诗》云："不刚不柔，布政优优。"此非中和之谓与？是故，能以中和理天下者，其德大盛；能以中和养其身者，其寿极命。

"不刚不柔，布政优优"，《尔雅·释训》："优优，和也。"和乐，优游自在，优裕。布政优优，中和的境界，"致中和，天地位焉，万物育焉"。

男女之法，法阴与阳。

祖宗，生殖器，象男女。人祖，羲皇；人宗，娲皇。
"法阴与阳"，"阴阳合德，刚柔有体，而生生不息"。

阳气起于北方，至南方而盛，盛极而合乎阴；阴气起乎中
(仲)夏，至中(仲)冬而盛，盛极而合乎阳。不盛不合，是故十
月而壹俱盛，终岁而乃再合。天地之节，以此为常，是故先法
之内矣。(疑有脱误)养身以全，使男子不坚牡，不家室(壮而后有
家室)；阴不极盛(盛极)，不相接。是故身精明，难衰而坚固，寿
考无忒(差失)，此天地之道也。

天气先盛牡而后施，故其精固；地气盛牝而后化，故其化
良。是故，阴阳之会，冬合北方，而物动于下；夏合南方，而
物动于上。上下之大动，皆在日至之后。为寒则凝(坚冰也)冰
裂地(寒凝冰裂地)，为热(如火所烧爇)则焦沙烂石，气之精至于是。
故天地之化，春气生而百物皆出，夏气养而百物皆长，秋气
杀而百物皆死，冬气收而百物皆藏。

《越绝书·外传枕中》："天生万物之时，圣人命之曰春。春不
生遂者，故天不重为春。春者，夏之父也。故春生之，夏长之，
秋成而杀之，冬受而藏之。"

是故，惟天地之气精，出入无形，而物莫不应，实之至也。
君子法乎其所贵。

"法乎其所贵"，贵其所贵，天爵自尊吾自贵。

天地之阴阳当男女，人之男女当阴阳。阴阳亦可以谓男女，
男女亦可以谓阴阳。

《越绝书·外传枕中》："阴阳气不同处，万物生焉。"

天地之经，至东方之中，而所生大养；至西方之中，而所养大成。一岁四起业（春生、夏长、秋收、冬藏），而必于中。中之所为，而必就于和。故曰和其要也（养以和，持以适）。和者，天地之正也，阴阳之平（均衡）也，其气最良，物之所生也。诚择其和者，以为大得天地之泰也。

《淮南子·泛论训》："天地之气莫大于和，和者，阴阳调，日夜分，而生物。春分而生，秋分而成，生之与成，必得和之精。故圣人之道，宽而栗，严而温，柔而直，猛而仁。太刚则折，太柔则卷，圣人正在刚柔之间，乃得道之本。积阴则沉，积阳则飞，阴阳相接，乃能成和。"

天地之道，虽有不和者，必归之于和，而所为有功；虽有不中者，必止之于中，而所为不失。是故，阳之行（运行），始于北方之中，而止于南方之中；阴之行，始于南方之中，而止于北方之中。阴阳之道不同，至于盛而皆止于中，其所始起皆必于中。中者，天地之太极也，日月之所至而却（反转）也。长短之隆（极），不得过中，天地之制（法度）也。兼和与不和，中与不中，而时用之，尽（全）以为功（可获全功）。

是故，时无不时者，天地之道也。顺天之道，节者天之制也，阳者天之宽（舒）也，阴者天之急（促）也，中者天之用也，和者天之功也。举天地之道，而莫美于和，是故物生皆贵气而迎养之（自养）。孟子曰"我善养吾浩然之气"者也，谓行必终（中）礼（发乎情，止乎礼），而心自喜，常以阳得生其意也。

《越绝书·外传枕中》："四时不正，则阴阳不调，寒暑失常。如此，则岁恶，五谷不登。"

"我知言，我善养吾浩然之气"，"其为气也，至大至刚，以直养而无害，则塞于天地之间。其为气也，配义与道；无是，馁也"（《孟子·公孙丑上》），修身的最根本，就是直养，即配义与道，义，宜也；道，率性。但最难！没有直养，就馁了！"故苟得其养，无物不长；苟失其养，无物不消"（《孟子·告子上》）。

公孙（公孙尼子）之《养气》（《公孙尼子》之篇名）曰："里藏（凌注：裹藏谓藏府），泰实则气不通（实则气窒不通），泰虚则气不足（中虚则气短）。热胜则气耗，寒胜则气滞。泰劳则气不入（人劳则肺气张，出气多而纳气少），泰佚则气宛（郁）至（久卧则昏耗，久坐则懒惰）。怒则气高（当盛怒，志壹而动其气），喜则气散（心神交畅，故气散），忧则气狂（心不能审得失之地），惧则气慑（气为之消沮）。凡此十者，气之害也，而皆生于不中和。故君子怒则反中，而自说（悦也，怡悦）以和；喜则反中，而收（敛）之以正；忧则反中，而舒之以意（自我宽慰）；惧则反中，而实之以精（勉力镇定）。"夫中和之不可不反，如此。

《淮南子·原道训》："夫喜怒者，道之邪也；忧悲者，德之失也；好憎者，心之过也；嗜欲者，性之累也。人大怒破阴，大喜坠阳，薄气发瘖（同'喑'），惊怖为狂。忧悲多恚（huì，恨），病乃积成；好憎繁多，祸乃相随。故心不忧乐，德之至也；通而不变，静之至也；嗜欲不载，虚之至也；无所好憎，平之至也；不与物散，粹之至也。"

"喜怒哀乐之未发，谓之中；发而皆中节，谓之和"。"致中和，天地位焉，万物育焉"，下"致"的功夫，达中和境界。

故君子道至，气则华（升华）而上。凡气从心。心，气之君也，何为而气不随也？

苏注："心动而气随之。"

"气从心"，"志，气之帅也；气，体之充也"，志，心之所主，"志至焉，气次焉"，故"持其志，无暴其气"（《孟子·公孙丑上》）。

是以，天下之道者（修养生之道者），皆言内，心其本也。故仁人之所以多寿者，外无贪而内清净，心和平而不失中正，取天地之美以养其身，是其气多且治。

"外无贪，内清净"，无欲乃刚，"大哉乾元！刚健中正纯粹精"，圣人之德行，用在人身上，即《中庸》"诚者，天之道；诚之者，人之道"，一个"诚"字用于生活上，即成活学问。

"取天地之美以养其身"，精一不二，无私无欲，《庄子·刻意》："纯粹而不杂，静一而不变，惔而无为，动而以天行，此养神之道也"。应将有用智慧，用得活活泼泼，犹如脱胎换骨。

鹤之所以寿者，无宛（郁）气于中，是故食冰（凝也，"食冰"为"食不凝"，食不凝滞）。

《相鹤经》:"大喉以吐故,修颈以纳新,故天寿不可量。"

《初学记》引《繁露》作"鹤知夜半,鹤所以寿者,无死气于其中也"。

猿之所以以寿者,好引其末（四肢）**,是故气四越**（散,流而不滞）。

《御览》九百十引《繁露》曰:"蝯似猴,大而黑,长前臂。所以寿者,好引其气也。"

"越",声音清脆。《礼记·聘义》:"叩之其声清越以长,其终诎（qū,绝止）然乐也。"

天气常下施于地,是故道者亦引气于足;天之气常动而不滞,是故道者亦不宛（郁）**气。**（下疑有脱文）

"引气于足",华佗"五禽戏"导引之类,气周流于体内。《庄子·刻意》:"吹呴呼吸,吐故纳新,熊经鸟申,为寿而已矣,此道引之士,养形之人,彭祖寿考者之所好也。"

"动而不滞",滞,《说文》:"凝也。"聚也。动而不止,如流水、行云,气不凝滞。

气苟不治,虽满必虚。是故,君子养而和之（养之以和）**,节而治之,去其群泰**（过分）**,取其众和。**

"去其群泰",泰劳、泰佚、泰实、泰虚之类。

"取其众和",中和、太和、和合之类。和,顺也,谐也,不坚不柔，不刚不柔。"保合太和，乃利贞"。

高台多阳，广室多阴，远天地之和也。故圣人弗为，适中而已矣。

《吕氏春秋·孟春纪·重己》："室大则多阴，台高则多阳，多阴则蹷（迫窄），多阳则痿（萎缩），此阴阳不适之患也。是故，先王不处大室，不为高台。"

法人八尺，四尺其中也。

《淮南子·天文训》："音以八相生，故人修八尺，寻自倍，故八尺而为寻。有形则有声，音之数五，以五乘八，五八四十，故四丈而为匹。匹者，中人之度也。"

《论衡·气寿》："人形一丈，正形也。名男子为丈夫，尊公姬为丈人。"

宫者，中央之音也；甘者，中央之味也；四尺者，中央之制也。是故三王之礼，味皆尚甘，声皆尚和。

《淮南子·原道训》："故音者，宫立而五音形矣。味者，甘立而五味亭（适中）矣。"

《白虎通·五行》："土味所以甘何？中央者，中和也，故甘。犹五味以甘为主也。"

"味尚甘"，《礼记·礼器》："甘受和，白受采。"
"声尚和"，《荀子·劝学》："《乐》之中和。"

处其身，所以常自渐（浸润）于天地之道，其道同类，一气之辨也。法天者，乃法人之辨（治）。

苏注："人之所以自治，与天地之道相通，故法天者，法人之所以自治而已。人之自治，莫贵于气，故云：一气之辨，其要亦曰中和而已矣。"

"法天"，法人之自治。天行健，人以自强不息。

天之道，向秋冬而阴来，向春夏而阴去。是故，古之人霜降（九月）而迎女，冰泮（二月）而杀（音sà，散也）内（止），与阴俱近，与阳俱远也。天地之气，不致盛满，不交阴阳。

《白虎通·嫁娶》："嫁娶必以春者？春天地交通，万物始生，阴阳交接之时也。《诗》云：'士如归妻，迨冰未泮。'"

是故，君子甚爱气（精气）而（"游"上当有"谨"字）游于房（贵有节也），以体天也。气不伤于以盛通（极盛相接也），而伤于不时、天并（屏，摒弃）。不与阴阳俱往来，谓之不时（不与阴阳二气运行配合）；恣其欲而不顾天数（自然规律），谓之天并。君子治身，不敢违天。

"直养而无害"，修身的根本。顺着自然之情养，不人之为道，违逆自然法则。

养生之道，按自然环境、本性养，如喝水解渴，不要喝饮料。人的毛病都是嗜欲出了毛病。不养欲，自然健康。

是故，新牡十日而一游于房（《荀子·大略》"十日一御"），中年者倍新牡（二十日），始衰者倍中年（四十日），中衰者倍始衰（八十日），大衰者以月当新牡之日（十月），而上与天地同节矣。此其大略也。然而其要皆期于不极盛不相遇。疏春而旷夏，谓不远天地之数（体天地之气，则无伤也）。

《白虎通·五行》："年六十闭房何？法六月阳气衰也。"又《嫁娶》："男子六十闭房何？所以辅衰也。故重性命也。"

《医心方》引《洞玄子》云："男年倍女损女，女年倍男损男。"

民皆知爱其衣食，而不爱其天气。天气之于人，重于衣食。衣食尽，尚犹有间，气尽而立终。

《庄子·天地篇》："比牺尊于沟中之断，则美恶有间矣。"此"有间"二字之所本。

故养生之大者，乃在爱气。气从神而成，神从意而出。心之所之谓意。意劳者神扰，神扰者气少，气少者难久矣。

《淮南子·原道训》曰："夫形者，生之舍也；气者，生之充也；神者，生之制也。一夫位，则三者伤矣。"又《精神训》云："心者，形之主也；而神者，心之宝也。"

《史记·太史公自序》："凡人所生者神也，所托者形也。神大用则竭，形大劳则敝，形神离则死。死者不可复生，离者不可复合，故圣人重之。"

"意"，《天道施第八十二》曰："万物动而不形者，意也。"《说文》："意，志也，从心、音。"意、神、气。精、气、神，人之三宝。

故君子闲欲止恶以平意，平意以静神，静神以养气。气多而治，则养身之大者得矣。

"止恶以平意，平意以静神，静神以养气"，止恶、平意、静神，养气也。《庄子·刻意》："夫恬惔寂寞，虚无无为，此天地之平而道德之质也。"

古之道士有言曰："将欲无陵，固守一德。"此言神无离形，则气多内充，而忍饥寒也。

王应麟云："《老子》'谷神'一章，美生者宗焉。董子此文数语，亦有得于此。"

《老子·第六章》："谷神不死，是谓玄牝。玄牝之门，是谓天地根。绵绵若存，用之不勤。"谷神是无源之泉，所以不死；不死者，即是虚灵不昧。玄，即无极，道家讲"无极而太极"；牝，太极有名，万物之母，生生化化，无不从此出。"玄牝之门""妙无妙有，神机不测，其浑融而无间者"，无极为"天地根"。《易》称"乾元、坤元"，坤元，"天地根"，落叶归根。中国人"根"的观念深厚，寻根。中国智慧，无生有，"太极生两仪""阴阳合德，刚柔有体"，就生生不息。

和乐者，生之外泰也；精神者，生之内充也。

《白虎通·情性》："精神者，何谓也？精者，静也，太阴施化之气也，象火之化任生也。神者，恍惚，太阴之气也。"

精、气、神，人之三宝。自己的精神时常不足，要注意。

外泰不若内充，而况外伤乎？忿恤忧恨者，生之伤也；和说（悦）劝善者，生之养也。君子慎小物而无大败也。行中正，声向荣，意气和平，居处虞（愉）乐，可谓养生矣。

中国一切都有一套，连在一起。

讲中国东西必有所本，不可以臆说。讲康德，不必与中国东西混在一起。

19 世纪中期至 20 世纪中期中国国势弱，思想乱，民族信心沦丧。面对 21 世纪，是中国思想的开始，非只应付一百年而已。

每一时代有每一时代的思想，"学而时习之""圣之时者"。"时乘六龙以御天"，即运用时，乘时代之变，以御天下。儒家最高境界为"权"，《论语》"可与适道，未可与权"，《学庸》"无所不用其极，无入而不自得"。《易经》"穷则变，变则通，通则久"，应是"权经"，视什么环境，用什么手段。了悟不在多，而在精，能用。

一民族文化愈久，愈摆弄愈仔细。"闲居还见客，燕居不见客"，人活着必有美感。中国是有文化的国家，什么都有固定的名词，不知乃未学。学什么，必要脱胎换骨，才算是自己的。冶于一炉，什么都不分了，即所谓"炉火纯青"。

以前大陆只要是中等以上家庭没有不读书的。你们的学问连世家的丫鬟都比不上。我的外家以《选学》传家，擅长韵文，用于歌功颂德。

看一个人的构思，怎么想，如中医的针灸。多读几篇好文章，是涵养自己的心。曾文正公编《十八家诗钞》，可以陶冶性情。何不也读《经史百家杂钞》，作为壮志课本？培养自己做人类的功臣，得有用且还是思想如《繁露》。

《学》《庸》即讲尧、舜。尧，大；舜，中。学尧、舜，学大用中。"舜好问而好察迩言"，看左右人的反应，"执其两端，用其中于民"。做什么都得有学问，无论齐家、治国还是做生意，一个人必先立其大者。

华夏、奉元，要接棒。奉元思想是什么？根据元，加上奉，即代表自祖宗遗留的东西。择一主要的，接着讲。非开创，是奉事，"回虽不敏，请事斯语"之"事"，按元行事故称"奉元"。

宗旨何在？有何成效？奉元即"胞与贵贵"。胞与贵贵，此为中国人奋斗的目标，要懂从哪儿下手。"贵"语出《孟子》，天爵自尊吾自贵。

《孟子·告子上》："有天爵者，有人爵者。仁义忠信，乐善不倦，此天爵也；公卿大夫，此人爵也。古之人修其天爵，而人爵从之。今之人修其天爵，以要人爵；既得人爵，而弃其天爵，则惑之甚者也，终亦必亡而已矣。"

用"贵贵"，不用尊贵，因为"贵通天下之志，贵除天下之患"。非专谈《孟子》的贵，而是谈元的贵。

中国人的最高处"取精用华"，日精月华，精、华，两个作用。取精，五十年换功夫，都祖先的东西；用"贵贵"二字，即华。

胞与贵贵论，奉元胞与贵贵会。连蚂蚁都贵之，何况其他？贵贵，什么都不敢毁坏。重视元，要贵贵。既贵贵，就没有破坏，何必讲环保？"胞与贵贵"可以写多少书，有永远办不完的责任。

"奉元以天下归仁，率性辄拨乱反正"，懂得正，自然反正，乱就没了。

有路可跑，不要乱走。我想五十年得到的精华，提供你们方向。但绝非没有深入者所能懂，因为不知其所以。了解了，愈看书，层次愈分明。

奉元，在除天下之患。天下无患，还要人救济？"拔一毛而利天下"，人家都不要，徒自取其辱。

性，天命的本。我们注意人性，"率性辄拨乱反正"，是除患于未然，非患到了再去除。

用人的智慧可以控制自然，智周万物，道济天下，裁成天地之道，辅相万物之宜。

今后将所有东西都翻版，即根据"奉元"。但必要依经解经，不可以掺太多的臆说。将了解的东西都串在一起，不要讲空论。一个"元"字包含一切，元始天尊，师尊、令尊。

"用心深细"，熊十力之语。真到"天机深"了，比什么都舒服，如真坐禅般。

自台湾解严后，我才讲自己的。学不可以躐等。说和我学的时间短，不是他有学问，证明他书没能力看懂。人无德绝不能传，"为政以德"（《论语·为政》），不论做什么都要有德。

我常讲历史，在安你们的心。不必妄想，多少叱咤风云的人物，而今安在哉？又何必安心机，就脚踏实地。永远与日月同光，不分男女，看李清照，就在下功夫，更不分时代新旧。天下无难事，就怕有心人。以嘴争什么，都没有用，伟大不在自己说，而是看对方接受与否。

人最大的毛病，即不自知。想实务，写没有用。没有号召力，没有作用，没人理你。来台的第二代全垮了，举棋不定，一子摆错，满盘皆输。社会就是利害，做任何事必特别慎重。

欧洲都同盟了，台湾还搞"独立"，多丑！要怎么迎接 21 世纪？

今天台湾社会之所以乱，因为完全自欺，不懂得防未然，日甚一日。人必得实事求是。什么都不认真，能解决问题？培训人才，但你们是铁人，都不动心，还呆头呆脑。

什么样的人才有用？可用之人有几人？不许有党派背景，必要代表大多数才有作用。有守才足以有为，一失足则成千古恨。要保持自己的清新，行、坐、想、看皆正，才能为人谋福利。头脑要特别清楚，要知道为何而活、为何而战。

21 世纪是什么，能再讲《十三经注疏》这套注解？奉元，即胞与贵贵，详言之，四五本书也道不尽。尊重物的贵，赞美一东西很贵重。民是我同胞，物亦然，元胞。胞与贵贵，即奉元行事。蚂蚁、蜜蜂各有其价值，贵也。自然界的东西都不能破坏，贵贵，否则遭天谴。

写一东西贵乎能用，否则形同废物。启示：看是否能实行再写。学《孙子》，不会演兵、演阵，仍空空如也。《孙子》写给谁看？看完的人说什么？看了，但希望演一演阵。以宫女演阵，一片嘻笑声；杀二妾以戒之，军令如山；君求情，答曰："将在外，君命有所不受。"其中要义甚多。如读完都用不上，狗屁谁相信？

做什么得像什么。传播的方法在使人明白，绝不照葫芦画瓢，还抄书?

凡养生者，莫精于气。是故，春袭葛（服葛衣），**夏居密阴**（阴深地），**秋避杀风**（肃杀之风），**冬避重漯**（重湿），**就其和也。衣欲常漂**（以水击絮，轻也），**食欲常饥**（不尚饱食）。**体欲常劳，而无长佚**（逸居）**也。**

《太平御览》二十一又七百二十四引《公孙尼子》曰："孔子有疾，哀公使医视之。医曰：'子居处饮食何如？'孔子曰：'丘春居葛室，夏居密阳，秋不风，冬不炀，饮食不造，饮酒不勤。'医曰：'是良药也。'"

《庄子·刻意》曰："形劳而不休则弊，精用而不已则劳，劳则竭。水之性，不杂则清，莫动则平，郁闭而不流，亦不能清，天德之象也。"

凡天地之物，乘于其泰而生，厌（足）**于其胜而死，四时之变是也。**

《孔子家语·本命解》："化于阴阳，象形而发，谓之生；化穷数尽，谓之死。"

故冬之水气，东加于春而木生，乘其泰也。春之生，西至金而死，厌于胜也。生于木者，至金而死；生于金者，至火而死。春之所生而不得过秋，秋之所生不得过夏，天之数也。

饮食臭味（气味之感），每至一时，亦有所胜、有所不胜，此理不可不察也。四时不同气，气各有所宜，宜之所在，其物代美。视代美而代养之，同时美者杂食之，是皆其所宜也。

故荠以冬美，而荼以夏成，此可以见冬夏之所宜服（食）矣。

《白虎通·八风》："昌盍风至，生荠麦。"荼，苦菜，生于寒，经冬历春，得夏乃成。

冬，水气也；荠，甘味也。乘于水气而美者，甘胜寒也。荠之为言济者，所以济大水也。

夏，火气也；荼，苦味也。乘于火气而成者，苦胜暑也。

《淮南·时则训》："孟夏，其味苦。"《白虎通》："火味所以苦何？南方主长养，苦者所以长养也，犹五味须苦可以养也。"

天无所言，而意以物（以物示意）。物不与群物同时而生死者，必深察之，是天之所以告人也。故荠成告之甘，荼成告之苦也。君子察物成而告谨（上天以之成熟来告诉人们），是以至荠不可食之时，而尽远甘物，至荼成就（成熟而食之）也。天所独代之成者，君子独代（食）之，是冬夏之所宜也。春秋杂食其和，而冬夏服其宜，则常得天地之美，四时和矣（四时所食，常得天地之美物也）。

凡择味之大体，各因其时之所美，而违天不远矣（察食之所美，夏食芬，冬食荠，可以见天意）。是故，当百物大生之时，群物皆生，而此物独死。可食者，告其味之便于人也；其不可食者，告杀秽除害之不待秋也。万物之大枯之时（百物大枯之时），群物皆死，如此物独生，其可食者，益（多）食之。天为之利人，独代（化）生之，其不可食，并畜之。天愍（怜悯）州华之间，故生宿麦（秋冬种之，经岁乃熟），中岁而熟之（五月夏至麦熟）。君子察物之异（变化），以求天意，大可见矣。

《汉书·董仲舒传》："《春秋》他谷不书，至于麦禾不成则书之，以此见圣人于五谷最重宿麦。"秋冬种之，经岁乃熟，故曰宿麦。

是故，男女体其盛，臭味取其胜，居处就其和，劳佚居其中（适中），寒暖无失适（宜），饥饱无过（失）平，欲恶度理，动静顺性，喜怒止于中，忧惧反之正，此中和常在乎其身（得尚于中行），谓之得天地泰（天地交，泰）。得天地泰者，其寿引而长；不得天地泰者，其寿伤而短。短长之质，人之所由受于天也。

是故，寿有短长，养有得失，及至其末也，大率而必雠（相应，匹也）于此，莫之得离，故寿之为言，犹雠（酬）也。天下之人虽众，不得不各雠其所生，而寿夭于其所自行（由其行为决定）。自行可久之道者，其寿雠于久；自行不可久之道者，其寿亦雠于不久。久与不久之情，各雠（应）其生平之所行，如（而）命后至，不可得胜（以人事居先，天命若从其后也），故曰：寿者，雠也（寿命长短与人行为相应）。

然则人之所自行，乃与其寿夭相益损也。其自行佚（放佚）

而寿长者（言例外者），命益之也；其自行端而寿短者，命损之也（不关其行为）。以天命之所损益，疑人之所得失，此大惑也。是故，天长之而人伤之者，其长损；天短之而人养之者，其短益。夫损益者皆人，人其天之继欤？出其质而人弗继，岂独立哉！

人继天，参化育，"与天地参矣"，天地之间人最贵。

小孩尚"诚于中，形于外"，每天应察言观色，看其是否变态。朋友，"损者三友，益者三友"（《论语·季氏》），"近朱者赤，近墨者黑"，朱、墨，视环境、对象，故要择而后交。"晏平仲善与人交，久而敬之"（《论语·公冶长》），"久而敬之"才能"近悦远来"。择友，即使一二人无择好，亦宁可吃亏，不可以绝交，因他知你的长短。

交友，创业、立业之基础。事业要成功必立于德，有德者居之，"苟不至德，至道不凝焉"（《中庸》）。可以欺人一时，不可以欺永久。

谨言，言都得谨，况语乎？言多必失，"其人不言，言必有中"（《论语·先进》），"言语，君子之枢机；枢机之发，荣辱之主也"（《易经·系辞上传》），绝不可与多言者打交道。我少和一个人谈话，不让他造谣，没有是非在此。想有成就，绝对要谨言。嘴大舌长，失败之根源。

读书人乃天地的良心、治国平天下的医生，良相功同良医，"复其见天地之心乎"。人活着，必要有真正的智慧，每天计划自己要怎么走。

聪明人喜怒不形于色，即有术，因心有所主。心有主宰，就不随波逐流。人请你吃饭就乐，正是你下台之时。朱高正太不懂含蓄，再不说"电话"了，因为电话已经拆线了。

我在台搞五十年，哪一个有脑子？赵孟能贵之，赵孟能贱之，他一天见的猫、狗太多了。何以不懂得造就自己？得到了，不知怎么抓住机会，在此表现自己无穷的能力；等时一过，也完了！在机会上，必要显己之大能。

今天报纸，每天所载的无一好事，况没刊登的？要好好重视，先划清界线，加重自己的责任感。

当方程式推，方才用得上。对事情加以分析，许多事不用等事宣判了才知，一开始即可以判断。

人要尽量做到自己能做到的事，不要太自私。

时至而不失之，如平时都无准备，到时岂不是瞪眼坐视？必要有千锤百炼的准备。什么都不做，天下岂有白得的？

仁者爱人，仁者无不爱也，何以还要杀身成仁？我特别反战，在蒋家时代挂"天德黉舍"；解严后改为"奉元书院"，胞与贵贵。戒杀才能成佛，非吃素。贵贵，连动植物都爱。今天的人一有钱，完全过动物的生活，两条腿立着走，所做完全是动物的事。人不如狗，比什么都可怕！与狗一起过生活，还其乐也融融。

何以这么多的新思想家都不能传世？何以传世者少？康南海倡维新何以失败？失败后周游世界何以仍失败？因为仍过着旧官僚时代的生活。没有新的德行绝不成。

名字新，行为不新，思想仍旧；口号新，行为完全无维新，所以失败。德行没有维新，只有思想维新，绝对失败，古今一也。

不能表里如一，净欺世盗名。虽贫与贱，也总要荣己行，表里如一。不要钻尖取巧。

净抄书做什么？历代的"正义"有多少？不正，偏要说正。将有用的智慧用于正途，如有朝亮了就传，不亮就与草木同朽。

道理得高智之士方能懂。颜回早死，传孔子道的皆狂狷之士，是二流，可惜了！思想没有古今。要用现在的钥匙，开三千年前的老锁。

奉元书院的学生至少也得是智者，智者得不惑于欲。我健康，因不想办不到的事。嗜欲多，做白日梦。精力、思想、时间都不浪费。为造就未来清新的一代，要开创未来，做好发祥地。御天，不失其居，元。人都有智慧，有精一功夫绝对成事，"惟精惟一"。

要说百姓能明白的话，一个公式可以演很多。"天下之动，贞夫一者也"（《易经·系辞下传》），元，一致百虑，殊途同归，万法归宗，百变不离其宗。自一个方程式推演出，以此立说，绝对层次分明。

不要语无伦次，颠三倒四。没受过训练，故语无伦次。没有功夫，绝对办不到。

发现问题，研究之。执笔为文，加以润色，定案。要多练达，遇事就有主宰、有主张，届时就可以发言。想往前走，必得突破。

学问是一把钥匙，能开一切。缺智，开智；缺心，开心。"复其见天地之心乎"，人类的旧学问是一把老锁头，必用一把钥匙开此老锁头才能进入。不可以净造与此锁头无关的新钥匙，而是要用能开启三千年前老锁头的现在钥匙，思想没有古今。

"温故而知新"，"故"统性、传统，所本，因。"因不失其新"，因，元；新，时。无因、失居，多少学人而今安在哉？皆无所因、所居、所守，即无根，那新从何来？

讲实学，面对困难。如何为一千七百万人谋幸福？政客所为何来？此一复杂的环境，台大同学应该懂。讲兵法不行，要演阵，"先行其言，而后从之"（《论语·为政》），再将结果汇报出来。

　　《天地之行》好好玩味，可以治国平天下。台湾百姓就知道怀惠，百姓想要自求多福、太平安定。

　　认识时太重要了！《易经》谈时，有三个意义：时，时义，时用。分三个步骤：识时，知时之义，用时。圣人不能生时，时至而不失之。

　　天地之行，美也。

　　美行如天地，美在下其施、现其光，施不求报，容光必照，生而不有，为而不恃。美与丑。非一般人眼见之美，得持之以恒的才是美。玩味人家的思维，何等深刻！

　　是以，天高其位而（能）**下其施，藏其形而见**（现）**其光，序**（排列）**列星而近至精，考阴阳而降霜露**。

　　"大人者，与天地合其德"，此即人的智慧可与天齐。

无能"下其施"，无德以号召天下，乃以色相号召，丑态毕露，没认识自己。

"现其光"，容光必照，佛光普照。

"序列星"，一个"序"字，有伦有序。理事应如自然界之序列星，则近于至精。做事，在未做之前必下"序列星"的功夫，有纲有目有凡，才能有伦有序。

高其位，所以为尊也；下其施，所以为仁也；藏其形，所以为神也；见其光，所以为明也；序列星，所以相承也；近至精，所以为刚也；考阴阳，所以成岁也；降霜露，所以生杀也。

"高其位"，有意义，有作用，"圣人之大宝曰位"；"所以为尊也"，"尊者所以奉其政也"（《立元神第十九》）。

"下其施，所以为仁也"，仁德，仁政。

"藏其形，所以为神也"，视而不见其形；神，神笔，莫测高深，神乎其神！"神者所以就其化也"（《立元神第十九》）。

"见其光，所以为明也"，与四时合其明。

"序列星"，列星排列，有相承、相贯性；"所以相承也"，传承，传统。

"近至精，所以为刚也"，"刚健中正，纯粹精也"，"天积众精以自刚"（《立元神第十九》）。

"考阴阳，所以成岁也"，四时，二十四节气。昔人善用自然。

做事都有一定的规则可循，有一定的方程式，要知其所以。

为人君者，其法取象于天。故贵爵而臣国，（有脱文）**所以为仁也；深居隐处，不见其体**（形体），**所以为神也。**

"取象于天"，法天，有天则，则天。昔联邦，有共主。

"贵爵而臣国"，"《春秋》合伯、子、男为一爵"，"有大功德受大爵土，功德小者受小爵土；大材者执大官位，小材者受小官位。如其能，宣治之至也"（《爵国第二十八》）。

"深居隐处，不见其体"，"莫见其所为而功德成，是为尊神也""尊者所以奉其政也，神者所以就其化也"（《立元神第十九》），"所以为神也"。

非文字难，而是知所以用理为难。

任贤使能，观听四方，所以为明也；量能授官，贤愚有差，所以相承也；引贤自近，以备股肱，所以为刚也；考实事功，次序殿最，所以成事也；有功者进，无功者退，所以赏罚也。

"任贤使能"，贤者在位，能者在职。贤、能，领袖的眼睛，"观听四方，所以为明也"。

"量能授官"，视其能；"贤愚有差"，等量之。"所以相承也"，职能相称，然后授其管事之责。非靠关系，才能发挥作用。

"引贤自近，以备股肱"，左辅右弼，得力助手。"无欲乃刚"，刚柔相济，"所以为刚也"。

"考实事功，次序殿最"，考核得公平无私，"所以成事也"。

"有功者进，无功者退"，知人善任，赏罚分明，"所以赏罚也"。

做学问要快快努力，欲及时也，将相本无种，男儿当自强。根本打通，一法通，百法通，无不成的。自育，必得自己教育自己、造就自己。活到老，学到老，死而后已，要学一辈子，非得博士即结束。

自育，首先要有自知能力，才知自己缺什么，要办什么货、买什么。其次，问自己能干什么？自己造就自己，成功就是成就。"人一己百，人十己千之；虽愚必明，虽柔必强"，至少箭不虚发，做事都要有通盘计划。好好努力，要实学。学问并非点缀品，而是要解决问题的。有志于什么就做什么，好自为之。

每天必问自己能做什么？就怕自己不能。能就不会吃空饭，尸位素餐，故曰"能者在职"。

是故，天执其道为万物主，君执其常 (常道) 为一国主。天不可以不刚，主不可以不坚。天不刚则列星乱其行，主不坚则邪臣乱其官 (管)。星乱则亡其天，臣乱则亡其君。

"乱其管"，有法不执法。

"道，可道，非常道"，不当文章，要当智慧用。

故为天者务 (当务) 刚其气，为君者务坚其政，刚坚然后阳道制命 (无偏私)。地卑其位而上其气，暴其形而著其情，受其死而 (能) 献其生，成其事而归其功。卑其位，所以事天也；上其气，所以养阳也；暴其形，所以为忠也；著其情，所以为信也；受其死，所以藏终也；献其生，所以助明 (助天下明) 也；成其事，所以助化也；归其功，所以致义也。

"刚"，少欲无私，"君子上达"（《论语·宪问》）。

"暴其形而著其情"，形得表情。

"成其事而归其功"，"或从王事，无成有终"（《易经·坤卦》）。

如何将这些用上？

为人臣者，其法取象于地。故朝夕进退，奉职应对，所以事贵也；供设饮食，候视疢疾，所以致养也；委身致命，事无专制，所以为忠也；竭愚写情，不饰其﹝己﹞过，所以为信也；伏节死难，不惜其命，所以救穷也；推进光荣，褒扬其善，所以助明也；受命宣恩，辅成君子，所以助化也；功成事就，归德于上，所以致义也。

"为忠"，尽己之谓忠，"君使臣以礼，臣事君以忠"（《论语·八佾》）。

"救穷"，事之不济，以死继之，所以救人事之穷。

"致义"，臣"虽有美，含之，弗敢成也"（《易经·坤卦·文言》），无成有终，"地道无成，而代有终也"（出处同上）。

是故，地明其理，为万物母；臣明其职，为一国宰。母不可以不信，宰不可以不忠。母不信，则草木伤其根；宰不忠，则奸臣危其君。根伤则亡其枝叶，君危则亡其国。故为地者，务暴﹝显﹞其形；为臣者，务著其情。

一国之君，其犹一体之心也。隐居深宫，若心之藏于胸；至贵无与敌，若心之神无与双也。高清明而下重浊，若身之贵目而贱足也；任群臣无所亲（因材器使，无所偏爱），若四肢之各有职也；内有四辅（左辅、右弼、前疑、后丞），若心之有肝肺脾肾也；外有百官，若心之有形体孔窍（眼、耳、鼻、口、前后阴九窍）也；亲圣近贤，若神明皆聚于心也；上下相承顺，若肢体相为使也；布恩施惠，若元气之流皮毛腠理（肌脉）也；百姓皆得其所，若血气和平，形体无所苦也；无为致太平，若神气自通于渊也；致黄龙（德至渊泉则黄龙见）、凤皇（德至鸟兽则凤凰翔），若神明之致玉女、芝英（灵芝草之精华）也。

君明，臣蒙其恩，若心之神，而体得以全；臣贤，君蒙其功，若形体之静，而心得以安。上乱下被其患，若耳目不聪明而手足为伤也；臣不忠而君灭亡，若形体妄动而心为之丧。是故君臣之礼，若心之与体，心不可以不坚，君不可以不贤；体不可以不顺，臣不可以不忠。心所以全者，体之力也；君所以安者，臣之功也。

人就是一口气，孟子所谓"我善养吾浩然之气"。孔子能修身，活泼，七十三岁死。

读书是苦事，必得戒急用忍。脑中如无问题，怎么发掘问题？学问，有无学了再问？培养问"问题"的能力。

自己立一个"督学"的标准。喜一个，以此为主，钻研之，其他为辅。每个人必要有专学，才能树立文化，为这个文所化，潜移默化。

做学问不易，在于自发。读书必有目标，才不浪费自己的精力；头脑愈清晰，才不致徒劳无功。有自知的能力，就要"日知己所无"，拼命学。其次，得"学而时习之"，能用上，即"月无忘己所能"。

小孩要提示，但用不上。教育，得不厌其详地讲，总有一天会打通。脑子必使之复杂，才能活起来。

"华夏奉元居一"，"居一"，即居正，一统，成其圣功也。正，性命。如何修？保合以修性，太和以修命，"保合太和，乃利贞"。

奉元文化能融天下界际为一，故曰"天下一家，中国一人（员）"。民胞物与，曰"元胞"。都是元胞，"本是同根生，相煎何太急？""安仁者，天下一人而已矣"，一视同仁，没有分别心，无不爱也。

讲奉元，重知行，知而必行。做《大易》与《春秋》的实行者。公羊学欲趋时也，"圣之时者"，"学而时习之"，跟着时代走，可有无穷的引申。

一个团体靠什么成就？哪代所设的书院不是有目的？要做得有声有色、有德有量。愈客观愈有效率，正义解决问题，切身之痛，用心解决。想担当大任，必要有切肤之痛。

阿猫阿狗占位，一步错全舟覆没。如何绝后患？必要群策群力，消灭这些坏蛋，因为我们要求生。他们都想以别人的幸福换取他们一世的荣华富贵。问几个可能的问题，使其知有不可欺的人，能再大放厥词？给难题，在提醒对方。

台湾现在最复杂，处理不慎必覆舟；知此病，才知如何治病。切己身，才会用心。"浸润之谮、肤受之愬不行焉，可谓明也"，古书真是智慧的捷径！

我喜用愚鲁之人，不用聪明人。真愚，还能办点事。傻愚人，自以为聪明，见麻绳就跑。为商必得有德，即道义。不可以未做买卖，就先学个奸。

伦之本为孝，"君子务本，本立而道生。孝弟也者，其为仁之本与"，"夫孝，德之本也，教之所由生也"。教即孝，"率性之谓道，修道之谓教"，修道之谓孝，"大孝尊亲，其次不辱，其次能养"（《大戴礼记·曾子大孝》），"身体发肤受之父母，不敢毁伤，孝之始也；立身行道，扬名于后世，孝之终也"，"夫孝，始于事亲，终于立身"。"三十而立"（《论语·为政》），立身行道；"志于道"，行道，行"率性之谓道"。本良知做事，达"大道之行也，天下为公"。

我所讲皆书中之言，只变个样，是要你们明白。遇事，如此推理。一句话不明白，找书，然后串在一起。如"语"与"言"的分别，在《论语》中就分得很清楚。

不可以群居终日，"言"不及义。在危舟之上，还糊里糊涂？针锋相对。对方说正经的，可以"语"相对，好坏都可以说。

培养正知正见，以拨乱反正。必先知正、修正，"蒙以养正，圣功也"，有修正的功夫才不盲干。拨乱才有所居，居正，"正"包含太多。"超凡入圣"，接受的是凡品，但超过了即入圣。

《大学》与《中庸》是中国人思想精华之所在。一个民族的伟大，有文化基础的深浅。

"习，重也"，"学而时习之"。"习，鸟数飞也"，鸟在练羽时，受刺激毛就丰，毛丰才能飞。非一下子就能飞，要天天习，才能愈飞愈高。如习出了毛病，则险陷至。坎险乃自习坏来的，"性相近，习相远也"（《论语·阳货》）。习非，积非成习，坏习性乃离中，

"喜怒哀乐之未发，谓之中"，亦即离性愈来愈远，"习相远也"。

记住：你败毁人，人亦败毁你，此即险陷的根苗。环境再怎么险陷，也要行得正、走得正，"过，则勿惮改"。最重要的是心理革命，大家都好起来，就有希望。

《说文通论》：王者则天之明，因地之义，通人之情，一以贯之，故于文贯三为王。王者，居中也，皇极之道也。三者，天地人也。

"王者"，天下所归往。"则天之明"，则天，在则天之明，容光必照。明者，日月也，日月无私照，公。"因地之义"，则地，尽地之利，厚德载物。天无私覆，地无私载。

"皇极"，人极之道。《尚书·洪范》"皇建其有极"，"极"，中道，为君者当以身作则，以德立民，己立立人，己达达人。

"无偏无陂（pō，倾斜），遵王之义，无有作好（私好）；遵王之道，无有作恶（擅作威）；遵王之路，无偏无党（朋党）。王道荡荡（平易），无党无偏；王道平平（采采，辨治也），无反（反道）无侧（倾侧）；王道正直（王道成也）。会其有极，归其有极"（《尚书·洪范》），以文会友，以友辅仁。此为中国传统"王法"的标准，明君、昏君之分别在此。

古之造文者，三画而连其中，谓之王。三画者，天地与人也；而连其中者，通其道也。取天地与人之中以为贯而参通之，非王者孰能当是？

凌注："《孝经援神契》云：'奎主文章，苍颉放象是也。夫文字者，总而为言，包意以名事也。分而为义，则文者祖，文字者子孙，得之自然，备其文理，象形之属则谓之文。'《法苑珠林》：'造书凡有三人：长名曰梵，其书右行；次曰佉卢，其书左行；少者仓颉，其书下行。'"

《尸子·仁意》：尧问于舜曰："何事？"舜曰："事天。"问："何任？"曰："任地。"问："何务？"曰："务人。"

"事天"，法天，学天之明，天下所归往也。"任地"，尽地之利，发挥地之利；"务人"，"务"，专心致志，人面对的即人事，必通人情。

"三画"，天、地、人，三才之道，"天工，人其代之"，天工犹有所不足，人可代天工之不足，此科学观之萌芽，成事在人。有《天工开物》一书。

"连其中者，通其道也"，通天地之道。"参通之"，参天之明、地之义、人之情。

"学"，知行合一。一、觉也，知也，有了觉悟就能行，有责任感；二、效也，行也，如父母为儿孙做牛马。

"在天曰命，在人曰性，在身曰心"，存心，天命之心；正心，情欲之心。"率性之谓道"，顺人性做事就是道，即法天之命。尽己之性，就能尽人之性、尽物之性，"人同此心，心同此理"，最后，"与天地参矣"，参，平视，天人境界。

是故，王者唯天之施，法其时而成之，法其命而循之人，法其数而以起事，法其道而以出治，治其志而归之于仁。

"法其时而成之"，法天之时而成之，法天以行政，重视天时，"勿失其时"（《孟子·梁惠王上》），《尚书·皋陶谟》："百僚师师，百工惟时。"政在"惟时"，不能有过与不及，尽人之力。

"法其命而循之人"，在天曰命，"天命之谓性，率性之谓道"，顺人之性而行之。

"法其数而以起事"，法自然之数以起事。尽己之性，尽人之性，尽物之性，则与天地参矣。"圣人不能生时，时至而不失之"，无浪费、牺牲、损失。

"治其志而归之于仁"，天之志，仁，无不爱也。天有好生之德，法天，生、仁也。

仁之美者在于天。天，仁也，天覆育万物，既化（自然之化）**而生之，有**（又）**养而成之，事功无已**（止）**，终而复始，凡举**（完全）**归之以奉人。察于天之意，无穷极之仁也。人之受命于天也，取仁于天而**（能）**仁也。**

"天，仁也"，取法"仁"，自取法"天"来。

"天覆育万物，化而生之"，天无私覆，化而生之；"养而成之"，养之、成之，"继天奉元，以养成万物"；"事功无止，终而复始"，阴阳合德，刚柔有体，而生生不息。

"归之于奉人"，"奉人"，奉仁，奉元，民胞物与。智周万物，道济天下。

《大学》"物有本末，事有终始，知所先后，则近道矣"，知原则，读书才有用，能理事。

是故，人之受命天之尊，有父兄子弟之亲，有忠信慈惠之心，有礼义廉让之行，有是非逆顺之治，文理灿然而厚，知(智)广大而有(又)博，唯人道为可以参天。

"父兄子弟之亲、忠信慈惠之心、礼义廉让之行、是非顺逆之治"，人生皆在此四者之中颠颠倒倒的。

"文理灿然而厚，智广而大有博"，地厚德载物，天行健不息，"唯人道为可以参天"，人与天相参，平视。

"与人同者，物必归焉"（《易经·序卦传》），"同人大有"（《易经》同人卦后接着大有卦），到处没敌人乃"大有"，有天下。

天常以爱利(美利)为意，以养长为事，春秋冬夏皆其用也。

"天常以爱利为意"，"能以美利利天下，不言所利，大矣哉"！
"以养长为事"，奉元以养长万物，奉天时行事。

王者亦常以爱利天下为意，以安乐一世为事，好恶喜怒而备(为"皆其")用也。

"爱利天下"，法天"生而不有，为而不恃"，"能以美利利天下，不言所利，大矣哉！"

"以安乐一世为事"，以"不世及""不世袭罔替"为所事之事。《春秋》大义在"安乐一世"。

然则人主之好恶喜怒，乃天之春夏秋冬也，其具暖清寒暑，而以变化成功也。天出此四（春夏秋冬）者，时则岁美，不时（反常）则岁恶；人主出此四者，义则世治，不义则世乱。是故，治世与美岁（丰收之年）同数（天数），乱世与恶岁同数，以此见人理之副天道也。

只要是人，皆具喜怒哀乐。"喜怒哀乐之未发，谓之中；发而皆中节，谓之和"，"致中和，天地位焉，万物育焉"。

"时则岁美"，农事以"时"为先，"不违农时，谷不可胜食也；数罟不入洿池，鱼鳖不可胜食也；斧斤以时入山林，材木不可胜用也。谷与鱼鳖不可胜食，材木不可胜用，是使民养生丧死无憾也。养生丧死无憾，王道之始也"（《孟子·梁惠王上》）。让百姓丰衣足食，就是"王道之始"，即王道的入手处，以民生为第一要义。

义，宜也。"义则世治"，发而皆中节，则世治；"不义则世乱"，发而不中节，则世乱。"治世"与"美岁"、"乱世"与"恶岁"，同天数。

"人理之副天道"，成德了，"大人者与天地合其德"。人理事必与天道合，违逆天道就是造孽。

天有寒有暑。（有脱文）

夫喜怒哀乐之发，与清暖寒暑，其实一类也。喜气为暖而当春，怒气为清而当秋，乐气为太阳而当夏，哀气为太阴而当冬。四气者，天与人所同有也，非人所能蓄（培养）也，故可节而不可止也。节之而顺，止之而乱。

　　天下事，无论好坏，只可"节"，不可"绝"，《易·节》曰"节，亨"。绝欲的人必出毛病，不赞成独身。节欲，使之中节，不能绝欲。

　　人生于天，而取化于天。喜气取诸春，乐气取诸夏，怒气取诸秋，哀气取诸冬，四气之心也。

　　生生之变，完全按天道之变而来。

　　四肢之各有处，如四时；寒暑不可移，若肢体。肢体移易其处，谓之夭人；寒暑移易其处，谓之败岁（不能丰收）；喜怒移易其处，谓之乱世。明王正喜以当春，正怒以当秋，正乐以当夏，正哀以当冬。上下法此，以取天之道。

　　曾文正、郭子仪二人"刚柔"恰到好处，修到此境亦不易。《尚书·洪范》"刚克、柔克"，刚柔并济，事乃可成。自己有深的修养功夫，然后实行于外，就能得于人。

　　春气爱，秋气严，夏气乐，冬气哀。爱气以生物，严气以成功，乐气以养生，哀气以丧终，天之志也。是故，春气暖者，天之所以爱而生之；秋气清者，天之所以严而成之；夏气温者，天之所以乐而养之；冬气寒者，天之所以哀而藏之。春主生，夏主养，秋主收，冬主藏。生溉（jì，尽也）其乐以养，死溉其哀以藏，为人子者也。

"生尽其乐以养"，孝顺，孝即顺，以顺作孝，不必强改父母的生活习惯。

故四时之行，父子之道也；天地之志，君臣之义也；阴阳之理，圣人之法也。

天地之道，君臣之道，是相对的，"君使臣以礼，臣事君以忠"。

阴，刑气也；阳，德气也。阴始于秋，阳始于春。春之为言，犹偆偆（蠢也，蠢兴也）**也；秋之为言，犹湫湫**（愁也，愁也）**也。偆偆者，喜乐之貌也；湫湫者，忧悲之状也。是故，春喜、夏乐、秋忧、冬悲，悲死而乐生。以夏养春，以冬藏秋，大人之志也。**

阴阳和合，"保合太和，乃利贞"。
春夏秋冬，各尽其用，相辅相成，社会即如此。
"大人之志"，"大人者，与天地合其德也"。

是故，先爱而后严，乐生而哀终，天之常也。而人资（取法）**诸**（语气词）**天，天固有**（如）**此，然而**（苏以"无所之"，疑有误）**，如其身而已矣。**

"如其身"，天道同于人身。

人主立于生杀之位，与天共持（掌握）**变化之势，物莫不应天化。**

春生夏长，法之以养长万物；秋收冬藏，顺之以行其刑罚。
"天垂象，圣人则之"，法天以出治。

天地之化如四时，所好之风出，则为暖气，而有生于俗；所恶之风出，则为清气，而有杀于俗。喜则为暑气，而有养长（成）也；怒则为寒气，而有闭塞也。人主以好恶喜怒变习俗，而天以暖清寒暑化草木。喜怒时而当，则岁美；不时而妄，则岁恶。天地、人主，一也。

然则人主之好恶喜怒，乃天之暖清寒暑也，不可不审其处而出也。当暑而寒，当寒而暑，必为恶岁矣；人主当喜而怒，当怒而喜，必为乱世矣。

"好恶喜怒"，必持之以平，不可失己之立场。位，与立场不同。

是故，人主之大守，在于谨藏（不轻发）而禁纳（不逆受），使好恶喜怒必当义乃出，若暖清寒暑之必当其时乃发也。人主掌此而无失，乃使好恶喜怒未尝差也，如春秋冬夏之未尝过也，可谓参天矣。深藏此四者，而勿使妄发，可谓天矣。

"大守"，最重要应守之分，此立身之基。

"谨藏"，不轻发己之所藏，深藏若虚，否则匮乏不定。"禁纳"，不接受不合理的东西、事情，不逆理而受，否则"上下交征利，而国危矣"。

"大"，即天，"唯天为大"。天，为体；大，为用。法天，则天；学大，用中。

每天休息、做事，时间应分配好。当务之为急，先做急事，每天有成就。必须一定时间做什么事，要日知己所无，否则一天白过。

"天命之谓性，率性之谓道，修道之谓教"，若在中心立场处事，众人拥护；在一己立场做事，成就不大。久假而不归，焉知其非仁？要勉强而行！

于右老（于右任），炉火纯青，谦德，其墓修得最好。大处看，小处放掉；看得远，成事在天。

《淮南子·主术训》:"天道玄默,无容无则,大不可极,深不可测。"

苏注:"天容,亦见《符瑞》及《人副天数》篇。"

此篇必参考《符瑞篇》。

阴阳,非两个,是一物之两面,"一阴一阳之谓道"(《易经·系辞上传》)。"反者,道之动也"(《老子·第四十章》),产生阴阳,阴中有阳,阳中有阴。

儒家性善,故特别看重善人,"君子存之,小人去之"。

天之道,有序而时,有度而节,变而有常(常规)**,反而有相奉**(助)**。**

"有序而时",有序有时,时过境迁。重视天时,尧制历明时,教百姓用时。立政以时,"使民以时"(《论语·学而》),则行若时雨，沛然莫之能御也。

"有度而节"，"礼者，天理之节文也"，《易·节卦》曰"以制数度"。有进度有节奏，按既定时间完成。做事应有章法，有一定的进度、时间，过时就不值钱，大甩卖。

"变而有常"，不可乱变，索隐行怪。"不可为典要，唯变所适"，变所适、所宜，适时之变。

"反而相奉"，"反者，道之动"，相反相成，故相助，生生不息。

微而至远，踔（chuō，逴，远也）**而致精，一而积蓄，广而实，虚而盈。**

"微而至远"，贵微重始，行远自迩，由近及远。有远见，故能成大业。

"踔而致精"，"踔"，高远，超过范围。虽超过范围，但不可放散，能使之达精微之境。"致广大而尽精微，极高明而道中庸"（《中庸》）。做学问必清逴博杂，于一方面有卓绝境界才能致精，最后要"博而返约"，"约"，卓也，然后至"精一"境界，"惟精惟一，允执其中"。

"一而积蓄"，"惟精惟一"，精一之道能守，则少掉人为的麻烦。"业精于勤荒于嬉"，勤非一朝一夕能致，勤能补拙，最怕懒散，要严格训练自己，天下绝没有白得之事。

"广而实"，"君子不器"，将能容的都装满。人必对自己放宽，不要天天在小圈里画地自限，圈子画得愈窄，自私心愈重，就无法自修。

"虚而盈"，虚为其体，盈为其得，盈自虚来，《易·损卦》曰：

"损益盈虚，与时偕行。"一个人之所以伟大有德行，乃因"虚"得连自己都没有，《易·谦卦》曰："天道亏盈而益谦，地道变盈而流谦，鬼神害盈而福谦，人道恶盈而好谦。"谦卦六爻皆吉，"舜其大知（智）也与"（《中庸》），舜无一不取于人。

《孟子·公孙丑上》："大舜有大焉，善与人同。舍己从人，乐取于人以为善。自耕、稼、陶、渔以至为帝，无非取于人者。取诸人以为善，是与人为善者也。故君子莫大乎与人为善。"

圣人视天而行，是故其禁（有戒之意）**而审好恶喜怒之处也，欲合诸**（语词）**天之非其时不出暖清寒暑也；其告之以政令而化风之清微也，欲合诸天之颠倒其一而以成岁也；其羞浅末华虚而贵敦厚忠信也，欲合诸天之默然不言而功德积成也；其不阿党偏私而美泛爱兼利也，欲合诸天之所以成物者少霜而多露也。**

察天之道，视察，"视"的境界比"察"高，则天，法天，不违背自然。"视天而行"，则天而行，喜怒好恶皆不放肆，应笑时笑，人不厌其笑。

"审好恶喜怒之处"，视天而行，故能谨慎而后禁绝之。喜怒哀乐，人性中必有，必发；使之"发而皆中节"，和也。宇宙为一大天地，有中和之道；人为一小天地，也要致中和，"致中和，天地位焉，万物育焉"，尽物之性，故能役物。法自然，如"天之非其时不出暖清寒暑也"。

"告之以政令而化风之清微"，法自然，以教化之风的清微以奉民，"导之以德"（《论语·为政》）。

"天之颠倒其一而以成岁"，天下何事？颠倒其一耳。天下本无事，庸人自扰之。天道周而复始而以成其岁，春生，夏长，秋收，冬藏，生生化化不已。调理好阴阳就行，面对的都是阴与阳。不法天地之颠倒其一，而行人为之颠三倒四，故乱不绝也。

"羞浅末华虚而贵敦厚忠信"，"羞"，当动词，羞掉，差掉；"贵"，看重。"羞"与"贵"相对；"浅末华虚"与"敦厚忠信"相对。

"默然不言而功德积成"，于"默然不言"中而"功德积成"，"无伐善，无施劳"（《论语·公冶长》），所显的是真的功。人之成就，完全在自己之表现，而非在说。"天何言哉？四时行焉，百物生焉。天何言哉？"

常常一句话，影响一件事。"言行，君子之枢机；枢机之发，荣辱之主也"（《易经·系辞上传》），行事要谨慎小心，必要懂"时"。"一言偾事，一人定国"（《大学》），说话必考虑后果。要时时谨慎小心，完全在智慧中生活。多用一分心，多一分成就。

"不阿党偏私而美泛爱兼利"，"阿党偏私"，事业难以有成。"无偏无党"（《尚书·洪范》），偏，比而不周；党，朋党，就有私。"泛爱兼利"，泛爱众，兼相利，事业成功之要。

于人事上，少有寒霜，多有滋润，乃"合天之所以成物者少霜而多露"。司马光若不对王安石有偏见，两人不会起政争。

其内自省（自讼）以是而外显（显德行），（有脱文）不可以不时（识时），人主有喜怒，不可以不时（要发而皆中节）。可亦为时，时亦为义，喜怒以（因）类合，其理一也。

个人、国家、民族，皆不能天天生存于臆想中，应生存于"治时"的智慧中，"智必识时，行若时雨"，"君子而时中"。

做完事，人人皆欢喜，无上的成功，即"显德行"，百姓乃歌颂之，"民悦而化成俗"。

时，当其可之谓时。"不可以不时"，君子能时中，即识时。因"识时"，才能"治时"，对"时"了悟得特别深刻、清楚，治事才能百发百中。

行为"合时"，非最高境，但比"因时"好；进一步"治时"，抢先一步，故能控制之。太上"先时"。

"可亦为时，时亦为义"，当其可之谓时，可就是时，就是义；不可，就不是时，不是义。

"喜怒因类合"，不是那一类则难以喜怒。喜怒皆因其类，合其理。

文章必多背，自一家入手。

故义不义者，时之合类也，而喜怒乃寒暑之别气也。

喜怒虽合乎时，亦不一定为正。圣人不能以喜怒来表达自己，如甘地无喜怒。

"观过，斯知仁矣"，人明知"私"无用，但就是想不通。天下事，颠倒其一耳！天下本无事，庸人自扰之：明乎此，则王道现矣！

余论

　　读书贵乎有方法，什么都看不能成专学。理学，"和顺于道德而理于义"，要真能行，不能用嘴讲。不论读什么，最后都要有贡献。中国东西必要体验，不能读一两遍就能懂。古代大儒都是有经验后再立说，有德者必有言。

　　你们一篇文章也不会背，故不能成文。不要写报纸式文章，职业化。喜什么读什么，读上二十篇后就不同。下点功夫，否则将来必要时拿不出来，就很可怜！我那个时代的女孩，《昭明文选》能从头至尾背下来。女孩细心，学韵文，对仗工整。学文，拉调念文，学文气。没接触文章，故不知自己文章不是文章。

　　每月练习写一篇、论一篇，读《繁露》《通鉴》。多写几次，自能有进步。总不动手不行，刚开始由感想入手。写日记固是好事，但日久易成流水账，不能练达文章。

　　"思而不学则殆"，危殆，说"不妥当"是很客气。学不是看几遍书就行。你们学上五六年了，写出的文章完全不能看，真令我震惊！对社会负责，必要以实际的功夫负责，不能以骗术。

桐城文，简洁。为文通顺，辞能达意即可。你们太懒，不是没有时间。《通鉴》文章简练，虚字都去掉了，都是白话，不亚于史学之祖的司马迁。

熟读，走路背书，一周一篇，一年后文章就不同了。"孔子读《易》韦编三绝"（《史记·孔子世家》），就是功夫。以孔子之智，都得下功夫。学问不能骗人，一伸手就知。

画画，临画，照着画；摹画，蒙着画。写字，描红，先描然后填，填到一笔不差，就可以独立写。古人学到看出学什么体。慢慢套，熟了，功夫到了，就可以不必套。所学乎上，所成乎中，况所学乎下？

谈对方能了解的事物，对象特别重要。报导文章与学术文章不同。学术文章必言中有物，不是技术，是读过书，真读过书，写出来就不是空的。言中无物，不能成为学术文章。理学，马一浮之后无人！

看书贵乎有瘾，没上瘾不行。我任何一部新书，看完了才睡，到今天犹如此。我翻译《满文老档》（清皇太极时期以满文撰写的官修史书，无圈点字档册）。你们不要以为来日方长，否则老圃无成。下真功夫，不自欺，自己了解自己到什么程度。自感有一套了，自有意境了，就不错了，别人喜欢与否没有关系。

汉初，无今古文之分。鲁恭王坏孔子宅，乃出现古文经。子夏传《春秋》，为孔子嫡传，"学统"由此来。《公羊》以"师说"为要点。熊十力于《原儒》指出汉儒改了许多书，得之圣人之"心传"，由自己"悟通"了。

余 论

《十三经注疏》有问题。刘宝楠《论语正义》、焦循《孟子正义》，清儒思想多少有点解放了，进步很多。好的多半放在《皇清经解》《续皇清经解》里，但甚难分别今古文经，尽量将今文经精华聚在一起。

《通志堂经解》宋元经解，以王学（王弼）为主。

《通志堂经解》，"通志堂"是纳兰性德（1655—1685）的堂名。清代最早阐释儒家经义的大型丛书，收录先秦、唐、宋、元、明经解138种，共计1800卷。一经问世，即引起重视，一版再版。

《学海堂经解》，大清经解。

《皇清经解》又名《学海堂经解》，两广总督阮元（1764—1849）所辑，收73家，记书188种，凡1400卷。是汇集儒家经学经解之大成，对乾嘉学术的一次全面总结。王先谦（1842—1917）又续作《皇清经解续编》，共1430卷。

清末民初的北京，今古文之大洪流。我先读理学，后读古文学、今文学，印证出今文家有儒家精神存在，古文学则是维护家天下。孔氏之学以今文家得的多。

但今天不要再有主观，讲"公羊学"并不代表即今文家。只要是中国人的智慧，好坏没资格谈，能有那么长一段时间影响时代，必有原因。将之当智慧吸收，广量地接受、吸收，今天还分什么门派？我称"夏学"，只要是中国人的智慧都吸收。

我重视子书、《繁露》,在学如何用事。"机术"乃自"熟"出,熟能生巧。如何不落空?如接球,有修养的功夫,精熟能生巧,非一日能得来。有真功夫才能达一境界。打球都如此,何况其他?"惟精惟一",显己多能者皆智慧不清。

《论语》好好体悟,章章皆金科玉律,不要当文章读。"季氏富于周公,而求也为之聚敛而附益之。子曰:'非吾徒也,小子鸣鼓而攻之,可也!'"(《论语·先进》)不助人为恶在此,必要真体悟。

书多读没用,真能用才是学问。"读有用书,养浩然气",集义,日行一善,一善者义也。日行一善乃能养浩然气。孔子言"崇德",即积德,德,善性也;积,日积月累。

"实学"要悟,才能成有用之学。天天琢磨,"吾道一以贯之",《四书》《五经》有横的关系,并非独立的。

"古之学者为己,今之学者为人"(《论语·宪问》),今天思想一动就为利。在乎一念之转,认识清楚即成生命。多年来受苦,也不叫它白过。每个一刹那间皆是生命,不使之白过。

就怕悟,一悟,就有为;大悟,成了。社会上没有迷人的东西,皆自迷。悟的人就不自迷。"四十而不惑",不惑于欲,故"五十而知天命",知性之所在,本良知良能做事;"六十而耳顺",声至心通;"七十而从心所欲不逾矩",性就是情、情就是性,达"中和"境界,"天地位,万物育"的境界。

将之变成实学,非读来的,是"玩味"得来的。不胡想,想问题就进步。练习会"想",随时皆可想,找一问题想。

"不成章,不达"(《孟子·尽心下》),"君子上达"(《论语·宪问》)。"章"是什么？很重要，要悟。不明白，必要去玩味，不被注释牵着走。将上下文串在一起，多想；想就写笔记，不一定对，但才会有进步。问题没解决，但思想有进益。

"信近于义，言可复也；恭近于礼，远耻辱也；因不失其新，亦可宗也"（《论语·学而》），"周因于殷礼，其损益可知也，其后继周者，虽百世可知也"（《论语·为政》），因而不失其新，一切皆有系统、有源流，美其名曰"道统""学统"，但因能不失己新，这才是我们宗主的观念。思而时习之，"思"的功夫。

真理只一个，愈拨愈亮。被人批评，也比骗人好。人的智慧没有高低，但有一定的力量，并非人人皆同。"絜静精微，《易》教也"（《礼记·经解》），看不到的境界，是真功夫。好好体悟，修为完全在乎个人。升官发财是命，唯有立德、立功、立言完全在自己的修为。"有德者必有言，有言者不必有德"（《论语·宪问》），立德立功了，有宝贵的经验，当能有言。

今天讲中国学术史的，并无说出"中国学术"是什么。做学问贵乎有标的。

孟子为浮华之说客，并无正知正见，易感情用事，不似颜子、曾子的脚踏实地。但滑头若他，犹说"愿学孔子"（《孟子·公孙丑上》："乃所愿，则学孔子也"）。孔子究竟有什么地方使他愿学？此问题有人想到？

孔子"祖述尧舜"，应追到头，尧、舜有何值得祖述？找出中国学问的"大源"，也知自己要做什么。"祖述尧舜"，中国哲学以尧、舜为成型，"唯天为大，唯尧则之"（《论语·泰伯》），"舜其大知（智）也与，舜好问而好察迩言"，舜无一不取于人。"宪章文武"，只是参考，"文武之道未坠于地，在人。贤者识其大者，不贤者识其小者"（《论语·子张》），人人皆有文武之道。由此看中国的"道统"究竟是什么？

自有《中国哲学史大纲》（胡适著，是中国近代以来，第一本用现代学术方法系统研究中国哲学史的书）以来，皆未道出中国学术的大源，皆讲演变、学案之类。

孟子赞孔子为"圣之时者"（《孟子·万章下》），"道性善，言必称尧舜"（《孟子·滕文公上》），自孔子至孟子经百余年，经多少转变，而孟子犹愿学孔子，何也？必求实学，不可以空谈。

任何书看完，犹抓不到痒处，无有一针见血的。任何人讲学皆不可拉帮，造成学阀。做学问亦不可故意拉帮，学派应是自然形成的。必有深的认识才能做学问。

是学问，很现实的东西，非宗教，皆实学也。必能用，立竿见影，能拯世救民才有用，单凭文字不足，必下"默而识之"的功夫。"心会神通"才能得到，不能凭口说。

尚公、无私，皆"法天"来的，法，则也。尧法天，舜法人，舜无一不取于人：自此体验。孔子要祖述尧舜的则天、则人之道，因"三人行，必有我师焉"（《论语·述而》），天下无废人。此完全是活学问，人人皆可得到。"见贤思齐，见不善而内自省"（《论语·里仁》），进而可"以直报怨，以德报德"（《论语·宪问》），因"举直错诸枉，能使枉者直"（《论语·颜渊》）。

舜是人，当然行人事，不要将他想成神而高不可攀，而成神化。要"先觉觉后觉"（《孟子·万章上》），使后人以其行为去行事；如将之神化，乃与人距离远。做学问必切实际。做很难，必立个标杆，历代把儒家讲神化了，令人难以接受，成空的。

自《论语》找孔子的东西，详分析，精印证。用人事去想人事，与我们不可分，以前辈为师，不要将之当圣人、神人，乃不可亲。我有意将《论语》讲低，令你们敢于自己去想。

"君子固穷，小人穷斯滥矣"（《论语·卫灵公》），孔子犹占弟子上风，他们单纯。今天不行了，应加一点，增加经验，"以古人智慧，启发我们的智慧"。孔子是人，我们也是人，神化于事无补，有则改之，无则勉之。如以七十二贤怎么配得上？那就完了！《论语》很实际，多活泼！以此体悟出一套东西。如认为那些人生下就怎样……则与我们距离远，如此代代相承。我一生谁也不相信，就为自己活，"尽信书，不如无书"（《孟子·尽心下》）。《论衡》犹不够怪，乡愿地方太多。

经书本身确有所指，但大家以朱注为主，故无人敢深思，为考功名，天天与利禄争。失业有助于人，愈饿愈清醒，环境改变才能印证。你们的功夫不足，太低！太低！对中国东西必加一番"印证"功夫，才不人云亦云。

研究孔学，以孔子为本。每家皆值得做，但都不同。自里头深思，就会得真功夫。自别本子再去找孔子之道……从许多处印证，绝不抱神化观。讲低，并非就没有学问。他们与我们一样，也是人。

"未能事人，焉能事鬼？"（《论语·先进》）能事人者，就能事鬼。事人之道不懂，又怎能事鬼？事人，到哪儿办事都办得通，人皆相信你。职业不分高低，必以其道事人，彼此相事。切实际去想，再立说。

想要"法前人"，必法于社会上有惊天动地贡献者，如曾文正，其环境、时代与我们相距近。王安石集子值得读，有作为，不以成败论英雄。自根上解决。王莽东西亦值得看，意境高。历代皆有些清醒之士，但无成功，被人压下去。有新思想如《论衡》，只是王充中毒仍深。

一个时代有时代性，圣之时者，时不可离，不可否认。合乎"今"，即合乎"时"。孔子昔立新说，也是时髦者，那时不只一个孔丘，所以有"是鲁孔丘与"（《论语·微子》）之问。因孔子的见解不偶俗，到处碰壁，成为危险人物，连小人都不敢用他，超乎旧的。

旧书可读，但不可传。读有用书，求有用之学。求解决问题，学以致用。"君子务本，本立而道生"（《论语·学而》），"学问之道无他，求其放心而已矣"（《孟子·告子上》），正心，心正了。

学术无不受当时政治的影响，因当时的风气会影响人的思想。熊十力于《原儒》和《读经示要》，对董仲舒的评价就不同。

《大易》与《春秋》是研究中国学问最重要的两部书，这两部书不懂，无法谈中国学问。《大易》为中国学术之源。孔子"五十以学《易》，可以无大过"（《论语·述而》），孔子志在《春秋》。

专制时代以孔子作为号召，但并非真孔学。没有经验、体验很难了解，中国东西少讲形而上，皆能用上。如了悟的境界与书距离远，乃用不上。

"哲学"二字，非中国固有。我不喜冯友兰，其《新事论》《新理学》硬把新东西往旧框框里装。抗战胜利，来个《贞元三书》，否极泰来。不懂的来个《贞元七书》。梁漱溟天行健一辈子，但也活至九十几，乡建学派，民盟秘书长，三一人物。各有所成。冯临死前说真话了，说自己的东西仍肤泛，非自身体力行得来的。

我自十三岁留日，即寄人篱下，知受外国人管的悲哀，不喜走国际路线。读史书，读死书？应活用头脑。

必知民族老大的可怜，有四大发明的事实，但何以无接着无数的发明？反叫敌人以此四大发明来打我们？

活着应做你们应做的事，你们这代怎么做就怎么做，但别告诉第二代怎么做。一个人必有智做自己要做的事。自己做自己应做的事，然后大大方方告别。应说"现在怎么做"，今日事今日毕，尽己之所能，天天尽己责，说真话。来日方长，还休息？以后休息日子总比活着日子多。

光知读书，不能活用，如吃安非他命。不能一天没看书，只是上瘾，没有用。有智，必得去用世。"不论政府给你什么，得说你给政府做了什么"，如大家皆脚踏实地，绝对能旋乾转坤。自己想什么就做。现在路多宽，想怎么做都行。

湖南人自曾文正后对中国很有影响。龚德柏办《救国日报》，在南京骂陈诚，到台北被关，从进至出没看过法官。我在南京，一天没看《救国日报》没法起床。龚对抗战有贡献，他写有关汪精卫的东西写得不错。龚对国家有贡献，绝对的报人！

成舍我与龚齐名，在北京出油印报，独立创办《世界晚报》，以"舍我"为笔名，说："小家伙懂得舍我？"张季鸾（1888—1941）也不错，主持《大公报》，在军阀时代绝对不买军阀的账，有智亦有容。曾纪泽（1839—1890）、蒋廷黻（1895—1965）皆外交官，于近代史有莫大的影响。

你们大学所读的中国书，那些思想有用？伯夷、叔齐早成定论了，不必再写。今天读文史哲的天天读些什么？于国计民生有没有用？如只是点缀品，那岂不成为废物？皆实学也。实学，有用之学。水果能吃了，叫实，果实。学完，练习用。有思想就做，不必发牢骚。

中山革命成功，就四大寇。国民党何以垮了？就因满街都是国民党党员。哪个团体到这个程度都得完。有智必投民之所好，看百姓究竟喜欢酸或臭。

"贵通天下之志"为第一步，"民之所好好，民之所恶恶之，此之谓民之父母"（《大学》），最起码必要投民之所好。

真有女强人，也必强起来，你们也占一半，别净在屋里骂丈夫。这人现在有钱，也许过五年后就是穷人。一个人一定要有平静的心，"不易乎世"（《易经·乾卦·文言》）。有势力，说过去就过去！我来台，看有势力的就过去多少波了！刚来台时，南北两大财主：唐荣、李建兴。白崇禧（1893—1966）拜李妻为干姑姑，人称李白娘。唐荣发"国难财"，当局必拍其马屁，张道藩（1897—1968）认唐荣老太太做干妈。而今皆安在哉？了解这些，有真知，就不易乎世，心里平静。人就是迷，皆惑于欲。真明白最重要，真有智慧能享用一切的东西。

《心经》谈"五蕴皆空"，乃"行深般若波罗蜜多"。真有智慧就绝了，见什么都不动心。"迷于欲"比"惑于欲"严重，已有对象了。真打破，脑子能"清"，才能真至"静"的境界。

中国由殖民地到今天，大家应同心协力建设这个国。我教五十年也应结束了，连个坏学生都没教出。懂得怎么用自己的智慧特别重要。骂人"不学无术"，何等高深！反之，学就有术。

真有做领袖的心，儒家东西难以马上用到，应好好学《老子》，老子说"夫唯不争，故天下莫能与之争"，你愈不争先，还必得先，不先不行。有多少人把自己的机会耽误了，总认为自己能、别人不能。必得认为自己不能、别人能，才有希望。

"时与位"，《易经》即时与位。在什么时在什么位，应怎么做事。对自己左右环境都没有认清，怎能做事？自己有什么、没什么都不知，就糟了！了解现在是什么时，就知道怎么做，也才不会落空。"此何时也？"就中国人看中国。

不要读完古书，就如同"吴乐天"（台湾讲古人物，有《廖天丁》等）式的。李艳秋（台湾电视台记者）说："得了一个傀儡奖！"制造太多的紧张，根本就错了！何必那么紧张，谈判是长期的事，应慢慢来。

我们的生命并没有掌握在自己的手中。老谋深算者，一样事会稳着办才能熟虑。政治之术太重要！老奸巨猾者心慌脚稳，因为知道事情的严重性，心里必盘查，但不必那么急。这必经过时间，又何必急？慎思之、明辨之，均需要时间。

读书在用脑，而非读文字。读完，应如数学公式，可以看出我们现在处于何时、应用什么术，是可以推演出来的。每天随便过去，时间就空过了。有脑，每天都不可以空过，在此环境中皆有影响。

大的"以大事小，乐天者也；乐天者，保天下"。小的坚持绝不吃亏，因为不同于敌人，"以小事大，畏天者也；畏天者，保其国"（《孟子·梁惠王下》）。看第二次世界大战时的泰国，不叫日本军队登陆，而日本要什么绝对给，但绝不许兵登陆，此"以小事大，畏天者也；畏天者，保其国"。给你们启示，在什么时如何用世。

如每天以对付敌人的方法对付，早晚必吃大亏，因为两边观念绝对不同。思想一有距离，所用的手段、方法亦不一。

要设想如自己"身临其境"，要怎么办这件事？应学习怎么应世、如何不吃亏。两边是相应，出招应招，绝非空话。

国家兴亡，匹夫有责，何况是士？走路得识路，过路得问津。高级知识分子得是"知津者"。

斗智必养智慧。说错，不合乎纲领——推托的准则。大本没识，怎知不合乎准则？一个人必真正了解自己职务之所在，才能执行职务。何以两人一说话就合不来？因为自根本就错。

会做事的简约，易简之道，"易则易知，简则易从"（《易经·系辞上传》）。自古"为政不在多言"（《论语·泰伯》），为政多方、行政多方，自乱阵脚。搞政治头脑得如气象局的气球，稍有风即转。

台湾最近风气，真是不堪设想！人总有一段沉静时，要马上自我审判，才能免于永挽不回的痛苦。一个人真正的愉快在良善，可以欺天下人，无法欺心。做买卖要先"不欺"，存在的就是良与善。富如石崇，而今安在哉？在乱世，不要抱捡便宜的心理。看人的一举一动，就知他是什么玩意儿了。

小两口建立在"爱"，何以处不来？爱都不会用，还谈得到义？因有义就有不义，有条件；爱，则无条件。一个人读了这么多书，何以连家都不能齐？齐家，是有切身利害的，如家都处不好，其他还能谈？欺人可，自欺不可。人皆有智，能欺人是大智者。学智要用上，才是智慧。名教授有几个家像样的？自己用不上智慧，还能教人？中国东西切实际，自家都没教好，能教别人？再看《大学》，要明白《大学》，自"率性之谓道"入手。《大学》与《中庸》相表里，皆实学也。

我赞成塑造一新的文化，如能"率性之谓道"，那反对者绝对少。专做违背人性的事，却说是圣人、贤人。

下棋，棋子一摆，高手即笑。看不出八步棋，绝不能成为棋圣。世事就是一盘棋，一言一行即一着棋。一落子，碰吴清源，他就闭目养神去了。得一着而博达之，不必用大脑，用脚趾头就赢了。

在大学读些什么？何等智慧？连卖瓜的都不说瓜苦，不一样在此。遇事，先考虑对自己有什么好处，失败了，一般人都如此；不如此，成功了。图一时之快，而有终身之忧。唯有自己能造就自己。名人儿子何以无一成才？说千言万语，在修。同学必得慈孝。你们必发一点善良，对父母绝不能马虎。人要活得不自欺。

看有多少事不应胡扯，而应去做的。今天环境应以什么为重？当务之为急，今天的当务是什么？我的时代已过，想做已经办不到。不当务之事不重要。一个人懂务其所当务，就忙不过来，没有闲工夫。"天下有道，丘不易也"（《论语·微子》），何等慈悲、宽宏！如能作出像《文选》的文章也不错。我的"选学"学自师母。

必深思熟虑。做人不要太聪明，迎佛牙。天天用小聪明，绝对失败。证严就死干。我与印顺同庚，但不同道。社会能说没公论？千万不要耍术，最后无不失败，聪明反被聪明误。宗教无真假，科学有真假。

懂得不说就成功一半，守口如瓶，《易经·坤卦》"括囊，无咎无誉"。圣人说了不听就骂了，女子无言便是德，不多言就有德，可以娶回家。同样的，部下无言便是德。

读完蒋庆《引论》，知一个人必跟着时代走，圣之时者。但可不能助人为恶。不满意乱，就得以"正"治这个"乱"。看许多注怎么讲《易》"蒙以养正"？培养智慧，不贵多，贵乎明白。要想出问题，将来才能"盘皇另辟天"。

《春秋》讲思想的演变，不是讲历史。"隐为桓立"，权变，是况，比方，非真有其事。事实，就因为隐公不让，才被桓公宰了。

孔子在专制时代，不隐讳则《春秋》传不下去。《春秋》首书"元年，春，王正月"，《公羊传》："元年者何？君之始年也。"何休注："以常录即位，知君之始年。君，鲁侯隐公也"，但这儿没有写"即位"。自"元年，春，王正月"，不书即位，可见此君非隐公也，此君乃群也。故"君之始年"，乃群之始年也，亦即《易》"首出庶物"。

孔子志在《春秋》，因天下为公，以进大同。《引论》没写此，为最大的问题。这个"师说"，他就弄错了。所以，《春秋》绝对不能自修，师承也一定要明白。何休说"元者，气也"，是汉人的观念。我要原"元"，看元到底是什么。我问问题，都有关系，教你们想。

《尔雅》第一个字"初"，"元祖"名称不错！元，不动；稍有点动了，是机。说"元是生机"，是20世纪的说法。追元未分成乾元、坤元时，称"始"，能叫"初"。"大哉乾元，万物资始"。"坤以简能"，生了，就叫能，"至哉坤元，万物资生"。易，乾，公；简，坤，母。易简之德，刚柔有体，生生不息。

不是讲今古文，我称"夏学"，讲中国人之学。讲"元学"，重视《大易》与《春秋》，要造现在的思想。别人肯定与否不重要，就怕他听不懂、看不明白。以过去的肥料培元，然后所开的花、所结的果，为今后之所必需。大前提必要弄清，好好接着往下跑。下个世纪如是中国的，得是"思想"而非"物质"。领导下个世纪用文化，中国人有这个能力也有这个智慧。

何以每个时代要建立时代的思想？何休说："孔子仰推天命，俯察时变，却观未来，豫解无穷。"（《春秋公羊传·哀公十四年》何注）中国人以自然为法，"仰推天命"，此为功夫之所在。能"察时变"，就能处理这个时，故为"圣之时者"。豫，先时，负责任，开花结果了。"豫解无穷"，以"元"作为种子，将过去的智慧当作肥料，培育果子，就为了"无穷"。

有志好好读书，以使命感读书，而非功利。人活着必有所为。必自根上了悟，才知思想是怎么演变的。孔子何以能造出这么多的思想？集大成，前无古人。元德，玄德，天德。上四句明白，也是无穷。现已没时间再浪费，必要熟，"精一"为不二法门。你们分心太多，还能干别的？

"无形以起"，无形，因这个气而起；"有形以分"，道家"有生于无"，物以群分。懂得"气"，距"元"已远，可能经千年。如思想犹在此打圈，则仍不能另辟天地。元，动了，才是"初"。一动，就是两个，阴与阳；作用，为始与生、易与简。有形了，即"成位乎其中矣"。"易简而天下之理得矣。天下之理得，而成位乎其中矣"（《易经·系辞上传》）。

《春秋》"造起天地，天地之始也"（《春秋公羊传·隐公元年》

何注），另造天地，那个天地过去了。我们也要另辟天地，"天地之始也"，为况。《春秋》为孔子造的"谣"，过去的天地为肥料的天地。"群之始年"了，群，天地之始也。孔子有智，可以如此想。现在可以又造21世纪的"天地之始"。不可以将《春秋》当史书读。人是一小天地，每天都是"天地之始"。现在听课，好好努力，将来是种子。

孔子作《春秋》，是要建一"人间的王道乐土"。每天都得制造天地之始，可见中国人的责任之重。华夏思想，没有际界，才能"大一统"，大同。哪有战争，谈什么独立？有际界，就不大。至大无外，至小无内。

《庄子·天下》："至大无外，谓之大一；至小无内，谓之小一。"

《春秋》是"群的江山"，《易》称"首出庶物"，《孟子》说"人人皆可以为尧舜"，但必先《繁露》所谓"人人皆有士君子之行"。唯有中国人才能推行"天下一家"。另辟天地，因为远近大小若一。人世即天堂，王道乐土。

"王"：一、通天、地、人，内圣；二、往也，天下所归往，外王。何注："《春秋》托新王受命于鲁，明王者当继天奉元，养成万物。"另辟天地。继天之志，元为本钱，以元养长万物。自"天地之始""群之始年"，可以看出孔子思想是多么惊人！好好下功夫，另辟一新境界。

我要修行去了，在家找的人多，浪费时间。人生真不容易，太难了！我四十岁，我母亲六十岁，师母大我九个月。人生既不易，必要对得起自己所受的苦，知道自己要做什么。

求学，求怎么学。必要下功夫，千万不可以存巧取之心，天下绝没有白得的。

孔子想做事就另辟天地。未来是无穷的！《易》以"未济"终，即无穷、生生不息。"豫解无穷"，豫，先时，还为后人留下无穷。治时，至少也得懂得为人服务。因时，马后课。违时，逆时。读《春秋》，如说谜般有趣。我是写给没读书的人看，非给博士看。

谁看你？大家都忙死了，出门还东照西照的。人就迷，不迷就悟。聪明人是最傻的，净投机，到处去靠拢。谁的弟子，也不代表你有学问。

层次必要清楚，才知道思想是怎么开始的。《易经·系辞传》并非成于一时代、一人之手。按层次想，才能建树思想。

称新儒，有别于旧儒，但新在什么地方？何以用的都是旧东西？熊十力否定六经的要点，他立新的点，以此裁判《六经》。孔子"吾道一以贯之"，如以酱油为本，就不能加其他，否则滋味不同，掺其他，乃非孔子的。熊子说"六经皆伪"，绝非信口开河。在研究孔学之前即立一个点，根据孔子的"吾道一以贯之"，在各经中找几句，不合者皆否定。讲中国学问，说"掺康德是尿"，有深意，这些新儒皆冒牌货。熊先生确实新了，新在其所立之点与别人不同，以此衡量"六经"的真伪。但其弟子的了解不同熊子。

以此观念读《易》，《易》是"变一为元"的开始。到《春秋》"变一为元"，因孔子"求一而得一"。但人得变，最后不为（助）东周，乃为新王，有自己的目标。《春秋》立新王之法，即一王之法。

自《论语》，可窥见孔子的思想历程。孔子不为东周，乃变了。造反不成，感觉没希望，乃修《春秋》，立新王之法，有别于周王。新周、故宋、王鲁，以《春秋》当新王。梵蒂冈的观念，中国早就有了，即封前二朝之后。新周，以周新亡。"新周、故宋"，新的周、故的宋。通三统，存二王之后，"明天下非一家之有，谨敬谦让之至也"（《白虎通·三正》）。

以《春秋》当新王，《春秋》一书全载新王改制。孔子"假鲁"，以鲁十二公作为张本。"夏礼，吾能言之，杞不足征也"，乃孔子"郁郁乎文哉，吾从周"的时代。到"以《春秋》当新王"阶段，已黜夏。

何注中称"文王"，即孔子，文德之王，《论语》"文王既没，文不在兹乎"，何注："法其生，不法其死。"现在继的是文，不是王。学术重视的是"精神"，得用"行"表现出来。《春秋》非一本书，乃是一个朝代，为"春秋王朝"之制。

孔子最大的进步即"变一为元"。孔子了解"一"与"元"，才变一为元。依经解经，可以还原。

中西文化不同，思维有别。讲中国东西，不可以认为加上外国东西，即是新。五四以后，中国第一次"亡国"（亡中国学统），不敢谈中国文化，提倡全盘西化，但也未能解决问题，而造成百余年的迷惘。

观念弄清，"一"与"元"皆非孔子发明的，看孔子说"吾道一以贯之"时的得意状！《春秋》变一为元，含义太深，与《大易》相表里。"蒙以养正，圣功也"，尽是邪气，养正就完了。成事与成功，两者并不同。

必要懂得层次。如通儒、通德、通人。通德、达德、大德。孔子赞《易》于前，修《春秋》在后，另辟天地，何注："造起天地，天地之始也。"大家必要负起时代的新旧。

同学问："何以不称元儒，而称时儒？"元，是何等境界，达不到！自"大人者，与天地合其德"想。既是元儒，也只是一二人能达到而已。人丢掉过去的包袱太难，故称时儒。

昔日修五育：德、智、体、群、美。台湾乱，因自小即无告诉学生修德。弹丸之地如此坏，怎么了得？你们有学问，不能救时弊，没有用！

新王，非仅有别于旧王，乃因另辟天地，是公天下，群之始年。春，何注："天地开辟之端，养生之首。"

《易》一开始，即"蒙以养正，圣功也"。圣功，非但成功而已。养正，得天天居正，守正，故《春秋》讲"大居正"，加"大"字，最高的赞词。一部《易经》，即要养正、成圣功。其他皆方法，用这些方法达到养正、圣功。一爻一乾坤，一爻一宇宙。既养正，得居正，目的在达一统。《大易》与《春秋》相表里，称"元经"（*此王通之称*）。知此，可懂得"奉元行事"了？

台湾谁来接奉元书院，是继志。我不给儿孙一分钱，是糟蹋他，他应自己奋斗。我不信台湾人能成大事业，因为不能合作，见利就忘义。你们好坏人都不知，被人出卖犹不知！为子孙谋，你们要好好努力。人看一眼，我即知他在想什么。

我为自己的梦，可以牺牲一切，在台五十年，绝不臣服任何人。孙子问："爷爷怎么没有奶奶？"答："爷爷要征婚。"说："找一个老太太不就好了？"

我本想为你们留个纪念，但你们见利就忘义，我绝对不做了。你们又懂得我做什么？有的还以为比我高。哼！你们自视太高，不知怎么走正路，根本不懂什么是什么，没有是非、正义。既是同志，同打江山，何不每人轮流做？可以发挥所长，何以净抢臭骨头？政治和走路一样，有一定的路线可循。人要懂得责任，看《读经示要》的《儒行篇论正》，才知自己为什么而活。我相信五十岁的人绝没有我健康。

　　一个人必得有志，不怕有短。没头脑、没思想，最可怕！台的抢骨头太可怕，我不再为你们做。

　　自己要懂得养正、居正，"居天下之广居，行天下之大道"（《孟子·滕文公下》），守住天下人广居之地，行天下为公之大道。《孟子》中，有许多值得重读的。

　　天地之始、人道之始、政教之始，另辟天地。学活文王，不学死文王。活文王，即素王、孔子。郑玄也不过是通儒，未到"达"的境界。许多东西要分层次，可懂"长白又一村"了？看其为文的笔法，即可知是否奉元书院的学生。自以为是大师，书根本没看，净是胡扯。你们必要练习动笔，每天练，将来才能写。看书就有心得，写心得。

　　《春秋》最大的目的，在拨乱反正。第一个必改乱制，世及制、家天下。现为群的天下、公的天下。拨除乱，最后都返正。养正，居正，反（返）正，"子帅以正，孰敢不正"？

　　我当年胡搞，要"复国""建国"。我母亲担心，告诉她："您的儿子怎会当汉奸？"写"长白又一村"明志。在台坐五十年，不再臣服别人、受人支配。今天虽无大成，至少你们"发墨"，知道要"化"时代。

我每用一个名词，皆拟好的，是一步一步来的。熊十力抢了第一棒。熊十力本是国民党的元老，其后转入学术，归本《大易》。

《春秋》讲大一统。一统，用"文教"统，为"一"而统，王道。统一，霸道，以武力征服。王道，人人所归往，群之始年也，所以"一统"了，以仁统天下，定于一，"不嗜杀人者能一之"。

一统，用文教统，当然是圣功，"蒙以养正，圣功也"。《易经》一爻一宇宙，应好好读。我再活十年，将《大易》与《春秋》整理一遍，你们可以接下去。你们年轻，必要有志，不要群居终日，言不及义。恋爱也不必天天看，免得吵架，什么都要适可而止。

群之始年，得"成公意"。《大易》与《春秋》真明白，将来无可限量。受此启示，自此造谣。今天要有新的诸子百家。熊十力跑第一棒，《乾坤衍》为其立足点。

熊十力于《乾坤衍》自序云："吾书以《乾坤衍》名，何耶？昔者，孔子托于伏羲氏六十四卦而作《周易》，尝曰：'乾坤，其《易》之缊耶？'又曰：'乾坤，其《易》之门耶？'孔子自明其述作之本怀如此。可见易道在乾坤，学者必通乾坤，而后《易经》全部可通也。衍者，推演开扩之谓。引伸而长之，触类而通之，是为衍。余学《易》而识乾坤，用功在于衍也，故以名吾书。"

读旧书，以古人东西当作肥料，以元为种子，自己是园丁，是三位一体，有收成的权利。自元出发，我写《原元》，给你们做个启示。

讲《老子》，必懂得"一"与"烹"两个字。懂得"烹"的功夫，天下才能安宁。玄言"玄德"，刘备早知空。

　　人成就绝对在老年。天下无秘诀，自己没做，不能骗人。天天吃得好，所以老了。最多八分饱，多吃绝对伤胃。养生自年轻开始，中国讲寡欲，欲，酒、咖啡在其中。我以前烟瘾大，但说戒就戒。人嘴两层皮，怎么说怎么有理，说我能戒烟，薄情！

　　自己好好学，何必嫉妒别人？骂我，我笑一笑，绝不生气，那些人还不是与草木同朽？人家说什么，不必动心。人想破坏你，无所不至，不必管。就看你是否无愧于心。看人一举一动，知其卑鄙，不必理会，不影响你成才！

　　"公羊学"是政治学，实践之学。蒋庆没说错。

　　台湾如此乱，扁在美国说话，为台湾惹出多少是非。"一言以为智，一言以为不智"。何以不批扁，你们是死人？何不群起攻之？如此不知耻！为何什么反应都没有？扁一句话，惹多少是非，这么扯，一定毁了！有反对声浪，证明为他个人意思，否则将来必挨炮。什么反应都没有，读什么书？百姓不响应"公投"。不满意，必得反应，与你们前途有关。

　　我对台年轻人绝望，一点远见都没有。合作奋斗，有精神与志。但民进党就斗，多没理智！懂得政术，应知这是最好的机会，要团结奋斗。

　　最忌讳的是团体的分裂。记住，要实事求是。明此，就不做梦。虚凤求凰，假的才到处乱跑。

　　至少可以影响好人当选，必要正派，不要贩子、流氓、痞子。必须找同志，宁缺勿滥，贵精不贵多。遇事，意见不合，乃无公益，各为己私，怎能不分裂？

余　论

应表现与政客有不同的看法。大学生是时代的良知，怎可为人作嫁衣、为人摇旗呐喊？

得练习有反应，不然将来怎么做事？我完全不懂台湾人，你们每天到底在想些什么？

一部《大学》，讲格致诚正、修齐治平。知自己的责任，何以遇事没有反应？反应得如常山之蛇。外面有动静，高级知识分子应做什么？以你们读这么多书，听完扁话，应发愤投书批之。至少要过人的生活，许多事要实事求是，就不发妄想。遇事没反应，没办法！

我如此年纪，读《春秋》，如注一强心剂，骂人是发泄。扁回来前，应备十篇文章，投各大报。韩非与李斯争雄，一个被害死。同学有此智慧？给报社投文，既可赚钱又有生活费。

《春秋》今天成绝学，因为人人都不明白。"为往圣继绝学"，我天天为你们讲怎么锻炼脑子。"为天地立心"，明明德，明终始之德，感谢天恩，"复其见天地之心乎"。"为生民立命"，新民。"为万世开太平"，止于至善。

张三世：据乱世、升平世、太平世（大同世）。三世主要的意思是什么？三世中，实际是九世，即《中庸》的"三重"。

《春秋》的据乱世，是征不服也。看美国是如何成为霸主的，中国人应设计如何控制恶霸，而不是去靠拢。第一任务联合亚非，必要有计划，非口说。亚洲强，消除美国的霸力。堂堂十二亿人，要仰美国的鼻息？

诸子对时事不平，有一套办法提出。韩非《孤愤》，乃众人皆醉我独醒，怎不孤愤？

《韩非子·孤愤》："智术之士，必远见而明察，不明察不能烛私；能法之士，必强毅而劲直，不劲直不能矫奸。人臣循令而从事，案法而治官，非谓重人也。重人也者，无令而擅为，亏法以利私，耗国以便家，力能得其君，此所为重人也。智术之士，明察听用，且烛重人之阴情；能法之士，劲直听用，且矫重人之奸行。故智术能法之士用，则贵重之臣必在绳之外矣。是智法之士与当涂之人，不可两存之仇也。"

你们每天到底在想些什么？想出道，笔诸书，即成子书。无身历其境，能苦想出问题？在环境中，可以逼出许多智慧，孤愤！有时候的刺激，你们脑子才会有无尽的反应。有志，现正是你们成就的时候。无情节，则为文不能动容。懂要点，事一发生，就知此何时也。

说"世"，不说"世界"。"张三世"，终极目的在除际界。界，是一切的乱源。一切障碍由于界，通就出界。界没了，才是太平世、大同世。夫妇的乱源，界；越界，有外遇。中国人几千年前，即有此一智慧。

我喜吃山东煎饼加大葱、山东酱。要会用心，送我喜欢的。熊十力的"用心深细"，我受益良多，看书绝对用心深细。了悟《乾坤衍》，据此，可跑第二棒。别人的成就不可遮掩之，必要嘉善，不可以作假。做事必用心深细，遇问题好好研究、印证。

将《引论》丢的，写上。"公羊学"有师承，非随便看书即明白。

我的外号"玻璃球脑子"，骗人一定到手。我大姐的大女儿比我大两个月。要天天训练头脑，天天想，天天用。我每天做卡片，绝对是注解没有的。必得专一，没有不能的。我已多年不想闲事，就想专学，出门必带小本《易经》。

智慧永远用不尽，性生万法。在 21 世纪，中国应出些思想家。我每天所讲，都是又一村，不但在思想上，且在行为上又成就又一村。

智慧、胆量、胸襟。一个人绝不能成事，人之有技，若己有之。奋斗得像打滚，没滚过铁板，怎能成事？我把经书另翻一次身，想出，你们接着，可省多少工夫。用智慧恢复绝学，得找证据。许多注尽讲空话。

天地之心，生生不息，"为天地立心"。空，如天地虚空，无所不容。看书必用脑，绝不轻放过一句，"思之思之，鬼神通之"。经文必熟，否则以什么思？如此想，才能造新说，才能树立。孔子有超人之智，"集大成"的成就，真不容易！

性相近，大同即性同，天命之谓性。反对战争，无一宁日，强凌弱，众暴寡。时习之，得合乎时，才不落空。

"公羊学"是活活泼泼的，为活人用的东西。《左传》为打倒此一思想，皆钦定的正义，自此研究圣人之言，岂不皆错了？所以《五经》要翻版。

熊十力的《周易新论》无成，可惜！《乾坤衍》以此将六十四卦的宗旨写出。其《序卦传》解至同人卦。我接着写，但仍觉得有痕迹。

看《易》的文句，用字之妙，文章极活，有画龙点睛之效！必知其所以然，在两三年之内，显已懂用脑之成果。

"政者，正也"，"政莫大于正始"，一切从元入手，一切莫大于正始。自元开始想，构思。中的境界，喜怒哀乐之未发；和的境界，发而皆中节。了悟那一刹那的工夫，所求的是那一点。懂元，是气的思想境界已成熟得不得了，"大哉乾元，万物资始，乃统天"。

诸侯即位，有无正之德？无则退之，《春秋》"退诸侯"。退货、退票，退诸侯。"正境内之治"，看国境之内管得好不好？读《春秋》，可对中国东西更深刻些。先弄清微言大义。

自《春秋公羊传》何注，看那时人对治国、平天下的步骤。再有怎么好的思想，不做没用！研究一人的思想，必要下深功夫，融入才能实行。如书为书、我为我，怎会有用？

戊戌变法失败，方法不对，欲速则不达，因求功心切。今后无论成立团体或学会，不可以求功心切、成功必在我。政治如种水果。好名之心不可有。准、稳、狠，发定苦心，不怕受苦。必练达对世事反应特别快。针对时弊，实际做，想未来应如何建设的方案。

如有智慧，不怕环境复杂，每天应设法应世。你们必要进步，智慧、德行都必进步。何以一举一动都做贼、盗？"蒙以养正"，一开始就要养正，为政必"帅以正"。巧取豪夺的，而今安在哉？必要走正路，脚踏实地为人类谋幸福。

一举一动用心机，谁不知、谁看得起？看别人都是傻子，才是标准傻子。是凡人，与草木同朽。既与草木同朽，何以还出卖良知？好好坐着为学，为人类谋幸福。要学做事，绝不能伤品败德，智与德并进。既是普通人，何以必做缺德的事？何不学一步

余　论

753

一脚印，自己努力，严格要求自己。自己做完事，心里很愉快，就是胜利。修为自己，不可以巧取豪夺。

"其事则齐桓、晋文，其文则史。孔子曰：'其义则丘窃取之矣。'"（《孟子·离娄下》）《春秋》借事明义，借齐桓、晋文之事，明孔子之义。写史，某年某月某日，记事。《春秋》，一部政治学，一部宪法学，并非历史，有例也有义。《春秋》重义，讲微言大义，是经，非史。

"所见异辞，所闻异辞，所传闻异辞"，何注："异辞者，见恩有厚薄，义有深浅。"（《春秋公羊传·隐公元年》"十二月，公子益师卒"）"于所见，微其辞；于所闻，痛其祸；于传闻，杀其恩，与情俱也。"（《楚庄王第一》）

所传闻，"远也，孔子所不见"。远也，必有一定点做标准；孔子所不见，即孔子没赶上的。测量，必有一准点，做事亦然。我们的准点是正，人人都蒙，得以正开启，蒙以养正，才可以拨乱反正，"子帅以正，孰敢不正？"止于至善，止于正。引经据典，争第二。

开始做事，以正为标准。我不语怪力乱神。我如要造谣，绝对热闹，但得取之有道。今天非革命，而是要正命。正命，本着人性做事，良知。假的事人皆知，又何必说假？

有一准，据此做事。做人也得有个准，才能放诸四海而皆准。人类的准——孔子。使黑人亦知有孔子。孔子本身必立了准，四海之内皆以他为准。我们的准——正，蒙以养正，居正。不合正，都是乱，故要拨乱反正。

说讲错，因朱子没这么讲；说新颖，因另辟天地。讲书，先讲朱子，证明博学；再讲自己的，给参考。焉知三四十年后，不如此讲"止于至善"？

将《五经》整个翻过来，必要有好奇心。看书必要有点意义，有些书太浪费时间。

《春秋公羊传·哀公十四年》"春，西狩获麟"，《传》曰："《春秋》何以始乎隐？祖之所及闻也。所见异辞，所闻异辞，所传闻异辞。""祖之所及闻也"，孔子没赶上的时代，远也。"所见异辞，所闻异辞，所传闻异辞"，真是哲学！所见都异辞，杨贵妃美，是唐玄宗看；别人看，说是猪。不要外边说什么就动心，人的知识、眼光不同，看事情的角度不一。所见都异辞，又何必发牢骚？所闻异辞，"道听而涂说，德之弃也"（《论语·阳货》）。"所传闻异辞"，"夏礼，吾能言之，杞不足征也"，作假，说得比真的还清楚。

《春秋》十二公，况，非历史，张三世、存三统、弘三夏。三世：所见、所闻、所传闻。三个不同时代，恩情不同。三恩，按人性、情义决定"恩"的厚薄深浅。所见：昭、定、哀，己与父时事。所闻：文、宣、成、襄，王父时事，即祖父时事。所传闻，隐、桓、庄、闵、僖，高祖、曾祖时事。

"立爱自亲始"，三世，层次、距离、远近不同，祖父喜孙子比儿子更深。中国礼法，五代才有服，穿孝穿五辈。五代以外，不穿服。一个祖宗之后，一个家庙祭祖。对祖宗，尊而疏，恩情疏远了。何注："时恩衰义缺，将以理人伦，序人类，因制治乱之法。"（《春秋公羊传·隐公元年》）

"理人伦"，无论走多远，同姓不婚。但台湾姓氏已乱。大陆必找同祖宗者之后，才葬在祖地。台湾已不完全合古礼，应理人伦。台湾洗骨，是为了归葬，琉球亦如是。现不归葬，不应再洗骨了，用石灰烧，多残忍！

"序人类"，一民族的存在，因有文化。以色列亡国两千年，能复国，应永保存其文化。我对满族文化忧心忡忡，北京的满族人汉化深，现特别训练满族人在东北、台湾的。要复兴满族，就不能离开根——东北。东北一片平地，一马平川，完全没有屏障。汉化最深的少数民族，即满族。北京同仁堂，今只剩启功（1912—2005）的匾。奉元，香港同学约五六十人，澳门现在也有同学，启功的学生。

根据人性，理人伦，序人类，因制治乱之法。中国式法律，是依人性而制。拨乱，责任在拨乱反正。立个法好办，但"正"可不好办。本身不正，如何帅天下以正？

大家争德行，又何必你欺我诈？有做缺德事的精神，何不做一件于人有益的事？完全巧取豪夺，犯得上？东西被骗，我豁达一想，"就算没带来"！

岸信介时代，日本人喜欢王明阳，我的《王阳明字》开价三千万，世界最大的条幅、字。宣统的画，给北京故宫，为宣统立碑。以宗亲论，我是"尊而疏"，宣统是"卑而亲"。

人生好不容易！你们了解愈少愈不怕，我为你们子孙忧！何以要分裂国土？造反，当叛臣，总看着，永当你们是狱中人。应如何解铃？还得系铃人。给你们搭上桥，你们会用？有组织，也得会用。必多学，不学就无术。同学好好修"正"，以"诚"待人。

原台东县长陈健年，他小时我就抱过他，其父早死，骑摩托车撞上树。人生必要深思熟虑，怎么把持人生最重要。

《春秋》书法，世愈乱，写得愈好，因"见治起于衰乱之中"，衰乱乃是治的伏笔，即《易》的"否极泰来"。台湾乱至此，已到非改不可了。黑帮已进入初中校园，色情侵入高职。妈祖出巡，逾四十万人。

治国平天下，必有层次。

一、所传闻之世："内其国而外诸夏"，先看重己国，"先详内而后治外"。先修身，再谈其他。先拨己之乱，返于正。好名、好利，急功近利。自己没正，如何正人？"录大略小"，自己事管不了，还管别人？"内小恶书（记载），外小恶不书"，先重视自己。

二、所闻之世："见治升平，内诸夏而外夷狄"，诸夏，懂得中国礼法了，"入中国则中国之"。夷狄，完全以礼法论，非以种族。《春秋》，礼义之大宗。

三、所见之世："著治太平，夷狄进至于爵，天下远近小大若一"，安仁者，天下一人而已。大一统，太平世，"用心尤深而详，故崇仁义，讥二名"。

三恩、三世、三夏。大陆现在喜用"华夏"，但是年轻的不懂，老的懂。

小老婆生的称"公子"，有别于大老婆生的"嫡子"。历代看守北京的一定是驸马爷，九门提督。中国社会健全在此。

台湾输掉，因小孩什么都不懂，就天天考试，不懂得做人。与孩子聊天，就应教一教。父亲的好朋友，叫世伯。台湾教授的儿子懂对人称呼？你们有工夫必要练简体字。认容易，写不易。

生在这个时，必注意这个时。困而不学，斯为下矣！识时务者为俊杰，当务之为急，急所当务。在台的时务是什么？实学，实际的学问。每天应严格训练自己。今天台湾善良百姓心中都是惊弓之鸟，此一不安宁乃李十年的政绩。正视问题就是时务，能解决乃是最合时的人物。

台湾地区所有同学中有五千个是教员。台北同学有两千人，花东不到四十人。最难的是领导人，有容？有一点长，恐教别人，别人会了。领袖要宽、能容众。必得有领导人。不是缺人才，领导人应如酱，都沾在一起。中坚分子能承上启下，应制治乱之法，怎么做？不要读完书即空过，应正视问题，看各方面怎么办。

要实际做，时不我与，恐那天就出问题了。我坚决反对两岸动兵，绝不可再兄弟之争，必要时得游说。要抓住要点，用上。认真，没办法可想出办法。

两岸的祸是台湾惹出的，解铃还需系铃人，要解决问题。既是"一个中国"，兄弟同胞就应一个待遇。本着良心写，做应做的事，尽责任。得有一定的智慧。在"一个中国"下，什么都可以谈，不满意的当然要谈。大志，关心天下事；小志，关心乡土。

读今文经，看董子的《天人三策》，将知识贡献给国家。一言以为智，一言以为不智。小气，做事就要得好处，必有人看才写。

香河老太太，死六年尸不烂。不相信，真的就摆着，多奇！只要心不邪，成肉身不坏。真圣洁无私，就会念佛。人的精神太可怕，精神一到，何事不成！我要扬善，为她写一文。她活着为人看病，都不要钱。没高深的学问，就诚，真行善，如六祖，有信仰，有信心，六祖堂前一菩萨。

我喜《坛经》，完全中国人的思想。香河原要修皇宫。我们太邪了，心里污秽、肮脏，太自私！许多事，"心诚求之，虽不中，亦不远矣"，缺少诚，一事无成。看台北有几个人？这么丑陋！欺祖，那些祖师爷都不行。

心诚求之，"诚者，天之道；诚之者，人之道"。师心用事，于自己无好处就不做。真为台湾谋幸福，就从自己做起。无信不立，互信。

五四运动发生已经八十年，戊戌维新百年。我这八十年冷眼旁观，五四时我十四岁，从国外回来参加社会运动。

孔子是失败的代表人物，死后做了野心家的招牌。从孔子至今，有一个人成功了？何以这些人都失败？董子勉强作一段，但其徒孙脑袋就搬家了！

睢弘字孟，少年任侠，斗鸡走马，年长学"公羊学"，弟子众多。

汉昭帝元凤三年（公元前78），泰山、莱芜山有异象。昌邑国有枯社木吹倒复生，上林苑中大柳树断枯卧地，也自立复生，有虫食树叶成文字为"公孙病已立"。孟推《春秋》之意，以为"石柳皆阴类，下民之象，而泰山者岱宗之岳，王者易姓告代之处。今大石自立，僵柳复起，非人力所为，此当有从匹夫为天子者。枯社木复生，故废之家公孙氏当复兴者也"，孟意亦不知其所在，即说曰："先师董仲舒有言，虽有继体守文之君，不害圣人之受命。汉家尧后，有传国之运。汉帝宜谁差天下，求索贤人，禅以帝位，而退自封百里，如殷周二王后，以承顺天命。"孟使友人内官长赐上此书。

时，昭帝幼，大将军霍光秉政，恶之，下其书廷尉。奏赐、孟妄设妖言惑众，大逆不道，皆伏诛。四年后，戾太子刘据之孙刘病已从民间迎立，即位为皇帝（是为宣帝），睢弘之子为郎。

余 论

759

修史，有主观见解，有正统观；违背此一原则者，都是坏人。王莽想以《周官》革命，王安石亦以《周官》变法，但都失败了。

常说求真知，但难。不必盲从。今天另辟天地，必整个否定，要客观看清事情，绝不再盲从。首先看性到底是善否？看历代的坏蛋有一有人性的？那要以什么思想来看过去？看人世，才经几个阶段，追究失败的原因。立元，就是要否定一切。绝不能再建设宗教，建设失败的文化。

《春秋》为况，《易》为象。现说中国，以中国就"况"了全世界。坏人没人性，无一有健全的头脑。克的白宫风暴，不以道德论，至少没脑子。从头想，何以不能解决问题？不能再以迷信思想。搜集肥料，看何以人类代代受苦，善良百姓成为野心家的祭物？

释迦牟尼（前 566—前 486，佛教创始人）受那么多的苦，写了十二部经（佛陀所说法，依其叙述形式与内容，分成之十二种类。又作十二分教、十二分圣教、十二分经）。十二部经，十二个对象，见什么人讲什么经。

奉元行事，以元作为种子。如不能再开拓，就毁掉一切。真明白，心里不可以有偶像崇拜，迷信经典。

历代伪人多受苦，连自己都没对得起，五大宗教岂不白叫？认识真理再去求，智慧绝不受约束。必得人生安乐，此为标准。人生什么都没得到，那来干什么？是人类，怎么面对人类？奉元以养成万物，面对一切。

有权者随便说一句话，隐藏多少哭声，造成多少孤儿寡妇？动物的社会，于我无利，就咬你一口，就"凌弱暴寡"是真理。

要用什么方法使坏人不发生作用？不要再发明伪道德，说教了。

第一步顺情欲，"六爻发挥，旁通情也"。"旁通情"，自情入手，多方面的，"时乘六龙以御天"也。"黄中通理"，此时才得到"理"。自"通情"起，从入手到结论，中间怎么去得？通情达理。爻者，交也。六爻，时、位之交，代表"变"。必达黄中，才能通理。

人世哪有情义？完全动物表情。当智慧的肥料，不受约束。懂万物之情，才能解决问题。毛病，自限制来的。戒多，但哪个没有犯戒？造成多少心理的阴影。没明白，才进那个团体，学伪，有罪孽感。猫狗有罪孽感？快快开脱，可能用人的"本能"会解决人的问题，如大家都坦荡荡活，多好！

人每天发多少妄念？不要自懂事就学伪，应完全放松，要打破一切人为的约束。活着必有一方向，要怎么解决问题？

奉元才能养成万物，"和顺于道德而理于义"，完全顺自然，非逆境，如水流下、火炎上。此与"黄中通理"配合想，顺自己与生俱来的能。所有注皆自"伪"字开始，理学家一句真话也没说。

从"元"本身去追，看是否能解决问题？面对真，不作伪。看廿六史中，足以为法的有几个？想必得正，不要从伪去想。元，既无敌，也无对、无象。

夏学，许多可以启智。《学》《庸》两个首章，予人无尽的智，但后面的就不行了。"唯我独尊"，慎己独。"独"与"性"有何不同？

圣人成能，每个物都有能，唯圣人成能。智周万物，为成能第一步，要道济天下。靠元成能，为用。性、独，亦元之用。成能，养成、尽性，一件事。慎独，即奉独，敬慎行事。

用思维之术，即对问题的思维方法，熟了就能用上。懂此，则看问题都不同于别人。

我现在所讲，皆围着"元"转。东西一个，称谓不同。结果：智周万物，道济天下。智，元之用，养成万物。现在要打破一切偶像。

想任何问题，不可以有一"我"的观念置于前，有"私"就不会客观。要做，不做永远不会进步。练习，有一年即成型。

世新大学，一《立报》一《破报》。我们何不来个《补报》？众志成城，合作研究。家家是研究所，一二年一篇报告心得。化零成整，化整为零。先出一谈心得的小报，小通讯。从一页开始，交换心得，清新。至少无愧于心。

可将我母亲骂我之语，找出证据，写训证。

你们脑子必做台湾的主流。最宝贵的是清新，才有影响力。一步步来，积少成多，积沙成塔。必要有办法突破坏，给这块土造幸福，给后生开智慧之路。

现传统文化要自"破产"中重整，自"元"开始创新文化。成立学会，考核夏学。中国文化之通人，第一奖章给熊十力。接着跑第二棒，五十年不能白干。

你们没有组织力，净拿蹻，伪装。要引起人动的能，必要清新，说话才客观，才有影响力。小报，坚白，必要有系统，知道怎么做。摸着往前走，早晚通天。给后人做智慧之光。希望同学不搞政治，以思想领导天下。

做四方之准，得自己像个准，"子帅以准，孰敢不准？"真能干，人类都能成了。

不是破碗，使他不敢打；打，国宝就没了。小气、自私，这块土的毛病。文化基础太重要。台湾自幼儿园开始，根本没有教育层次。人必须有"智""志"。年轻人就是坐也得生龙活虎，处处要显出智慧。

《引论》谈"董仲舒、何休与公羊学"，以"仲舒多发挥公羊奥义，何休多阐明《春秋》条例"。

董子、何休治学之勤！董子"三年不窥园"（《汉书·董仲舒传》）。

《论衡·儒增》："儒书言：'董仲舒读《春秋》，专精一思，志不在他，三年不窥园菜。'夫言不窥园菜，实也；言三年，增之也。仲舒虽精，亦时解休，解休之间，犹宜游于门庭之侧，则能至门庭，何嫌不窥园菜？闻用精者，察物不见，存道以亡身。不闻不至门庭，坐思三年，不及窥园也。"

何休"作《春秋公羊解诂》，覃思不窥门，十有七年"（《后汉书·儒林列传下》）。传学，可非易事。

看书必要勤，引书时必要查原文。慢读，细心。不在读多少，而在了悟多少。

为永久，子孙；为目前，眼前的幸福。不可以将小孩当成什么都不懂，必随时引导。不可以把小孩当作出气筒。

见什么人说什话，还能作准？守五十年，上智！谁能够？有准德，才能四海而皆准。做什么都要通情，必按时与位，"六爻发挥，旁通情也"。通理，得大其中（黄中），才能通理。

我干净，到哪儿绝对为大众利益。

园丁得有智慧、技术，但不白忙。厚德载物，生，天德好生。

祖述羲皇、孔子，恢复中国文化。

精神是一步一步来的，谁有长才，就发挥长才。第一步必打破嫉妒、纷争的根苗。

何以变一为元？为了人元。大哉乾元，至哉坤元，奉哉人元，奉元。一贯三，所以"变一为元"，人元。

没有先培智，怎么培元？智周万物，道济天下，结果奉元养成万物了！养成群德，真想成功，得改弦更张。

你们不懂用脑，太可怕！无论谁有声音，必加以分析。想东想西，怎么做事？连左右事都不知，反应太慢！必要懂得原理，能推到一切。

《引论》犹有师承，但很多没写出。

元者何？大始也。大始者何？万物资始，乃统天。元年者何？群始也。群始者何？成公意也。明王者当继天奉元，以养成万物，故"与天地参矣"。

21世纪是中国的，应是中国文化的。知五四之所不及，补一补。拿中国思想补一补。天民，是思想。思想，想完又可建设多少东西。不知想，将来又如何主动去领导天下？

人家说话，何以没有反应？华夏之光，北大教授介绍《易经》，连门都没入，完全不知所云，六十七岁，白活了！上周，台大开《周易》与《左传》会议，可以参考。不要轻视任何东西，可以启发我们的智慧。多看，然后以传统思想补其不足，对不同的意见应马上有反应。你们不下功夫，什么也不留心。拨乱，什么都得拨，但必掌握一切的正。

"与天地参矣"，奉元养成万物，就成元儒。但入门自时儒开始。"不可为典要，唯变所适"，时也。《引论》费尽千辛万苦，但不知元儒。

要做思想家。有思想，每天都有新问题、新环境。时代在变，不会停留，过去就过去了。《周易》，诌得很容易！

为往圣继绝学，可真到时候了！华夏奉元圣功学会。学会，我搭上桥，你们也不会走。

头脑不清楚，没有辨别力。我举例，在打破传统，不要一开始就骂曹操、骂新莽，但必自己先是正、准。练习对许多事有反应。

看《读经示要》自序的部分。看什么书，有关的马上写上，再看时可省下许多时间。要知道怎么读书。

你们学会怎么用脑、怎么会去想。造就思想家，不用著作等身。现有抱负者，想在 21 世纪开风气，划时代。必要中国书读通了，才能弥补别人的错误。脑中无囤积，以何应世？要囤积居奇。

不懂政治，说话格格不入，就没用！现正是各显才能之时，就看你有无才能。

《引论》称《春秋》为《元经》。

《引论》："《春秋》有诡实变常托义之法，其智小悲浅，不解《元经》奥义（王通称《春秋》为《元经》)，何足道哉！何足道哉！"

孔子在《春秋》变一为元，树立思想，为人元的文化，故《春

余 论

秋》称《元经》。

树立一个思想，要有智慧才能接续下去。先提要点，让你们有概念。

《春秋》王鲁，托隐公以为始受命王。《春秋》是个朝代。新周、故宋，以《春秋》当新王，况，是掩饰的话，《春秋》是一新朝代。通三统：宋（殷）、周、春秋，因而不失其新。

今文经，在《左传》未立学官前，为《公羊》。

《春秋》制，即《春秋》这个朝代的制度。"《春秋》者，礼义之大宗也"，人之大纲大法。大观念建立，才知《春秋》并非讲历史。

存三统，张三世，弘三夏，纯文化的。对亡国之后，完全有优待，"继绝世，兴废国"。都是正统，"因"的关系。不欺负小国，才有大同思想。

求仁，得仁，安仁，天下一人。养正，居正，安正，反正。夷狄进至于爵，远近大小若一。"蒙以养正，圣功也"，大一统，大居正，结果安正。所以《春秋》与《大易》相表里。《大易》为体；《春秋》为用，拨乱反正。《春秋》讲居正、一统。圣功即一统，因"反正"了。养正，就居正，"子帅以正，孰敢不正？"从圣功到一统，中间必经"拨乱反正"的步骤。竞选领导人，就看有无拨乱的能力。

《易经》一开始给我们的责任："蒙以养正，圣功也。"而一部《春秋》，即拨乱反正。居正、一统，皆大事，故加"大"字。

"四时具，然后为年"，什么具，然后为人？

《春秋公羊传·隐公六年》《传》曰："《春秋》编年，四时具，然后为年。"何休注："明王者当顺奉四时之正也……人道正，则天道定矣。"

"人道正，则天道定"，故曰"乃御天"，此寄微言大义。

缺德能做人？原心定罪，意淫即是淫，不在行为。心一动，就破戒。子不正，何以为政？今后就存宇宙的真立教。做事都有一动机，机正不正，别人不知，但自己知。

为什么要读"公羊学"？"公羊学"到底在说些什么？你们已非小孩，应是拿过来就运用。

我在台，既无职守，也无言责，如同救火队。你们要自救，可是你们的脑子根本不清楚，天天捅火，早晚自焚。你们必得头脑清楚，才能随机应变。

要自求多福！无一定方，得随病服药，脑子的分辨，有智慧，要练达智慧。

学"公羊学"，学完了，得行。救世，第一件事要做什么？哪儿有事就到哪儿，寻声救苦。

《春秋》，不要旧的东西，另辟天地，天地之始也。"长白又一村"，不再留恋前一村。另一村，另一天地。都不要，但必有根，所以要奉元。

何休曰："变一为元，元者气也，无形以起，有形以分，造起天地，天地之始也。"造起天地，乃统天；天地之始，群的天地。《易》"不可为典要，唯变所适"，要适时。《春秋》之义，最为时髦，昨天的，今天不能用。春者，"岁之始"，《春秋》另造天地，创一个新天地，大环境。"人道之始"，今天有今天的人道规范。"政教之始"，政治、教育怎么开创？从今天开始。

你们好好看何注，人生观早就变了。新的人生观，必追求新的。一义明白，都知为什么而活。"天地之始"，天地都换了，还崇拜谁？21世纪如是中国的，必是中国思想的。

我们每天都有政教之始，出毛病就拨乱。随时出情况，随时改正，《易》"夕惕若，厉无咎"。

"逝者如斯夫，不舍昼夜"（《论语·子罕》）。中国思想一点都不停留，新的才有用。这几个要点明白，可以写几本书。

奉元书院教开始怎么干？以什么标准立政教？正始。"政莫大于正始"，五始，正一切的不正。必真明白，真会做，遇事有反应。"不言即位"，群之始年也。

中国是"天权"，讲均富，引申，"万物皆备于我"，天富，天民。吸收所有的知识，来改造我们。天主、天民，天权、天禄、天爵、天德。天主论、人性论、民约论、人情论……分成六章。

《易经·乾卦·文言》曰："先天而天弗违，后天而奉天时。天且弗违，而况于人乎？况于鬼神乎？"可欲之谓善，可欲即情，当其可之欲，此"民约论"。

看"民约论"，可以启发你们写"天主论"。"继天奉元，养成万物"，天主、天权。真系统化，于子子孙孙可以多所帮助。得知道怎么去辟天地。奉天时，六位时乘，时乘六龙以御天。在乎实行，不在乎文字。必依经解经，不离经叛道。

事情，以"夏学"作为标准论断。所讲与别人不同。以元为种子，过去事为肥料，自己为园丁，做思想的实行者。与历史争短长，前无古人。

新王王鲁，立一个团体，假鲁，以鲁为化首，况，假鲁公为新王。以奉元书院为化首，以杏坛为化首。文王，文德之王，况，"法其生，不法其死"，故无谥。

一爻一乾坤，一爻一宇宙。通神明之德，类万物之情。神，妙万物；明，终始。无能尽物之性，就无能通神明之德。

生圹，活着做一墓（清代赵翼《陔余丛考·卷三二·生圹》："岐自为春秋藏，图季札、子产、晏婴、叔向、四像居宾位，自画其像居主位，皆为赞颂。此生圹之始也"）。用新鞋，一只放在圹，人走打开。完整，则一双都埋在墓中；不完整，则烧掉。写论文，不能讲鬼话。

中国人讲超凡入圣，在圣界里头，故曰"圣功"，天下平，大同，华夏。政教之始，人道（文）之始。

可懂得中国人的责任？以书院为化首，不可看成是要饭集团，净想打主意、捡便宜，有那个脑子？得用多少知识充实之。

读完一部书，要了解思想是什么。朋友在一起，提一点，当笑话讲。现不懂人畜之别，当然乱七八糟！中国思想，不合理都不可以，"中国者，礼义之国也"。讲学，言中必有物，不可以胡扯。必要知其所以。

我讲"止于至善"，有多高深的发明，就有所本，因。正，止于元，必奉元行事。合理、有所本，就是好学问。要如此立思想。因而不失其新，一切之始，政教、人道……之始。"大哉乾元，万物资始"，始万物者，元、神，所以立元神，为天地立心。人人得立元神，为生民立命。

人道之始，夫妇者，人道之始，王（政）教之端，"君子之道，造端乎夫妇"。根据人性（本），革情的命。

笔记整理，页数、行数、出处都必清楚。仔细，将来可以省掉许多时间。每句话都得有根据，不可以臆说。不要自欺，占便宜，尽抄书。每一东西，都要有清楚的交代，脚踏实地做研究，要系统化。平常要融会贯通，明白，就知责任之所在。每个人都要为"时之化首"，必要有真学，要知其所以，融会贯通。中国思想要串在一起的太多了。

我讲一小时，可是几年功夫得来的。明白，不但不守旧，且知责任，"因不失其新，亦可宗也"。弄清楚，整个系统化。

从"天富"到"均富"，"成公意也"（《春秋公羊传·隐公元年》），成天下为公之意，公天下，"天地所生，非一家之有，有无当相通"（《春秋公羊传·隐公元年》何注），万物皆备于我，天富。

如无《公羊》，中国思想岂不破产？历代继绝学的都是怪人。传此学派，微乎其微，当政者不喜。这思想一起，就革命。在今天仍是最时髦的一套思想。听不明白，能对别人讲？

懂"有无相通"，就应不再有贪污。为了宇宙，非为一国之私，故"不言即位"，群之始年也，人人皆可以为尧舜，《易·乾卦》"首出庶物""天德不可为首也"。

《孟子》讲《春秋》，对《春秋》的贡献太大。《论语》无提《春秋》，并不完整，幸有《孟子》！

《孟子·滕文公下》："尧、舜既没，圣人之道衰。"因为"自禹而德衰"，开启家天下之局。"世衰道微，邪说暴行有（又）作（兴），臣弑其君者有之，子弑其父者有之。孔子惧，作《春秋》。"孔子惧伦常之丧，大本尽失，弑父奸女层出不穷！"《春秋》，天子之事也。是故孔子曰：'知我者其惟《春秋》乎！罪我者其惟《春秋》乎！'"《春秋》继天之志，"其义则丘穷取之"，为孔子之志，故孔子称"素王"。

《春秋》在拨乱反正，是孔子的理想国，并非历史。孟子又称"孔子成《春秋》而乱臣贼子惧"，惧孔子"天下为公"的思想，使"家天下"之乱制为民所弃。因为孔子"有教无类"，使教育平民化，人人皆有士君子之行，人人皆可为尧、舜，打倒家天下——父死子继、兄终弟及"一治一乱"的乱制，而达"大道之行也，天下为公"的大同理想。

"以鲁为化首"，新思想的模范区，负时的责任，读完会惊奇。好好为往圣继绝学，继绝学得绝对有思想，冬烘绝无资格继。每天都有一切之始，过去的都当作滋养品。你们读书何以不收效？必要脚踏实地认识一部书。

《引论》"公羊学的创立与传承"，这段完全写错，因他太年轻。

看《春秋公羊传·隐公元年》《传》曰："王者孰谓？谓文王也。"何休注："天之所命，故上系天端，方陈受命，制正月，故假以为王法。不言谥者，法其生，不法其死，与后王共之，人道之始也"。

"哀公十四年"《传》曰："其诸君子乐道尧舜之道与？末不亦乐乎尧舜之知君子也？制《春秋》之义以俟后圣，以君子之为，亦有乐乎此也。"何注："乐其贯于百王而不灭，名与日月并行而不息。"

余 论

"法其生，不法其死"，人人皆可以为文王，人人皆可以为尧舜，故"与后王共之""以俟后圣"，先时，豫解无穷，才能生生不息。

《引论》"假托尧舜禹汤文武以明王义"。尧、舜，是大同；禹、汤、文、武，是小康之最，六君子。大同与小康有别，见《礼记·礼运》。

大道之行也，与三代之英，丘未之逮也，而有志焉。"大道之行也，天下为公。选贤与能，讲信修睦，故人不独亲其亲，不独子其子，使老有所终，壮有所用，幼有所长，矜寡孤独废疾者，皆有所养。男有分，女有归。货恶其弃于地也，不必藏于己；力恶其不出于身也，不必为己。是故谋闭而不兴，盗窃乱贼而不作，故外户而不闭，是谓大同。

今大道既隐，天下为家，各亲其亲，各子其子，货力为己，大人世及以为礼。城郭沟池以为固，礼义以为纪。以正君臣，以笃父子，以睦兄弟，以和夫妇，以设制度，以立田里，以贤勇知，以功为己。故谋用是作，而兵由此起。禹、汤、文、武、成王、周公，由此其选也。此六君子者，未有不谨于礼者也。以著其义，以考其信，著有过，刑仁讲让，示民有常。如有不由此者，在势者去，众以为殃，是谓小康。

读完书，应显胆，表现自己的思想。《易》是"四圣真经"，价值高，只要读了，即引起思想。清朝易学以焦理堂为首。

宗教主亦思想家，有仁心，要度世，结果？唯六祖说真话，我喜《坛经》。人，性相近，习相远，因环境不同而改变。

美国表示，中国二十年来一直窃取其核武机密。如此，美国政府岂不如同豆浆店，谁愿去就去。可见美国智慧之低，分明是栽赃；也显见中国科技水准已与美国并驾齐驱。美国造谣都不会，连猪都不如，标准的"华西街"（昔日台北妓院）。中俄联盟，要遏止美国在亚洲横行。

判断一人，自其处世行为。要知怎么判断一事。

你们最大的毛病，不懂得保密。我常说：左手的事，不叫右手知。你们不知一事需几人知道。不能成大业，因知道必说。

做一事，先想失败后怎么处理，计谋是防失败；真失败，则要知怎么处理。

你们要能应事，能是"孤愤"中的一盏孤灯。我为你们造十个北大博士，大概明年就可完成。如此，至少不会走错路子，为台谋福利得做。同情代罪的羔羊，美国造谣之低！给认贼作父者教训。

《大易》与《春秋》，中国最重要的两部书。我要训练你们会想，非我会讲。在团体中，必以最高手段去征服别人。

"成公意"与"君之始年"有什么关系？天地之始，开天辟地。盘皇另辟天，开创元的宇宙。

思想家的成就有高低，我要造就思想家。大前提、目标弄清，往前奋斗，一点都不浪费。

要懂用思想，读的是活知识。必要认清环境，自求多福。养勇，要智、仁、勇兼备。不只是自己能，必叫大家都能，则可以休息。有智，要用智；养勇，读《孟子》。

《孟子·公孙丑上》："北宫黝之养勇也，不肤挠（屈），不目逃，思（语词）以一毫挫（拔）于人，若挞之于市朝。不受于褐宽博（穿布衣的穷人），亦不受于万乘之君（大国诸侯）；视刺万乘之君若刺褐夫，无严（敬畏）诸侯；恶声至，必反之。孟施舍之所养勇也，曰：'视不胜，犹胜也。量敌而后进，虑胜而后会，是畏三军者也。舍岂能为必胜哉？能无惧而已矣。'孟施舍似曾子，北宫黝似子夏。夫二子之勇，未知其孰贤？然而孟施舍守约（约之以礼）也。昔者曾子谓子襄曰：'子好勇乎？吾尝闻大勇于夫子矣：自反（反省）而不缩（音素，直也），虽褐宽博，吾不惴（惧）焉；自反而缩，虽千万人，吾往矣。'孟施舍之守气，又不如曾子之守约也。"

学实学，必用上。李十年，净做美、日的棋子、传声筒，只有使自己人格堕落。公然做运动员，用事实证实，要自求多福。我们怕放炮。不盲从，得判断。

贵精不贵多，要箭不虚发，必要有智、仁、勇。以德谋福利，中间有两个宝——诚与信，《易》称"有孚"。如存机心，想捡便宜，则永远失败！

《引论》"孔子为王说"："为圣王，是就内外打通上说；为素王，是就有德无位上说；为文王，是就改制立法上说；为先王，是就战国后儒说；为后王，是就上古诸王说。"

孔子谥号"大成至圣文宣王"。《孟子·公孙丑上》说"自有生民以来，未有孔子也""自有生民以来，未有盛于孔子也"。《中庸》所谓"君子动而世为天下道，行而世为天下法，言而世为天下则。远之则有望，近之则不厌""唯天下至圣为能聪明睿知，足以有临也；宽裕温柔，足以有容也；发强刚毅，足以有执也；齐庄中正，足以有敬也；文理密察，足以有别也""溥博渊泉，而时出之。溥博如天，渊泉如渊。见而民莫不敬，言而民莫不信，行而民莫不"；《论语》"仲尼日月也，无得而逾焉"，如同日月，夫子留给世上的；"其生也荣，其死也哀"（《论语·子张》），活着能荣世，其死则社会宇宙若无明灯，"达德光宇宙，生命壮自然"：此为孔子奋斗一生的写照。

《引论》"《春秋》变一为元""《春秋》实为专言性与天道之书"。

《大易》与《春秋》完全讲思想，智慧。孔子"变一为元"，但作用不能变。何休释："元者，气也。无形以起，有形以分，造起天地，天地之始也。"老子说"有生于无"，"天得一以清，地得一以宁。"孔子得一，自老子来的。后"变一为元"，因而不失其新。因而不失元之新，另辟天地。

得元了，乃"保合太元，乃利贞"，故曰"太和元气"。曲阜第一个牌坊"太和元气"，太和即元气之用。"元者，气也"。无论到哪儿，要随时作笔记。孔子乃"太和元气"之征。现在，我们要修太和元气，要得元。懂公羊学，到曲阜即知"太和元气"怎么来的。养太和，即养元气；养成，即元气成了！

今天所用的名词不同，有原子、中子、量子。"因不失其新"，我的解释太宝贵，"温故而知新"，"苟日新，日日新，又日新"。

将高深的道理，用小故事写出、讲出，随时用智。把一问题处理得恰到好处，而不赔本，即智慧。

读书得多冷静，慢慢喝茶，想。我不忙了，定时喝茶、熏香。喝茶，一边想书，一边写。读书，边读边写笔记。集注的时代已过，你们绝对赶上。我有不传之秘。系统化即成思想。

我喜磬声，上庙，但讨厌和尚，所以我的极乐世界绝对是长发的。所有无知的都如此，少有说一句有智慧的话。

你们要提醒自己：用心深细。细，故能识微；深，故无隐。意即什么都看透了。碰一问题，马上深思。

被人抹黑，一笑置之，社会事即如此，杯弓蛇影。谣言止于智者，"事修而谤兴，德高而毁来"（韩愈《原毁》）。

自求多福，即隐含另辟天地，不忘本，"因不失其新"，"因中国以容天下"，以进大同。智慧怎么想、怎么运用，使不合理的都合理。如此用脑，当然整个翻版，此另辟天地也。

究竟是知识分子？还是奴才？人生就是奋斗，《孙子》讲"全"。就是不合理，也得夺理。斗智，就得夺理，是为仁而斗，成功可为多少人带来幸福。我天天所言，多可怕，"无所不用其极，无入而不自得"。

前天《联合晚报》有关"乱伦"的报导。蒋家时代亦无乱伦事。叫孙子知道智慧事，长志气；乱伦事不使他知，多可怕！要有用时，自找上门来，随时随地弘道。台湾再不改造，劫难绝对来。

蒋庆对《易经》的功夫完全不够，故《引论》有点小毛病。第三章"不书公即位，即意味着隐公的继位不合法"，这段有问题。

群之始年，不书"即位"，君王已过去了。群众之始年，"群龙无首"，"天德不可为首"。"万物皆备于我"，你怎可以有首？首户。每乡的首户皆一霸。新王以德帅天下，君王则以政帅天下。"成公意"，成公天下之意。

"变一为元"，天地之始。将老子"立一之道"作为主轴的思想，完全纳入元。孔子自"得一"到"变一为元"。

我看报是有目的地吸收。自《中国时报》可以看出李无法无天的想法，可以多了解李。

"春者，天地开辟之端，养生之首"（何休注），建设天地的一个机，才能开辟。有了天地，不开辟怎有作用？在台这一小天地应怎么做？何不做"之始"的事？自求多福之始也。有信仰，非达到目的不休！

"春者，天地开辟之端，养生之首"，有了天地，得开辟才能发挥作用，其原动力即春，古时称"端"。

正始，"君子之道，造端乎夫妇"，万物皆包含在内，没有夫妇，怎有君子之道？正夫妇之始，"事明义"（《繁露·身之养重于义第三十一》）。

必要追，奉元，正元，"蒙以养正，圣功也"。《大易》与《春秋》，人类智慧的命脉。

下学年发行小报，又刺激又正义，专揭露不合理，显出后生可畏。何以要让那些人横行？以智慧拨乱反正，至少"成事不足，败事有余"。素学生行乎学生。不是坏人可怕，而是好人太浑！

要特别熟，知其来龙去脉，反复玩味，抓住要点。

文王，或谓孔子，或指文德之王，谁有文德谁就是文王。"文王之所以为文也，纯亦不已"，纯，天之道；不已，人之道。"其为物不贰，则其生物不测"（《中庸》）。

一统，因一而统；统一，统而后一。一，人之根，人元，改一为元，元胞。诗不在字多，曹子建《七步诗》"本是同根生"，同元生，白话，与《诗经》差不多。非文笔好坏，乃诗境好坏，是功夫。

今当务之急，在拨乱反正，德本很重要。应知努力的方向，谁来负责？做任何事必要有分寸，现弄得小孩无所适从。必要管闲事，提醒这些利令智昏的浑蛋。

"为往圣继绝学"，绝学并没有断，有传人代代相承。今天思想可以发展。中国经书完全自修不成，因以前有许多不能笔之于书，有师承、师说、家法。公羊学"师说"最多，有许多是以"假说"保护，隐藏真思想，假说必勾去，才能讲明白。《引论》中有许多不合"家法"者，也有一些未说出"师承"。

天地之始、人道之始，否定旧的，必建设新的。人必要有志，为往圣继绝学。必要懂得正视问题。无上正等正觉。正，拨乱反正，蒙以养正。天命、天德、天爵、天禄、天民。

"王正月"，立王的正月，文王的正月，假以为王法，何注："法其生，不法其死。"后王，未来的，都必根据这个学。在此之前，都没有人道。

如有这么多"公羊学"，中国就有希望了，可以为人类谋幸福。反对战争，大一统，定于一，不嗜杀人者能一之。一统，绝没有战争，合乎人性的。谁要战争？误炸，伤了多少条人命。

中国以"孝慈"解决老人、儿童问题，没有立法。今天光生，绝不养、不教，就找保姆。鳏寡孤独者少，另外解决。人活着，不只是为了吃，德特别重要，孝为德本。何以娶了老婆，认为比父母重要？母夜叉就要求另成立小家庭。何以教育愈高的愈没有德？人道之始，恋爱时就应谈如何安排二老。我如有病不能动，干脆安乐死，才是大孝。

现应又是天地之始、人道之始。看这个社会有多少痛苦？误炸不断，还不停止，每天净制造孤儿寡妇。联合世界上以平等待我之民族，共同奋斗。我读书读精华，每天满脑子要解答问题。吃素，修心不必修口。偏僻，心比狼狠，还吃素！

中国人冷静下来，应研究如何将中国另辟天地。21世纪想和平，得不杀，要到中国取经。大一统，仁统，不杀。"王正月"，政教之始，何注："明受之于天，不受之于人。""大哉乾元，万物资始"，"至哉坤元，万物资生"，但资始、资生之后，如无"明"，就不能生生不息，故赞曰"大明终始"。

中国思想往前走，绝不回头。必真明白，再去私意。讲思想，绝不可以放肆，否则成臆说。"大一统"，不嗜杀人者能一之，远近大小若一，安仁的境界，没有分别心，一视同仁，"安仁者，天下一人"。"大同"，大条件相同，华夏。统，始也，去旧生新，看此一思想的可怕。孔子是一新的政治家，真正的人道主义者。

"不言即位"，正始，开始就正，谁敢不正？何注："政莫大于正始。"不言即位，"成公意也"，成公天下之意。天下为公，公天下，群之始年也。

新周，故宋，以《春秋》当新王，此"存三统"。《春秋》为一朝代。道的社会，原心定罪。刚动念，意淫就是淫。淫非单指一事，对形色有所偏好均是淫。装腔作势、过分亦淫。过分都叫淫，非高雅，如日本茶道。人吃药喝汤，牛马连干的都吃。什么东西都不可以喜好过度。人生这么短，真有目标绝对忙不过来。为一句话，可以搞一个礼拜，还以为消磨时间很雅。

自"明德"入手，"予怀明德，不大声以色"(《中庸》)引

《诗》），管理天下事，不以声色、表情，"声色之于以化民，末也"。

"大明终始"，点出六位；"六位时成"，代表六个变；"时乘六龙以御天"。每个人的六龙都不同，就看怎么安排、设计，实际的。每个人的方法不同，变化无穷。背景不同，六位完全不同。姜子牙如何布局？真成功了，真能是姜子牙，必自试，用心想。

意诚而后心正，必诚其意，"所谓诚其意者，毋自欺也"（《大学》）。如没有先见之明，怎么做事？岂不是因时了？

何注："渐者，物事之端，先见之辞。"积渐，一步一步预备好，有层次，如地层。"言前定，则不跲；事前定，则不困；行前定，则不疚；道前定，则不穷"（《中庸》），此治事之不二法门。

《春秋公羊传·隐公元年》"三月，公及邾娄仪父盟于眛"，《传》曰："因其可褒而褒之。"何注："明当积渐，深知圣德灼然之后乃往，不可造次陷于不义。"《传》曰："眛者何？地期也。"何注："凡以事定地者，加'于'例；以地定事者，不加'于'例。"《春秋》之例必要记住，才能读。一个"于"字，就有别。读《春秋》，头脑不致密没有办法。

《大易》和《春秋》，非一两年功夫能读，"一字之褒，荣于华衮；一字之贬，严于斧钺"。台湾有几人用脑，能懂《春秋》？一切治事（世）之术尽在此。《易》追其所以，《大学》"知所先后，则近道矣"。

知一人之政术，判断其何以会失败。我少说一句话，他们就节节败退。你们连被卖掉都不知，还不真好好努力。一个人不懂自己不懂就完了！一个人肯好好修，五年就成。

《春秋》之例，必要记住，多一字、少一字，事情整个颠倒了。

少写一字，就得用另一办法。急时何以写一字，人家即知怎么做？写"无于"二字，马上知怎么做事，改变方式，神！没读书懂什么？看环境，整个战术完全改变。

看古人的策，读兵法，每字必要注意，一字就取胜了。好好下功夫，几年就成，谁也干不过你。

叁　附录

汉书·董仲舒传

董仲舒（约前179—前104），广川人也。少治《春秋》，孝景时为博士。下帷讲诵，弟子传以久次相授业，或莫见其面（未亲见仲舒）。盖三年不窥园（言专学），其精如此。进退容止，非礼不行，学士皆师尊之。

武帝即位，举贤良文学之士前后百数，而仲舒以贤良对策焉。

〔第一策〕

制曰：

朕获承至尊休（美）德，传之亡（无）穷，而施之罔（无）极（尽），任大而守重，是以夙夜不皇（暇）康（乐）宁，永（深）惟（思）万事之统（绪），犹惧有阙（缺）。故广延四方之豪俊，郡（郡守）国（王国）诸侯公选贤良修絜博习之士，欲闻大道之要，至论之极（中）。今子（男子之美称）大夫褒（yòu，进）然（盛服貌）为举首（举贤良之首），朕甚嘉之。子大夫其精心致思，朕垂听而问焉。

　　盖闻五帝三王之道，改制作乐而天下洽和，百王同之。当虞氏之乐莫盛于《韶》（舜乐），于周莫盛于《勺》（《周颂》篇名）。圣王已没（殁），钟鼓筦（管）弦之声未衰，而大道微缺，陵夷（渐颓替）至乎桀、纣之行，王道大坏矣。夫五百年之间，守文之君，当涂之士，欲则先王之法以戴翼（助）其世者甚众，然犹不能返，日以仆（fù，毙也）灭，至后王而后止，岂其所持（执）操或悖（乖）缪（谬）而失其统与？固天降命不可复反，必推之于大衰而后息（止）与？乌乎（呜呼）！凡所为屑屑（动作之貌），夙兴夜寐，务法上古者，又将无补（益）与？三代受命，其符安在？灾异之变，何缘而起？性命之情，或夭或寿（命也），或仁或鄙（性也），习闻其号，未烛（明）厥理。伊（惟）欲风流而令行，刑轻而奸改，百姓和乐，政事宣昭，何修何饬而膏露降，百谷登（成），德润四海，泽臻（至）草木，三光全，寒暑平，受天之祜（福），享鬼神之灵，德泽洋溢，施（延）虖（乎）方外，延及群生？子大夫明先圣之业，习俗化之变，终始之序，讲闻高义之日久矣，其明以谕（晓告）朕。科别其条，勿猥（积）勿并（合），取之于术，慎其所出。乃其不正不直，不忠不极，枉于执事，书之不泄，兴于朕躬，毋悼后害（勿惧有后害而不言）。子大夫其尽心，靡有所隐，朕将亲览焉。

　　仲舒对曰：

　　陛下发德音，下明诏，求天命与情性，皆非愚臣之所能及也。

臣谨案《春秋》之中，视前世已行之事，以观天人相与之际，甚可畏也。国家将有失道之败，而天乃先出灾害以谴（责）告之，不知自省（视），又出怪异以警惧之，尚不知变，而伤败乃至。以此见天心之仁爱人君，而欲止其乱也。自非大无道之世者，天尽欲扶持而全安之，事在强勉而已矣。强勉学问，则闻见博而知益明；强勉行道，则德日起而大有功：此皆可使还（同"旋"，速也）至而立有效者也。《诗》曰："夙（早）夜匪解（懈，怠也）。"《书》云："茂（勉）哉茂哉！"皆强勉之谓也。

道者，所由适（往）于治之路也，仁义礼乐皆其具也。故圣王已没，而子孙长久安宁数百岁，此皆礼乐教化之功也。王者未作乐之时，乃用先王之乐宜于世者，而以深入教化于民。教化之情不得，雅颂之乐不成，故王者功成作乐，乐其德也。乐者，所以变民风，化民俗也；其变民也易，其化人也著（显明）。故声发于和，而本于情，接于肌肤，臧于骨髓。故王道虽微缺，而管弦之声未衰也。夫虞氏（舜）之不为政久矣，然而乐颂遗风犹有存者，是以孔子在齐而闻《韶》也。夫人君莫不欲安存而恶（讨厌）危亡，然而政乱国危者甚众（多），所任者非其人，而所繇（由）者非其道，是以政日以仆灭也。夫周道衰于幽、厉，非道亡也，幽、厉不繇也。至于宣王，思昔先王之德，兴滞补弊，明文武之功业，周道粲然复兴，诗人美之而作，上天佑之，为生贤佐，后世称诵，至今不绝。此夙夜不懈行善之所致也。孔子曰"人能弘道，非道弘人"也。故治乱废兴在于己，非天降命不可得反，其所操持悖谬，失其统也。

臣闻天之所大奉使之王者，必有非人力所能致而自至者，此受命之符也。天下之人同心归之，若归父母，故天瑞应诚而至。《书》曰："白鱼入于王舟，有火复于王屋，流为乌。"此盖受命之符也。周公曰："复哉复哉！"孔子曰："德不孤，必有邻。"皆积善累德之效也。及至后世，淫佚（逸）衰微，不能统理群生，诸侯背叛，残贼良民以争壤土，废德教而任刑罚。刑罚不中，则生邪气；邪气积于下，怨恶畜（蓄）于上。上下不和，则阴阳缪盭（缪戾，错乱也）而妖孽（灾）生矣。此灾异（有别于常）所缘而起也。

臣闻命者天之令也，性者生之质也，情者人之欲也。或夭或寿，或仁或鄙，陶（造瓦）冶（铸金）而成之，不能粹（纯）美，有治乱之所生，故不齐也。孔子曰："君子之德，风也；小人之德，草也。草上之风必偃。"故尧舜行德则民仁寿，桀纣行暴则民鄙夭。夫上之化下，下之从上，犹泥之在钧（造陶之器），唯甄（造陶之人）者之所为；犹金之在镕（铸器之模型），唯冶者之所铸。"绥（安）之斯来，动之斯和"，此之谓也。

臣谨案《春秋》之文，求王道之端，得之于正。正次王，王次春。春者，天之所为也；正者，王之所为也（正者，王道也）。其意曰：上承天之所为，而下以正其所为，正王道之端云尔。然则王者欲有所为，宜求其端于天。天道之大者在阴阳（元，乾元坤元）。阳为德，阴为刑；刑主杀，而德主生。是故阳常居大夏，而以生育养长为事；阴常居大冬，而积于空虚不用之处。以此见天之任德不任刑也。天使阳出布施于上，而主岁功；使阴入伏于下，而时出佐阳。阳不得阴之助，亦不能独成岁，终阳以成岁为名，此天意也。王者承天意以从事，故任德教而不任刑。刑者不可任以治世，犹阴之不可任以成岁也。为政而任刑，不顺于天，故先王莫之肯为也。今废先王德教之官，而独任执法之吏治民，毋乃任刑之意与！孔子曰："不教而诛，谓之虐。"虐政用于下，而欲德教之被四海，故难成也。

臣谨案《春秋》谓一元之意：一者，万物之所从始也；元者，辞之所谓大也。谓一为元者，视大始而欲正本也。《春秋》深探其本，而返自贵（同元共生）者始。故为人君者，正心以正朝廷，正朝廷以正百官，正百官以正万民，正万民以正四方。四方正，远近莫敢不一于正，而无有邪气奸（犯）其间者。是以，阴阳调而风雨时，群生和而万民殖（生），五谷孰而草木茂，天地之间被润泽而大丰美，四海之内闻盛德而皆徕（来）臣（服），诸福之物、可致之祥，莫不毕至，而王道终矣。

孔子曰："凤鸟不至，河不出图，吾已矣夫。"自悲可致此物，而身卑贱（有德无位，素王）不得致也。今陛下贵为天子，富有四海，居得致之位，操可致之势，又有能致之资，行高而恩厚，智明而意美，爱民而好士，可谓义主矣。然而天地未应而美祥莫至者，何也？凡以教化不立，而万民不正也。夫万民之从利也，如水之走下，不以教化堤防之，不能止也。是故，教化立而奸邪皆止者，其堤防完（完备）也；教化废而奸邪并出，刑罚不能胜者，其堤防坏也。古之王者明于此，是故南面而治天下，莫不以教化为大务（当务之急）。立大学以教于国，设庠序（学校）以化（教化）于邑，渐（浸润）民以仁，摩（砥砺）民以义，节民以礼（约之以礼），故其刑罚甚轻而禁不犯者，教化行而习俗美也。

圣王之继乱世（据乱世）也，埽（扫）除其迹而悉去（除）之，复修教化而崇起之。教化已明，习俗已成，子孙循（顺）之，行五六百岁尚未败也。至周之末世，大为无道，以失天下。秦继其后，独不能改，又益甚之，重禁文学，不得挟书，弃捐礼义而恶闻之，其心欲尽灭先王之道，而专为自恣苟简之治，故立为天子，十四岁而国破亡矣。自古以来，未尝有以乱济乱，大败天下之民如秦者也。其遗毒余烈，至今未灭，使习俗薄恶，人民嚚（口不道忠信之言）顽（心不则德义之经），抵（触）冒（犯）殊（绝）扞（捍拒），熟烂如此之甚者也。孔子曰："腐朽之木不可雕也，粪土之墙不可圬（镘）也。"今汉继秦之后，如朽木粪墙矣，虽欲善治之，无可奈何。法出而奸生，令下而诈起，如以汤止沸，抱薪救火，愈甚无益也。窃譬之琴瑟不调，甚者必解而更张之，乃可鼓也；为政而不行，甚者必变而更化之，乃可理也。当更张而不更张，虽有良工不能善调也；当更化而不更化，虽有大贤不能善治也。故汉得天下以来，常欲善治而至今不可善治者，失之于当更化而不更化也。古人有言曰："临渊羡鱼，不如退而结网。"今临政而愿治七十余岁矣，不如退而更化；更化则可善治，善治则灾害日去，福禄日来。《诗》云："宜民宜人，受禄于天。"为政而宜于民者，固当受禄于天。夫仁义礼智信，五常之道，王者所当修饬也；五者修饬，故受天之佑，而享鬼神之灵，德施于方外，延及群生也。

〔第二策〕

天子览其对而异焉，乃复册之曰：

制曰：盖闻虞舜之时，游于岩郎（高峻廊庑）之上，垂拱无为，而天下太平。周文王至于日昃（太阳偏西）不暇食，而宇内亦治。

夫帝王之道，岂不同条共贯与？何逸劳之殊也？盖俭者不造玄黄旌旗之饰。及至周室，设两观，乘大路，朱干玉戚，八佾陈于庭，而颂声兴。夫帝王之道岂异指哉？或曰良玉不琢，又曰非文无以辅德，二端异焉。殷人执五刑以督（视责）奸，伤肌肤以惩（止）恶。成康不式（用），四十余年天下不犯，囹圄（监狱）空虚。秦国用之，死者甚众，刑者相望，耗（耗，不明也）矣哀哉！

乌乎！朕夙寤晨兴，惟前帝王之宪（法），永（深）思所以奉至尊，章（明）洪（大）业，皆在力本（致力农业）任贤。今朕亲耕藉田以为农先，劝孝弟，崇有德，使者冠盖相望，问勤劳，恤孤独，尽思极神，功烈（功业）休（美）德，未始云获也。今阴阳错谬，氛（恶气）气充（满）塞，群生寡遂（监成），黎民未济，廉耻贸（易）乱，贤不肖浑淆（杂），未得其真，故详延特起之士，意庶几乎！今子大夫待诏百有余人，或道世务而未济，稽诸上古之不同，考之于今而难行，毋乃牵于文，系而不得骋与？将所由异术，所闻殊方与？各悉对，著于篇，毋讳有司。明其指略，切磋究之，以称朕意。

仲舒对曰：

臣闻尧受命，以天下为忧，而未以位为乐也，故诛逐乱臣，务求贤圣，是以得舜、禹、稷、卨（契）、咎繇（皋陶）。众圣辅德，贤能佐职，教化大行，天下和洽，万民皆安仁乐义，各得其宜，动作应礼，从容中道。故孔子曰："如有王者，必世而后仁。"此之谓也。尧在位七十载，乃逊（让）于位，以禅虞舜。尧崩，天下不归尧子丹朱，而归舜。舜知不可避，乃即天子之位，以禹为相，因尧之辅佐，继其统业，是以垂拱无为而天下治。孔子曰：

"《韶》尽美矣，又尽善矣。"此之谓也。

至于殷纣，逆天暴物，杀戮贤知，残贼百姓。伯夷、太公皆当世贤者，隐处而不为臣。守职之人皆奔走逃亡，入于河海。天下耗乱，万民不安，故天下去殷而从周。文王顺天理物，师用贤圣，是以闳天、大颠、散宜生等，亦聚于朝廷。受施兆民，天下归之，故太公起海滨（涯）而即（就）三公也。当此之时，纣尚在上，尊卑昏乱，百姓散亡，故文王悼痛而欲安之，是以日昃而不暇食也。孔子作《春秋》，先正王而系万事，见素王之文焉。由此观之，帝王之条贯同，然而劳逸异者，所遇之时异也。孔子曰："《武》尽美矣，未尽善也。"此之谓也。

臣闻制度文采玄黄之饰，所以明尊卑、异贵贱，而劝有德也。故《春秋》受命所先制者，改正朔，易服色，所以应天也。然则宫室旌旗之制，有法而然者也。故孔子曰："奢则不逊（顺），俭则固（固陋）。"俭非圣人之中制也。臣闻良玉不琢，资质润美，不待刻琢，此亡（无）异于达巷党人不学而自知也。然则常玉不琢，不成文章；君子不学，不成其德。

臣闻圣王之治天下也，少则习之学，长则材诸位，爵禄以养其德，刑罚以威（畏）其恶，故民晓于礼义而耻犯其上。武王行大谊（义），平残贼，周公作礼乐以文之，至于成康之隆，图圄空虚四十余年，此亦教化之渐，而仁义之流，非独伤肌肤之效也。

至秦则不然。师申、商之法，行韩非之说，憎帝王之道，以贪狼（好利）为俗，非有文德以教训于天下也。诛（责）名而不察实，为善者不必免，而犯恶者未必刑也。是以百官皆饰空言、虚辞而不顾实，外有事君之礼，内有背上之心，造伪饰诈，趋利无耻；又好用憯（残）酷之吏，赋敛无度，竭民财力，百姓散亡，不得从耕织之业，群盗并起。是以刑者甚众，死者相望，而奸不息，俗化使然也。故孔子曰："导之以政，齐之以刑，民免（但求免刑）而无耻（无耻恶之心）。"此之谓也。

今陛下并有天下，海内莫不率服，广览兼听，极群下之知，尽天下之美，至德昭然，施于方外。夜郎（西南夷）、康居（西域国）殊方万里，悦德归义，此太平之致也。然而功不加于百姓者，殆王心未加焉。曾子曰："尊其所闻，则高明矣；行其所知，则光大矣。高明光大，不在于它，在乎加之意而已。"愿陛下因用所闻，设诚于内而致行之，则三王何异哉？

陛下亲耕藉田，以为农先，夙寤晨兴，忧劳万民，思惟往古，而务以求贤，此亦尧舜之用心也，然而未云获者，士素不厉（励，劝勉）也。夫不素养士，而欲求贤，譬犹不琢玉，而求文采也。故养士之大者，莫大乎太学；太学者，贤士之所关（由）也，教化之本原也。今以一郡一国之众，对无应书者，是王道往往而绝也。臣愿陛下兴太学，置明师，以养天下之士，数考问以尽其材，则英俊宜可得矣。今之郡守、县令，民之师帅，所使承流而宣化也；故师帅不贤，则主德不宣，恩泽不流。今吏既无教训于下，或不承用主上之法，暴虐百姓，与奸为市，贫穷孤弱，冤苦失职，甚不称陛下之意。是以阴阳错谬，氛气充塞，群生寡遂，黎民未济，皆长吏不明，使至于此也。

夫长吏多出于郎中、中郎，吏二千石子弟选郎吏，又以富訾（赀），未必贤也。且古所谓功者，以任官称职为差（次），非所谓积日累久也。故小材虽累日，不离于小官；贤材虽未久，不害（妨）

为辅佐。是以有司竭力尽智，务治其业而以赴功。今则不然。累日以取贵，积久以致官，是以廉耻贸乱，贤不肖浑淆，未得其真。臣愚以为使诸列侯、郡守、二千石各择其吏民之贤者，岁贡各二人以给宿卫，且以观大臣之能；所贡贤者有赏，所贡不肖者有罚。夫如是，诸侯、吏二千石皆尽心于求贤，天下之士可得而官使也。遍得天下之贤人，则三王之盛易为，而尧舜之名可及也。毋以日月为功，实试贤能为上，量材而授官，录（存视）德而定位，则廉耻殊路，贤不肖异处矣。陛下加惠，宽臣之罪，令勿牵制于文，使得切磋究之，臣敢不尽愚！

〔第三策〕

于是，天子复册之。

制曰：盖闻"善言天者必有征（证）于人，善言古者必有验于今"。故朕垂问乎天人之应，上嘉唐虞，下悼桀纣，寖（浸渍）微寖灭、寖明寖昌之道，虚心以改。今子大夫明于阴阳所以造化，习于先圣之道业，然而文采未极，岂惑乎当世之务哉？条贯靡竟，统纪未终，意朕之不明与？听若眩（惑）与？夫三王之教所祖不同，而皆有失，或谓久而不易者道也，意岂异哉？今子大夫既已著大道之极，陈治乱之端矣，其悉（尽）之究之，孰之复之。《诗》不云乎："嗟尔君子，毋常安息（安处）。神之听之，介（助）尔景（大）福。"朕将亲览焉，子大夫其茂明之。

仲舒复对曰：

臣闻《论语》曰："有始有卒（终）者，其唯圣人乎！"今陛下幸加惠，留听于承学（转承师说而学之，盖谦辞也）之臣，复下明册，以切其意，而究尽圣德，非愚臣之所能具也。前所上对，条贯靡竟，统纪不终，辞不别白，指不分明，此臣浅陋之罪也。

册曰："善言天者，必有征于人；善言古者，必有验于今。"臣闻天者，群物之祖也，故遍覆包函（含）而无所殊（异），建日月风雨以和之，经阴阳寒暑以成之。故圣人法天而立道，亦溥（普）爱而无私（天无私覆），布德施仁以厚之，设义立礼以导之。春者，天之所以生也，仁者，君之所以爱也。夏者，天之所以长也；德者，君之所以养也。霜者，天之所以杀也；刑者，君之所以罚也。由此言之，天人之征，古今之道也。孔子作《春秋》，上揆之天道，下质诸人情，参之于古，考之于今。故《春秋》之所讥，灾害之所加也；《春秋》之所恶，怪异之所施也。书（写）邦家之过，兼灾异之变，以此见人之所为，其美恶之极，乃与天地流通，而往来相应，此亦言天之一端也。古者修教训之官，务以德善化民，民已大化之后，天下常无一人之狱矣。今世废而不修，无以化民，民以故弃行义而死财利，是以犯法而罪多，一岁之狱以万千数。以此见古（古常）之不可不用也，故《春秋》变古则讥之。天令之谓命，命非圣人不行；质朴之谓性，性非教化不成；人欲之谓情，情非度制不节。是故王者上谨于承天意，以顺命也；下务明教化民，以成性也；正法度之宜，别上下之序，以防欲也：修此三者，而大本举矣。人受命于天，固超然异于群生，入有父子兄弟之亲，出有君臣上下之谊，会聚相遇，则有耆老长幼之施；粲（明貌）然有文以相接，欢然有恩以相爱，此人之所以贵也。生五谷以食之，桑麻以衣之，六畜以养之，服牛乘马，圈豹槛虎，是其得天之灵，贵于物也。故孔子曰："天地之性（生），人为贵。"

（《春秋》重人，《孟子》民贵）明于天性，知自贵于物；知自贵于物，然后知仁义；知仁义，然后重礼节；重礼节，然后安处善；安处善，然后乐循理（天理之节文）；乐循理，然后谓之君子。故孔子曰："不知命，无以为君子。"此之谓也。

册曰："上嘉唐虞，下悼桀纣，寖微寖灭、寖明寖昌之道，虚心以改。"臣闻众少成多，积小致巨（大），故圣人莫不以晻（暗）致明，以微致显。是以尧发于诸侯，舜兴乎深山（耕于历山），非一日而显也，盖有渐以致之矣。言出于己，不可塞也；行发于身，不可掩也。言行，治之大者，君子之所以动天地也。故尽小者大（致高大），慎微者著（著明）。《诗》云："惟此文王，小心翼翼（恭肃貌）。"故尧兢兢（戒慎）日行其道，而舜业业（恐惧）日致其孝，善积而名显，德章而身尊，此其寖明寖昌之道也。积善在身，犹长（自幼及壮）日加益，而人不知（习成若自然）也；积恶在身，犹火之销膏，而人不见也。非明乎情性、察乎流俗者，孰能知之？此唐虞（尧舜）之所以得令名，而桀、纣之可为悼惧者也。夫善恶之相从，如景（同"影"）响之应形声也。故桀、纣暴慢，谗贼并进。贤智隐伏，恶日显，国日乱，晏然（自安意）自以如日在天，终陵夷而大坏。夫暴逆不仁者，非一日而亡也，亦以渐至，故桀、纣虽无道，然犹享国十余年，此其寖微寖灭之道也。

册曰："三王之教所祖不同，而皆有失，或谓久而不易者道也，意岂异哉？"臣闻夫乐而不乱，复而不厌（足）者，谓之道。道者，万世无弊；弊者，道之失也。先王之道，必有偏而不起之处，故政有眊而不行，举其偏者以补其弊而已矣。三王之道所祖不同，非其相反，将以救溢扶衰，所遭之变然也。故孔子曰："无为而治者，其舜乎！"改正朔，易服色，以顺天命而已；其余尽循尧道，何更为哉？故王者有改制之名，无变道之实。然夏尚忠，殷尚敬，周尚文者，所继之救，当用此也。孔子曰："殷因于夏礼，所损益可知也；周因于殷礼，所损益可知也；其或继周者，虽百世可知也。"此言百王之用，以此三者矣。夏（禹）因于虞（舜），而独不言所损益者，其道如一而所尚同也。道之大，原出于天，天不变，道亦不变，是以禹继舜、舜继尧，三圣相受，而守一道，无救弊之政也，故不言其所损益也。由是观之，继治世者其道同，继乱世者其道变。今汉继大乱之后，若宜稍损周之文致（极），用夏之忠者。

陛下有明德嘉道，悯世俗之靡（散）薄（轻），悼王道之不昭（明），故举贤良方正之士，论议考问，将欲兴仁义之美德，明帝王之法制，建太平之道也。臣愚不肖，述所闻（有师承），诵所学，道师之言，厪（仅）能勿失耳。若乃论政事之得失，察天下之息耗，此大臣辅佐之职，三公九卿之任，非臣仲舒所能及也。然而臣窃（私）有怪者。夫古之天下，亦今之天下；今之天下，亦古之天下。共是天下，古以大治，上下和睦，习俗美盛，不令而行，不禁而止，吏无奸邪，民无盗贼，囹圄空虚，德润草木，泽被四海，凤凰来集（栖），麒麟来游，以古准今，壹何不相逮（及）之远也！安（焉）所缪（谬）盭（戾）而陵夷若是？意者有所失于古之道与？有所诡（违）于天之理与？试迹之于古，返之于天，傥可得见乎？

夫天亦有所分予，予之齿者去其角，傅其翼者两其足，是所受大者不得取小也。古之所予禄者，不食于力，不动于末，是亦受大者不得取小，与天同意者也。夫已受大又取小，天不能足，

董仲舒传
797

而况人乎！此民之所以嚣嚣（愁怨声）苦不足也。身宠而载（乘）高位，家温而食厚禄，因乘富贵之资力，以与民争利于下，民安能如之哉！是故，众其奴婢，多其牛羊，广其田宅，博其产业，畜其积委，务此而无已，以迫蹴（踏）民，民日削月朘（juān，缩），寖以大穷。富者奢侈羡（饶）溢，贫者穷急愁苦；穷急愁苦，而上不救，则民不乐生；民不乐生，尚不避死，安能避罪！此刑罚之所以蕃（多），而奸邪不可胜者也。故受禄之家，食禄而已，不与民争业，然后利可均布，而民可家足。此上天之理，而亦太古之道，天子之所宜法以为制，大夫之所当循以为行也。故公仪子（公仪休）相鲁，之（往）其家见织帛，怒而出其妻，食于舍而茹葵，愠而拔其葵，曰："吾已食禄，又夺园夫红（工）女利乎？"古之贤人君子在列位者皆如是，是故下高其行而从其教，民化其廉而不贪鄙。及至周室之衰，其卿大夫缓于义而急于利，无推让之风而有争田之讼。故诗人疾而刺之，曰："节（高竣貌）彼南山，惟石岩岩（积石貌）。赫赫（显盛）师尹（周室太师尹氏），民具尔（汝）瞻（瞻仰）。"尔好义，则民向仁而俗善；尔好利，则民好邪而俗败。由是观之，天子、大夫者，下民之所视效（依），远方之所四面而内望也。近者视而放（仿）之，远者望而效之，岂可以居贤人之位，而为庶人行哉？夫惶惶（急速貌）求财利常恐乏匮者，庶人之意也；惶惶求仁义常恐不能化民者，大夫之意也。《易》曰："负且乘，致寇至。"乘车者，君子之位也；负担者，小人之事也。此言居君子之位，而为庶人之行者，其患祸必至也。若居君子之位，当君子之行，则舍公仪休之相鲁，无可为者矣。

《春秋》大一统者，天地之常经，古今之通义也。今师异道，人异论，百家殊方，指意不同，是以上无以持一统；法制数变，下不知所守。臣愚以为诸不在六艺之科、孔子之术者，皆绝其道，勿使并进。邪辟（僻）之说灭息，然后统纪可一，而法度可明，民知所从矣。

对既毕，天子以仲舒为江都相，事易王。易王，帝兄，素骄，好勇。仲舒以礼义匡正，王敬重焉。久之，王问仲舒曰："越王句践与大夫泄庸、种（文种）、蠡（范蠡）谋伐吴，遂灭之。孔子称殷有三仁，寡人亦以为越有三仁。桓公决疑于管仲，寡人决疑于君。"

仲舒对曰：臣愚不足以奉大对（大问）。闻昔者鲁君问柳下惠："吾欲伐齐，何如？"柳下惠曰："不可。"归而有忧色，曰："吾闻伐国不问仁人，此言何为至于我哉！"徒（但）见问耳，且犹羞之，况设诈以伐吴乎？由此言之，越本无一仁。夫仁人者，正其谊（义）不谋其利，明其道不计其功，是以仲尼之门，五尺之童羞称五伯（霸），为其先诈力而后仁义也。苟为诈而已，故不足称于大君子（仲尼）之门也。五伯比于他诸侯为贤，其比三王，犹武夫之与美玉也。

王曰：善。

仲舒治国，以《春秋》灾异之变，推阴阳所以错行，故求雨，闭诸阳，纵诸阴，其止雨反是；行之一国，未尝不得所欲。中废为中大夫。先是辽东高庙（汉宗庙）、长陵高园（刘邦陵园）殿灾，仲舒居家推说其意，草稿未上。主父偃候仲舒，私见；嫉之，窃其书而奏焉。上召视（示）诸儒，仲舒弟子吕步舒不知其师书，以为大愚。于是，下仲舒吏，当死，诏赦之。仲舒遂不敢复言灾异。

仲舒为人廉直。是时，方外攘（却）四夷，公孙弘治《春秋》，不如仲舒，而弘希（观相）世用事，位至公卿。仲舒以弘为从谀，弘嫉之。胶西王亦上兄也，尤纵恣，数害吏二千石。弘乃言于上曰："独董仲舒可使相胶西王。"胶西王闻仲舒（闻其贤）大儒，善待之，仲舒恐久获罪，病免。凡相两国，辄事骄王，正身以率下，数上疏谏争，教令国中，所居而治。

及去位归居，终不问家产业，以修学著书为事。

仲舒在家，朝廷如有大议，使使者及廷尉张汤就其家而问之，其对皆有明法。自武帝初立，魏其（窦婴）、武安侯（田蚡）为相而隆儒矣。及仲舒对册，推明孔氏，抑黜百家。立学校之官，州郡举茂材孝廉，皆自仲舒发之。

年老，以寿终于家。家徙茂陵（汉武帝陵），子及孙皆以学至大官。

仲舒所著，皆明经术之意，及上疏条教，凡百二十三篇。而说《春秋》事得失，闻举、玉杯、蕃露、清明、竹林之属，复数十篇，十余万言，皆传于后世。掇（采拾）其切当世施朝廷者著于篇。

赞曰：刘向称"董仲舒有王佐之材，虽伊（伊尹）、吕（吕望）无以加，管（管仲）、晏（晏婴）之属，霸者之佐，殆不及也"，至向子歆以为"伊吕乃圣人之偶，王者不得则不兴。故颜渊死，孔子曰：'噫！天丧余。'唯此一人为能当之，自宰我、子赣（子贡）、子游、子夏不与焉。仲舒遭汉承秦灭学之后，六经离析，下帷发愤，潜心大业，令后学者有所统一，为群儒首。然考其师友渊源所渐（浸润），犹未及乎游夏，而曰管、晏弗（不）及，伊、吕不加，过矣！"至向曾孙龚，笃论君子也，以歆之言为然。

汉书·食货志（节选）

……于是，罔疏而民富，役财骄溢或至并兼，豪党之徒以武断于乡曲，宗室有土，公卿大夫以下争于奢侈，室庐车服僭上亡（无）限，物盛而衰固其变也，是后外事四夷，内兴功利，役费并兴，而民去本。董仲舒说上曰："《春秋》它谷不书，至于麦禾不成则书之，以此见圣人于五谷最重麦与禾也。今关中俗不好种麦，是岁失《春秋》之所重，而损生民之具也。愿陛下幸诏大司农，使关中民益种宿麦，令毋后时。"又言："古者税民不过什一，其求易共（供）；使民不过三日，其力易足。民财内足以养老尽孝，外足以事上共税，下足以畜妻子极爱，故民说（悦）从上。至秦则不然，用商鞅之法，改帝王之制，除井田，民得卖买，富者田连仟伯，贫者亡（无）立锥之地。又颛（专）川泽之利，管山林之饶，荒淫越制，逾侈以相高；邑有人君之尊，里有公侯之富，小民安得不困？又加月为更卒，已复为正，一岁屯戍，一岁力役，三十倍于古；田租口赋，盐铁之利，二十倍于古。或耕豪民之田，见税什五。故贫民常衣牛马之衣，而食犬彘之食。重以贪暴之吏，刑戮妄加，民愁亡聊，亡逃山林，转为盗贼，赭衣半道，断狱岁以千万数。汉兴，循而未改。古井田法虽难卒（cù）行，宜少近古，限民名田，以澹不足，塞并兼之路。盐铁皆归于民。去奴婢，除专杀之威。薄赋敛，省繇役，以宽民力。然后可善治也。"仲舒死后，功费愈甚，天下虚耗，人复相食。

史记·儒林列传·董仲舒

及今上即位，赵绾、王臧之属明儒学，而上亦乡之，于是招方正贤良文学之士。自是之后，言《诗》于鲁则申培公，于齐则辕固生，于燕则韩太傅。言《尚书》自济南伏生。言《礼》自鲁高堂生。言《易》自菑川田生。言《春秋》于齐鲁自胡毋生，于赵自董仲舒。及窦太后崩，武安侯田蚡为丞相，绌黄老、刑名百家之言，延文学儒者数百人，而公孙弘以《春秋》白衣为天子三公，封以平津侯。天下之学士靡然乡风矣。

…………

董仲舒，广川人也。以治《春秋》，孝景时为博士。下帷讲诵，弟子传以久次相受业，或莫见其面，盖三年董仲舒不观于舍园，其精如此。进退容止，非礼不行，学士皆师尊之。今上即位，为江都相。以《春秋》灾异之变推阴阳所以错行，故求雨闭诸阳，纵诸阴，其止雨反是。行之一国，未尝不得所欲。中废为中大夫，居舍，著灾异之记。是时辽东高庙灾，主父偃疾之，取其书奏之天子。天子召诸生示其书，有刺讥。董仲舒弟子吕步舒不知其师书，以为下愚。于是下董仲舒吏，当死，诏赦之。于是董仲舒竟不敢复言灾异。

董仲舒为人廉直。是时方外攘四夷，公孙弘治《春秋》不如董仲舒，而弘希世用事，位至公卿。董仲舒以弘为从谀。弘疾之，乃言上曰："独董仲舒可使相胶西王。"胶西王素闻董仲舒有行，亦善待之。董仲舒恐久获罪，疾免居家。至卒，终不治产业，以修学著书为事。故汉兴至于五世之间，唯董仲舒名为明于《春秋》，其传公羊氏也。

胡毋生，齐人也。孝景时为博士，以老归教授。齐之言《春秋》者多受胡毋生，公孙弘亦颇受焉。

论衡·别通（节选）

自武帝以至今朝，数举贤良，令人射策甲乙之科。若董仲舒、唐子高、谷子云、丁伯玉，策既中实，文说美善，博览膏腴之所生也。使四者经徒能摘，笔徒能记疏，不见古今之书，安能建美善于圣王之庭乎？

曰："'木'旁'多'文字且不能知，其欲及若董仲舒之知重常，刘子政之知贰负，难哉！"

又称："董仲舒虽无鼎足之位，知在公卿之上。"

凌曙《繁露注》序

昔仲尼志在《春秋》，行在《孝经》。《春秋》为拨乱反正之书，圣德在庶，修素王之文德焉。周室既衰，秦并天下，焚书坑儒，先王之道，荡焉泯焉。炎汉肇兴，鸿儒蔚起，各执遗经，抱残求守阙，《公羊》至汉始著竹帛。书纪散而不绝，此中盖有天焉。

广川董生，下帷讲诵，实治《公羊》。维时古学未出，左氏不传《春秋》，《公羊》为全孔经。而仲舒独得精义，说《春秋》之得失颇详。盖自西狩获麟，为汉制法，知刘季之将兴，识仲舒之能乱（治），受授之义，岂偶然哉！据百国之宝书，乃九月而经立。于是以《春秋》属商（子夏），商乃传与公羊高。高传与其子平，平传与其子地，地传与其子敢，敢传与其子寿。自高至寿，五叶相传，师法不坠。

寿乃一传而为胡毋生，再传而为董仲舒。太史公谓汉兴五世之间，唯仲舒名明于《春秋》，其传公羊氏也。观诸艺文所载，著述甚伙，今不概见，断者唯《春秋繁露》十有七卷。原书亦皆失次，然就其完善者读之，识礼义之宗，达经权之用，行仁为本，正名为先，测阴阳五行之变，明制礼作乐之原。体大思精，推见至隐，可谓善发微言大义者已。

汉武即位，以文学为公卿，欲议立明堂城南，以朝诸侯，草巡狩、封禅、改历服色事，未就。及仲舒对册，推明孔氏，抑黜百家。立学校之官，州郡举茂才孝廉，皆自仲舒发之，然终未尽其用。当武帝时，公卿以下，争于奢侈，僭上亡（无）度，民皆背本趋末。仲舒乃从容说上，切中当时之弊。及仲舒死后，功费愈甚，天下虚耗，武帝乃悔征伐之事——无益也。

刘向谓仲舒有王佐之才，虽伊尹无以加，管晏之属，殆不及也。今其书流传既久，鱼鲁（泛指文字错讹）杂揉，篇第递落，致难卒读。浅尝之夫，横生訾议，经心圣符，不绝如线，心窃伤之。遂乃购求善本，重加厘正（整理更正）。又复采列代之旧闻，集先儒之成说，为之注释。及隋唐以后诸书之引《繁露》者，莫不考其异同，校其详略，书目姓氏，或胪列于下方。

夫圣情幽远，末学难窥，赖彼先贤，以启梼昧，事迹既明，义例斯得，辅翼经传，舍此何从？

曙也不敏，耽慕其书，传习有年，弗忍弃置。至于是书之善，至谊（义）明道，贯通天人，非予肤浅之识所能推见。登堂食胾（肉），原以俟诸好学深思之士。

嘉庆二十年四月既望，国子生江都凌曙书于蜚云阁

注：凌曙（1775—1829），字晓楼，号蜚云阁主。洪梧（1750—1817）主持扬州梅花书院时，"以《公羊》通《礼》，以《诗经》通

《礼》，课业诸子"，对凌曙言："《公羊》孤经，久成绝学，以子精力强盛，曷不尽心？先师有言曰'朝闻道，夕死可矣'，况来日未有艾乎！武进刘申受，于学无所不窥，尤精《公羊》，与之讲习，庶几得其体要矣。"凌注《繁露》，正由洪所启。此后，凌从刘逢禄问学三载，遂深好《公羊》之学。凌以何休、徐彦之说解《繁露》，《繁露》之《公羊》义蕴遂由此得通于何休，而何氏之"三科九旨"诸说，亦由《繁露》而得以印证，故洪梧说"凌子有功于董子，更有功于何、徐"。《凌注春秋繁露注》）

余少好读董生书，初得凌氏注本，惜其称引繁博，义蕴未究。已而闻有为（康有为）董氏学者，绎其义例，颇复诡异。乃尽屏诸说，潜心玩索，如是有日，始粗明其旨趣焉。《繁露》非完书也。而其说《春秋》者，又不过十之五六。然而五比偶类，览绪屠赘，尚可以多连博贯，是在其人之深思慎述。而缘引傅会，以自成其曲说者，亦未尝不因其书之少也。

余因推思董书湮抑之繇（由），盖武帝崇奉《春秋》本田平津（公孙弘），董生实与之殊趣。生于帝又有以言灾异下吏之嫌，虽其后帝思前言，使其弟子吕步舒以《春秋》义治淮南狱，且辑用生《公羊》议，时复遣大臣就问政典，抑貌敬以为尊经隆儒之节耳。史公称公孙弘以《春秋》白衣为天子三公，天下学士靡然向风。则当日朝野风尚可以概见。其后睢孟以再传弟子误会师说，上书昭帝，卒被刑诛（董云："难有继体守文之君，不害圣人之受命。"殆谓如孔子受命作《春秋》，行天子之事耳。弘乃请汉帝索求贤人而退，自封百里，是直欲禅位也。故史独称嬴公一傅能守师法）。当时禁纲严峻，其书殆如后世之遭毁禁，学者益不敢出。乃至劭公释《传》，但述胡毋，不及董生，阶此故已。

歆崇古学，今文益微，《公羊》且被讥议，董书更何自存？是以荀爽对策，请颁制度分别；应劭襍集，中有断狱之书。则知易代幸存，都未流布，今并此而佚，惜哉！非隋唐人时见征引，则宋世且无从辑录此书矣。虽真赝糅杂，而珍共球璧，岂不以久晦之故与？

国朝嘉道之间，是书大显，缀学之士，益知钻研《公羊》。而如龚自珍、刘逢禄、宋翔凤、戴望之徒（刘宋皆庄存与甥，似不如庄之矜慎），阐发要眇，颇复凿之使深，渐乖本旨。承其后者，沿讹袭谬，流为隐怪，几使董生纯儒蒙世诟厉，岂不异哉？

《义证》之作，随时札录，宦学多暇，缮写成帙。以呈长沙师，师亟取公钱刊行。踳驳疏舛，自知不免，惟通识君子，恕其愚蒙，匡其阙误，则幸甚。

　　宣统己酉十月，平江苏舆敬识于宣武门内小绒线胡同寓庐（注：苏舆（1872—1914），字嘉瑞，号厚庵，晚号柔斋，湖南平江人。王先谦得意门生。鉴于康有为与门人作《春秋董氏学》，在发明"素王改制"等《春秋》微言。苏氏作《义证》，意在纠正被康歪曲的董子学说，从而破除康氏之"伪学"，达到"正学"以"翼教"之目的。苏氏于政变后成《翼教丛编》；《春秋繁露义证》成书于宣统元年（1909）。苏氏《义证》常混同三传，折衷今古，甚而杂糅汉宋，泛滥诸子，颇有牵合之处。段熙仲《春秋公羊传讲疏》，以《义证》只能侧身于"旁通、辑佚、异议、攻错、存参"类中，而凌注才是真正的"公羊家学"。）

诣丞相公孙弘记室书（摘自《古文苑卷十》）

　　江都相董仲舒叩头死罪，再拜上言：君侯以周、召自然休质，擢升三公，统理海内，总缉百寮，未有半言之教，郡国翕然（一致貌）望风，更思改新，以助致治，群众所占，必成功。仲舒叩头死罪，舒愚戆无治名，大汉之检式，数蒙君侯哀怜之恩，被非任，无以称职。仲舒窃见宰职任天下之重，群心所归，惟须贤佐，以成圣化。愿君侯大开萧相国求贤之路，广选举之门，既得其人，接以周公下士之义，即奇伟隐世异伦之人，各思竭愚，归往盛德，英俊满朝，百能备俱。即君侯大立则，道德弘通，化流四极。仲舒愚陋，经术浅薄，所识褊陋，不能赞扬万分，君侯所弃捐。窃闻《春秋》曰："贤圣博观，以章其名，择善者从之，无所不听。"又曰："近而不言为谄，远而不言为怨。"故辄被心陈诚。仲舒叩头，死罪死罪。

夫尧舜三王之业，皆由仁义为本。仁者所以理人伦也。故圣王以为治首。或曰："发号出令，利天下之民者，谓之仁政；疾天下之害于人者，谓之仁心：二者备矣，然后海内应以诚。"惟君侯深观往古，思本仁义，至诚而已。方今关东五谷咸贵，家有饥饿，其死伤者半，盗贼并起，发亡不止，良民被害，为圣主忧，咎皆由仲舒等典职防禁无素，当先坐。仲舒叩头，死罪死罪。仲舒至愚，以为扶衰止奸，本在吏耳，宜考一察天下领民之吏，留心署置（设置官职、任用官吏），以明消灭邪枉之迹，使百姓各安其产业，无有寇盗之患，以蠲（免除）主忧。仲舒叩头死罪，谨奉《春秋》署置术，再拜君侯足下。

士不遇赋（摘自《古文苑卷三》）

呜呼！嗟呼！遐哉邈矣！时来何迟，去之速矣！屈意从人，非吾徒矣！正身俟时，将就木矣！悠悠偕时，岂能觉矣，心之忧欤，不期禄矣。皇皇匪宁，只增辱矣。努力触藩，徒摧角矣。不出户庭，庶无过矣。

重曰：生不丁三代之盛荣兮，而丁三季之末。俗以辩诈而期通兮，贞士耿介而自束。虽日三省于吾身兮，犹怀进退之维谷。彼实繁之有徒兮，指其白而为黑，目信嫮而言眇兮，口信辩而言讷。鬼神不能正人事之变戾兮，圣贤亦不能开愚夫之违惑。出门则不可以偕往兮，藏器又嗤其不容。退洗心而内讼兮，固未知其所从也。观上古之清浊兮，廉士亦茕茕而靡归。殷汤有卞随与务光兮，周武有伯夷与叔齐。卞随务光遁迹于深渊兮，伯夷叔齐登山而采薇。使彼圣人其犹周遑兮，矧举世而同迷？若伍员与屈原兮，固亦无所复顾。亦不能同彼数子兮，将远游而终慕。于吾侪之云远兮，疑荒涂而难践。惮君子之于行兮，诚三日而不饭。嗟天下之偕违兮，怅无与之偕返。孰若返身于素业兮，莫随世而轮转。虽矫情而获百利兮，复不如正心而归一善。纷既迫而后动兮，岂云禀性之惟褊？昭同人而大有兮，明谦光而务展。遵幽昧于默足兮，岂舒采而蕲显。苟肝胆之可同兮，奚须发之足辨也。

·化成整体生命智慧·

—————— 道善学苑·国学音视频精品课程 ——————

已上线课程：

《详解易经六十四卦》　　　　　　　　刘君祖

《孙子兵法：走出思维的迷局》　　　　严定暹

《史记 100 讲》　　　　　　　　　　　王令樾

《曾国藩家训 18 讲》　　　　　　　　林　乾

《醉美古诗词》　　　　　　　　　　　欧丽娟

《唐宋词的情感世界》　　　　　　　　刘少雄

即将上线课程：

《解读孙子兵法》　　　　　　　　　　刘君祖

《解读心经》　　　　　　　　　　　　刘君祖

《论语精讲》　　　　　　　　　　　　林义正

《中庸精讲》　　　　　　　　　　　　黄忠天

《韩非子精讲》　　　　　　　　　　　高柏园

规划中课程：

《详解大学》　　　　　　　　　　　　黄忠天

《详解庄子》　　　　　　　　　　　　敬请期待

《公羊春秋要义》　　　　　　　　　　敬请期待

《春秋繁露精讲》　　　　　　　　　　敬请期待

《详解易经系辞传》　　　　　　　　　敬请期待

更多名家音视频课程，敬请关注我们的公众号

在这里，彻底学懂中国传统文化